Ausführliches Verzeichniß der

Guttentag'schen Sammlung

Deutscher Reichs- und Preußischer Gesetze

Text-Ausgaben mit Anmerkungen — Taschenformat

welches alle wichtigeren Gesetze in absolut zuverlässigen Gesetzestexten und in mustergiltiger Weise erläutert enthält, befindet sich hinter dem Sachregister.

Guttentag'sche Sammlung
Nr. 26. Preußischer Gesetze. Nr. 26.
Text-Ausgaben mit Anmerkungen.

Die Preußischen Gesetze

über das

Diensteinkommen, das Ruhegehalt und die Hinterbliebenenfürsorge der Lehrer und Lehrerinnen an den öffentlichen Volksschulen und an den öffentlichen nicht staatlichen mittleren Schulen

nebst den zugehörigen Ausführungsbestimmungen, sonstigen Ministerialerlassen und den wichtigsten einschlägigen Gesetzen sowie einer Tabelle zur Berechnung der Ruhegehalts-, Wittwen- und Waisenbezüge.

Textausgabe mit Einleitung, Anmerkungen und Sachregister

von

Dr. Ed. Cremer,
Beigeordneter.

Berlin 1900.
J. Guttentag, Verlagsbuchhandlung
G. m. b. H.

Inhaltsverzeichniß.

Abkürzungen.

A.C.O.	Allerhöchste Cabinets-Ordre.
A.L.R.	Allgemeines Preuß. Landrecht.
Ausf.Ges.	Ausführungsgesetz.
B.	Begründung zum Gesetzentwurf.
B.G.B.	Bürgerliches Gesetzbuch für das Deutsche Reich.
C.Bl.	Centralblatt für die gesammte Unterrichtsverwaltung in Preußen.
Cirk.Verf.	Cirkular-Verfügung.
E.G.	Einführungsgesetz.
G.V.G.	Gerichtsverfassungsgesetz.
G.S.	Gesetz-Sammlung für die Königlich Preußischen Staaten.
J.M.Bl.	Justizministerialblatt.
K.G. u. V.Bl.	Kirchliches Gesetz- u. Verordnungsblatt.
K.O.	Konkursordnung.
L.B.G.	Lehrerbesoldungsgesetz (unten S. 31 ff).
L.P.G.	Lehrerpensionsgesetz (unten S. 132 ff).
L.R.G.	Lehrerreliktengesetz (unten S. 201 ff).
M.Bl.	Ministerialblatt für die gesammte innere Verwaltung.
M.E.	Ministerialerlaß.
M.L.G.	Mittelschullehrergesetz (unten S. 272 ff).
O.T.	Entscheidung des Kgl. Preuß. Obertribunals.

O.V.G.	Entscheidung des Kgl. Preuß. Ober-Verwaltungsgerichts.
Pr.Ausf.Ges.	Preußisches Ausführungsgesetz.
Pr. Verf.	Verfassungsurkunde für den Preußischen Staat vom 31. Januar 1850.
Pr.Verw.Bl.	Preußisches Verwaltungsblatt.
R.G.	Entscheidung des Reichsgerichts in Civilsachen.
R.G.O.	Reichsgewerbeordnung.
R.G.K.	Gesetz betr. Ruhegehaltskassen 2c. (unten S. 176 ff).
R.Verf.	Verfassung des deutschen Reiches.
Sch. u. v. Br.	Schneider u. von Bremen, das Volksschulwesen im Preuß. Staate.
Zust.Ges.	Gesetz über die Zuständigkeit der Verwaltungs- u. Verwaltungsgerichtsbehörden vom 1. August 1883.

A.

Gesetz,

betreffend das Diensteinkommen der Lehrer und Lehrerinnen an den öffentlichen Volksschulen.

Vom 3. März 1897.

(G.-S. S. 25.)

Einleitende Bemerkungen.

(Auszug aus der Begründung.)

Gesetzliche Vorschriften, durch welche für den ganzen Umfang der Preußischen Monarchie allgemeine Bestimmungen über das den Volksschullehrern zu gewährende Diensteinkommen getroffen wurden, bestanden bis zum Erlaß des nachstehenden Gesetzes nicht. Es bestimmt zwar die Preußische Verfassungsurkunde vom 31. Januar 1850 im Artikel 25:

Die Mittel zur Errichtung, Unterhaltung und Erweiterung der öffentlichen Volksschule werden von den Gemeinden, und im Falle des nachgewiesenen Unvermögens, ergänzungsweise vom Staate aufgebracht. Die auf besonderen Rechtstiteln beruhenden Verpflichtungen Dritter bleiben bestehen. Der Staat gewährleistet demnach den Volksschullehrern ein festes, den Lokalverhältnissen angemessenes Einkommen.

In Ausführung dieser Vorschrift war aber eine allgemeine gesetzliche Regelung des Diensteinkommens der Volksschullehrer bislang nicht erfolgt. Nur für einzelne Landestheile bestanden in Provinzialgesetzen und Verordnungen verschiedene Einzelvorschriften. Es mag hier auf nachstehende Gesetze ꝛc. hingewiesen werden, deren hier interessierende Bestimmungen im Einzelnen in der Begründung zum Gesetz-Entwurfe wiedergegeben sind:

Schulordnung für die Elementarschulen der Provinz Preußen vom 11. Dezember 1845 (G.S. 1846 S. 1) §§. 12—17;

Regulativ vom 29. August 1831 betreffend die Errichtung und Unterhaltung der Landschulen in Neuvorpommern (v. Kamptz Annalen XV S. 564) Art. 3;

Schulreglement vom 18. Mai 1801 für die niederen katholischen Schulen in den Städten und auf dem platten Lande von Schlesien und der Grafschaft Glatz (Neue Korn'sche Ediktensammlung Bd. VII S. 266, abgedruckt Schneider und v. Bremen III S. 708 f.) Nr. 11—14, 17;

Patent, betr. die Dotation der Lehrerstellen an den

Volksschulen des Herzogthums Holstein und die Aufbringung der Personalschullasten vom 16. Juli 1864 (Gesetz- und Verordnungsblatt für die Herzogthümer Holstein und Lauenburg S. 224) §. 1;

Landschulordnung des Herzogthums Lauenburg vom 10. Oktober 1868 (Wochenblatt für das Herzogthum Lauenburg (1868 S. 441) §. 43;

Gesetz vom 26. Mai 1845, das christliche Volksschulwesen betreffend und Gesetz vom 2. August 1856 — beides für Hannover (Hann. Ges. S. 1845 S. 465 f. und 1856 S. 257), §§. 20—26 bezw. §§. 1 und 2;

Verordnung vom 2. September 1801 für die deutschen und Trivialschulen des Hochstifts Münster — §§. 7, 18, 20, 26—31, 35, 36;

Gesetz vom 26. März 1862 für das Herzogthum Nassau (Verordnungsblatt S. 81) §§. 2—5;

Edikt vom 24. März 1817 betr. die Errichtung der öffentlichen Unterrichtsanstalten im Herzogthum Nassau (Sammlung der Landesherrl. Edikte Bd. III S. 285) §. 28.

Diese verschiedene Regelung veranlaßte schon im Jahre 1851 das Unterrichtsministerium allgemeine Anordnungen für eine Regulirung der Lehrerbesoldungen zu treffen, die in den Erlassen vom $\frac{\text{8. August 1851}}{\text{6. März 1852}}$ (Min.-Bl. f. d. i. Verw.

1852 S. 42 f.) niedergelegt sind und in dem Auftrage an die Regierungen gipfelten:

„eine neue Regulirung der Gehaltsverhältnisse bei allen denjenigen Elementarschulen vorzunehmen, welche nach der pflichtmäßigen, aus sorgfältiger Erwägung der Lokalverhältnisse gewonnenen Überzeugung den betreffenden Lehrern ein zu ihrem Unterhalt erforderliches Einkommen nicht gewähren.“

Diesen ersten allgemeinen Maßnahmen folgten weitere in den Erlassen vom $\frac{\text{7. Februar 1867}}{\text{5. Mai 1869}}$ (C.Bl. S. $\frac{168}{271}$) und vom 8. Mai 1872 (C.Bl. S. 293) $\frac{\text{19. Juni 1873}}{\text{15. April 1875}}$ (C.Bl. S. $\frac{475}{412}$). Dieselben weichen zwar in ihrem Verlauf und Ergebniß sowie hinsichtlich der dabei aufgewendeten Staatsmittel von einander ab, schließen sich aber in ihren Grundsätzen eng aneinander an. Übereinstimmend ist stets davon ausgegangen, daß es nicht möglich sei, das Einkommen für die Monarchie oder auch nur für größere Bezirke einheitlich zu regeln.

Mit diesen Grundsätzen steht es nicht im Widerspruch, daß in den einzelnen Regulirungsperioden gewisse Minimalsätze normirt wurden, welche — wie u. A. der Erlaß vom 7. Februar 1867 ausführt — ausreichend sein sollten, wenigstens in den unter den einfachsten und dürftigsten

Verhältnissen lebenden Gemeinden die Existenz einer Lehrerfamilie sicher zu stellen. Die Minimalsätze hatten nur die Bedeutung einer unerläßlichen Basis für die Verhandlung mit den einzelnen Schulverbänden und eines aus den bestehenden Verhältnissen entlehnten Maßstabes, mit Hülfe dessen gleiche Verhältnisse gleichmäßig, besondern und zufällige aber richtig gewürdigt und ein planloses, widerspruchvolles Verfahren verhütet werden konnte.

Hiermit im Einklang weist der Erlaß vom 15. April 1875 jede Regierung an, bei den zu Grunde zu legenden Normen mit den benachbarten Regierungen in lebendiger Berührung zu bleiben, um unmotivirte Unterschiede in den Gehältern bei sonst gleichartigen Verhältnissen, insbesondere auch in den Städten zu vermeiden und berechtigte Klagen aus den betheiligten Kreisen auszuschließen.

Nach den im Erlasse vom 7. Februar 1867 getroffenen und auch später in Geltung gebliebenen weiteren Bestimmungen sollte die Aufstellung der Minimalsätze und ihrer Anwendung als Maßstab zwischen Stadt und Land, zwischen einklassigen und mehrklassigen Schulen, zwischen großen, mittleren und kleinen Städten und weiter zwischen den Erwerbs- und Nahrungsverhältnissen der einzelnen Orte und Gegenden unterschieden, auf die Wohlhabenheit und die Theurung der einzelnen Städte Rücksicht genommen werden.

Für die mehrklassigen Schulen der letzteren sollte ein stufenweises Aufsteigen, sei es im Wege der Stellenskala oder durch periodische Bewilligung von Alterszulagen vorgesehen werden. Die untersten Stellen sollten zwar mit Rücksicht darauf, daß sie mit jüngeren, unverheiratheten Leuten zu besetzen seien, verhältnißmäßig niedriger ausgestattet werden; es sollten aber immer nur wenige derartige Stellen eingerichtet werden, damit die Lehrer in nicht zu langer Zeit einen eigenen Hausstand gründen und unter gewöhnlichen Verhältnissen bei Sparsamkeit und Nüchternheit ohne Nahrungssorgen führen könnten.

Für Hauptlehrer (Rektoren) sollte ein entsprechend höherer Gehaltssatz in Anspruch genommen werden.

Für die alleinstehenden Lehrer auf dem Lande sollte mit Rüsicht darauf, daß viele Lehrer Zeit ihres Lebens auf den Stellen verbleiben mußten, das Gehalt so normirt werden, daß sie eine eigene Familie gründen und unter einfachen Verhältnissen unterhalten könnten. Bei größeren Schulsystemen auf dem Lande sollten analog in den Städten Abstufungen vorgenommen werden, die, als Durchgangsstellen für junge, unverheirathete Lehrer, niedriger zu dotirenden zweiten und folgenden

Lehrerstellen sollten aber nicht so anwachsen, daß den jüngern Lehrern dadurch die Möglichkeit zu fern gerückt würde, nach Verlauf einiger Jahre in eine Stelle aufzurücken, welche ihnen die Einrichtung eines eigenen Haushaltes gestattet.

Die demgemäß 1867/69 aufgestellten Grundsätze sahen:

für erste und alleinstehende Lehrer auf dem Lande neben freier Wohnung mit Wirthschaftsräumen und freiem Brennbedarf, an Land oder Naturalien so viel vor, als erforderlich ist, um eine Familie von fünf Personen zu ernähren und 2 Haupt Rindvieh durchzufüttern; außerdem aber ein baares Gehalt von mindestens 50—150 Thlr.

für zweite und folgende Lehrer auf dem Lande neben Wohnung und Brennbedarf . . . . 120—200 „ (baar oder in Naturalleistungen),

in kleinen und mittleren Städten für die untersten Stellen an den gewöhnlichen Elementarschulen neben freier Wohnung und Feuerung . . . . 150—200 „

in größeren Städten ein höheres Einkommen, wofür als äußerer Anhalt die Thatsache hingestellt wird, daß sich in Berlin der ge-

ringste Gehaltssatz auf . . . . 400 Thlr.
belaufe;

für Lehrerinnen neben freier Wohnung oder Miethsentschädigung (auf dem Lande auch freien Brennbedarf) . . . . 120—200 „ .

Die in den Jahren 1873/75 vorgenommene Regulirung der Besoldungen hatte das Ergebniß, daß für erste oder alleinstehende Lehrer auf dem Lande

in den Provinzen Ost- und Westpreußen, Posen Pommern, Sachsen und Westfalen (für billige Orte) das Gehalt neben freier Wohnung und Feuerung in der Regel mindestens auf . 750 Mk.,
in den Provinzen Brandenburg und Schlesien auf . . . . 810 „
in der Rheinprovinz (einschließlich Feuerung) bei Unterscheidung zwischen billigen und theueren Orten auf . . . . 825—1050 „
in Schleswig-Holstein auf . . . 900—1200 „
normirt wurde.

In Hannover wurde an dem Höchstsatze für Landschullehrerstellen von 750 Mark nebst freier Wohnung festgehalten.

Für die zweiten und folgenden Lehrer auf dem Lande sind damals geringere Dotationen als für erste festgesetzt, und zwar

in der Provinz Preußen . . .	540	Mk.
in Pommern	600	„
in Nieder- und Mittelschlesien . .	720—750	„
in Schleswig-Holstein	720—1050	„
in Westfalen	750—900	„
in der Rheinprovinz zum Theil mehr als	900	„
Höher ist die Dotirung der vereinigten Kirchen- und Schulämter bemessen; z. B. im Regierungsbezirk Frankfurt auf	870—910	„

In Städten begannen die Gehälter in der Regel mit 750 bis 900 Mark zum Theil einschließlich Wohnung und Feuerung und stiegen je nach Größe und Theuerung der Orte.

Seit dieser Regulirung der Besoldungen ist die Bewegung auf dem Gebiete des Besoldungswesens nicht zum Stillstand gekommen. Mannigfache Ursachen: Die Entwickelung des Verkehrs und der Industrie, die hieraus sich ergebende Verwischung des Unterschiedes zwischen dem Land und den kleineren Städten, die steigenden Bedürfnisse des täglichen Lebens ꝛc. — wirkten zusammen, um immer wieder Beschwerden über die unzulängliche Besoldung und Anträge auf Aufbesserung der Lage der Volksschullehrer im Verwaltungswege oder durch gesetzliche Regelung ihres Einkommens wachzurufen.

Charakteristisch für die ganze Bewegung seit Beginn der 1870er Jahre ist das Bestreben, das System der festen Stellengehälter mit dem System der beweglichen Dienstaltersskala zu vertauschen oder zu vermischen. Zunächst in den größeren Städten, bald auch in den mittleren, vollzog sich allmählich in dieser Richtung eine Aenderung des Besoldungssystems, deren Ergebniß 1890 war, daß in 202 Städten mit mehr als 10000 Einwohnern unter 216 Schulsystemen 170 lediglich die bewegliche Skala, 41 eine Skala fester Stellengehälter und 5 eine gemischte Ordnung hatten.

Schon im Jahre 1872 hatte die Staatsregierung beabsichtigt, Dienstalterszulagen für Volksschullehrer nach einem festen System im Wege der Gesetzgebung einzuführen. Dieser Plan wurde zwar wieder aufgegeben. Es wurde aber doch für die kleineren Schulsysteme von den zu Besoldungsaufbesserungen in den Staatshaushalt für 1873 eingestellten Mitteln von 1200000 Thalern ein Betrag von 700000 Thalern zu zeitweiligen Gehaltszulagen an ältere Lehrer bestimmt. Die Verwendung dieser Summe zu Alterszulagen ist dann durch die Erlasse vom $\frac{\text{14. Juni 1873}}{\text{9. Juli 1874}}$ (C.Bl. S. $\frac{470}{541}$) dahin geregelt, daß nach 12 und 22 Dienstjahren den Lehrern 30 und 60 Thaler, den Lehrerinnen 20 und 40 Thaler als Alterszulagen aus der Staatskasse gewährt wurden.

Das System wurde erweitert durch die Erlasse vom $\frac{\text{1. Oktober 1888}}{\text{1. April 1889}}$; es fand seinen Abschluß durch den Erlaß vom 28. Juni 1890 (C.Bl. S. 614), welcher die Zulage auf 5 erhöhte und bestimmte, daß die einzelnen Zulagen im Betrage von je 100 Mark für Lehrer und 70 Mark für Lehrerinnen nach Vollendung des 10., 15., 20., 25. und 30. Dienstjahres unter voller Anrechnung der gesammten öffentlichen Dienstzeit in Preußen gewährt werden sollten. Die Leistung dieser Alterszulagen wurde auf Lehrpersonen an denjenigen Orten einbeschränkt, welche nach dem Ergebnisse der amtlichen Volkszählung nicht über 10000 Seelen zählten. Es wurde aber in Aussicht gestellt, denjenigen Orten mit mehr als 10000 Seelen, bei welchen die Besoldungsverhältnisse der Volksschullehrer unzulänglich seien, deren Schulverbände aber nicht in der Lage wären aus eignen Mitteln Aufbesserungen auszuführen aus Staatsmitteln entsprechende Beihülfe zu gewähren.

Die im Zusammenhang hiermit von der Unterrichtsverwaltung angestellten Erhebungen ergaben, daß seit 1875 eine durch die örtlichen Verhältnisse nicht gerechtfertigte Verschiebung in den Besoldungsverhältnissen benachbarter Bezirke und in den Theuerungsverhältnissen gleichartiger Provinzen eingetreten war. So war z. B. in großen Industriestädten des Westens das Mindestgehalt niedriger als in kleinen billigen Ackerstädten derselben Provinz.

Die Unterrichtsverwaltung sah sich hierdurch veranlaßt, um eine Grundlage für ein planmäßiges, systematisches Verfahren zu gewinnen, für jede Provinz die Abhaltung von Provinzial-Konferenzen über eine Neugestaltung der Lehrerbesoldungen anzuordnen. Für die Berathungen wurde in dem Erlaß vom 26. Juni 1891 (C.Bl. S. 488) bestimmte Gesichtspunkte über Grundgehalt, Miethsentschädigung, Dienstalterszulage und Anrechnung der auswärtigen Dienstzeit aufgestellt.

Das Ergebniß dieser Berathungen, welche im Jahre 1891 und Anfang des Jahres 1892 überall stattfanden, ist in der Begründung zum Gesetz-Entwurf niedergelegt. Von einer Ausführung der gemachten Konferenzvorschläge im Verwaltungswege wollte die Unterrichtsverwaltung zunächst insbesondere mit Rücksicht auf die angebahnte gesetzliche Regelung abstehen. Sie sah sich jedoch nach dem Ergebniß der Berathungen über den Gesetzentwurf vom 4. Dezember 1892 betr. das Diensteinkommen der Volksschullehrer durch den hervorgetretenen Nothstand mancher Lehrer und die im Landtage wiederholt gegebene Anregung, veranlaßt, in den Jahren 1892 und 1893 einer Ordnung und Aufbesserung der Besoldungen auch außerhalb einer gesetzlichen Regelung näher zu treten.

Die in der Richtung eingeleiteten Verhandlungen gelangten überwiegend im Wege freiwilliger Beschlußfassung der Schulverbände zum Abschluß; in einer größeren Zahl von Fällen, namentlich in Orten von mehr als 10000 Einwohnern, mußte aber auch auf dem im Wege des Gesetzes vom 26. Mai 1887 betr. die Feststellung von Anforderungen für Volksschulen (G.S. S. 175 ff. und unten S. 121) vorgeschriebenen Wege vorgegangen werden. Aber auch hierbei wurden nicht immer die gewünschten Resultate erzielt, die Schulaufsichtsbehörde sah sich deshalb veranlaßt, thunlichst die Anrufung der Beschlußbehörden zu vermeiden. Infolgedessen legte sie weniger auf die systematische endgültige Gestaltung der Besoldungsordnungen, wie darauf Gewicht, daß wenigstens in einzelnen Fällen die Lage der derzeit angestellten Lehrer angemessen verbessert wurde.

Dieses alles führte dazu, daß die im Verwaltungswege angestrebte Regelung des Lehrerbesoldungswesens in den einzelnen Provinzen und Regierungsbezirken einen sehr verschiedenen Stand erreichte und ein sehr buntes regelloses Bild gewährte. Nachfolgende Zahlen ergeben, wie sich die Besoldungen am 1. Juni 1896 gruppirten:

Es hatten im Juni 1896	ein Grundgehalt von mehr als 1200 Mk.	ein Grundgehalt von weniger als 900 Mk. (Lehrer), 700 Mk. (Lehrerin)	ein thatsächliches Einkommen einschl. Alterszulagen u. Wohnungsgeld von über 1200 Mk.	ein thatsächliches Einkommen einschl. Alterszulagen u. Wohnungsgeld von über 2400 Mk.
A. in den Städten:				
von 22 809 Lehrern	9 800	1 220	19 861	5 857
„ 6 313 Lehrerinnen	437	112	8 781	17
B. auf dem Lande:				
von 45 410 Lehrern	6 201	10 093	25 785	1 028
„ 3 667 Lehrerinnen	43	51	1 112	1

Schon bei der Berathung des oben aufgeführten Gesetzentwurfs vom 4. Dezember 1892 wurde darauf hingewiesen, daß eine gleichmäßige planvolle Regelung des Diensteinkommens der Volksschullehrer unter der Herrschaft des Gesetzes vom 26. Mai 1887 lediglich im Verwaltungswege nicht möglich sei, daß es hierzu vielmehr der gesetzlichen Festlegung einer Reihe von Grundsätzen bedürfe, zu deren Anwendung die Schulverbände und Beschlußbehörden bei der Regelung und Festsetzung der Besoldungen nicht nur berechtigt seien, sondern auch verpflichtet würden. Diese Auffassung wurde durch die Erfahrungen bei der seit 1892 versuchten Neuregelung des Besoldungswesens voll bestätigt. Die Vielgestaltigkeit der Besoldungsverhältnisse, verbunden mit der Unzulänglichkeit des Einkommens der Lehrer in einer großen Zahl von Orten, führten zu immer wachsenden Unzuträglichkeiten. Einerseits schädigten sie das Schulinteresse, insofern sie die Besetzung der Stellen mit den geeigneten Lehrkräften verhinderten oder doch erschwerten; anderseits waren sie eine beständige Quelle berechtigter Klagen der Lehrer, von Streitigkeiten zwischen letzteren und den Schulverbänden, sowie von Beschwerden der Schulverbände über die von den Schulaufsichtsbehörden an sie gerichteten Anforderungen.

Diese Thatsache drängte deshalb die Kgl. Staatsregierung, in Erfüllung der durch Art. 25 der Verfassung dem Staat auferlegten Pflicht, das

Diensteinkommen der Lehrer und Lehrerinnen an den öffentlichen Volksschulen gesetzlich derart zu regeln, daß ihnen überall ein festes, den örtlichen Verhältnissen angemessenes Einkommen gesichert ist. Sie legte deshalb bereits am 13. Januar 1896 dem Abgeordnetenhause den „Entwurf eines Gesetzes betr. das Diensteinkommen der Lehrer und Lehrerinnen an den öffentlichen Volksschulen" vor, der von diesem zwar angenommen, vom Herrenhause dagegen in der Sitzung vom 2. Mai 1896 abgelehnt wurde. Die Staatsregierung legte aber bereits in der folgenden Tagung — am 17. November 1896 — einen neuen Gesetzentwurf vor, der die Zustimmung des Abgeordnetenhauses und mit mehrfachen, meist nicht wesentlichen Aenderungen auch die des Herrenhauses fand. Nachdem die von letzterem vorgeschlagenen Abänderungen sodann vom Abgeordnetenhause genehmigt waren, wurde das Gesetz nach Allerhöchster Vollziehung — 3. März 1897 — in Nr. 6 der Gesetzessammlung von 1897 (S. 25 ff.) veröffentlicht.

Vergl. Stenographische Berichte des Abgeordnetenhauses:

Anlagen Nr. 9 (Gesetzentw. u. Begründung.)
„ Nr. 27 u. zu Nr. 27 (Kommissionsbericht.)
„ Nr. 39—46, 48, 49 (Anträge zur 2. Berathung.)

Anlagen Nr. 52 (Zusammenstellung der Beschlüsse der 2. Berathung.)
" Nr. 53, 61—63 (Anträge zur 3. Berathung.)
" Nr. 64 (Zusammenstellung der Beschlüsse der 3. Berathung.)
" Nr. 98 (Beschlüsse des Herrenhauses.)
" Nr. 105, 106 (Anträge dazu.)

Sten. Ber. S. 82 ff. (1. Berathung.)
" S. 338 ff. (2. Berathung.)
" S. 482 ff. (3. Berathung.)
" S. 1083 (Berathung der Beschlüsse des Herrenhauses.)

Stenographische Berichte des Herrenhauses S. 63, 155 und 181 sowie Anlage hierzu Nr. 32, 41, 52 (Bericht der Kommission), 56, 57, 59, 65, 66.

Das Gesetz giebt zunächst allgemeine Vorschriften über die Zusammensetzung des Diensteinkommens aus Grundgehalt, freier Dienstwohnung oder angemessener Miethsentschädigung und Alterszulagen. Sodann giebt es in dem Verhältnisse, in welchem die Mindestsätze des Grundgehalts und der Alterszulagen zu einander stehen, einen Hinweis dafür, daß bei der Regelung des Diensteinkommens der Volksschullehrer der Schwerpunkt in dem Ausbau der Alterszulagen zu finden ist. Es entspricht dies der Thatsache, daß die Volksschullehrer in sehr frühem Lebensalter in den öffentlichen Schuldienst eintreten.

Von dem Versuch einer allgemeinen einheitlichen Festsetzung eines bestimmten Grundgehalts und gleichmäßiger Alterszulagen für den gesammten Umfang der Monarchie oder doch für einzelne Bezirke, etwa unter Bildung einer Anzahl von Theuerungsklassen, ist abgesehen die Erfahrung hat gezeigt, daß über die angemessene Höhe des Grundgehalts nur in jedem einzelnen Falle unter Berücksichtigung der besonderen Verhältnisse des Ortes und der Amtsstellung Entscheidung getroffen werden kann. Das Gesetz beschränkt sich daher darauf, zur Sicherung des nothdürftigsten Einkommens vorzuschreiben, daß auch in besonders billigen Orten das Grundgehalt für Lehrer, welche definitiv angestellt sind, nicht unter 900 Mark und für Lehrerinnen nicht unter 700 Mark betragen soll. Diese Sätze sollen nicht die Regel für die Bemessung der Grundgehälter überhaupt, sondern eine Ausnahme für besonders billige Orte und Gegenden bilden; sie bieten einen Anhalt dafür, wie hoch im einzelnen Falle nach den örtlichen Verhältnissen und nach der besonderen Amtsstellung des Lehrers das Grundgehalt von der Schulaufsichtsbehörde zu bemessen und von den Schulverbänden zu beschließen oder von den durch das Gesetz vom 26. Mai 1887 berufenen Beschlußbehörden zwangsweise festzusetzen ist.

Das wesentliche Bedenken, welches die Schulverbände der Einführung beweglicher, nach dem Dienstalter abgestufter Besoldungsordnungen bisher entgegensetzten, entsprang der Besorgniß, daß ihr Haushalt durch die Steigerung der Zulagen bei zunehmendem Dienstalter der Lehrer zu sehr belastet und zu erheblichen Schwankungen ausgesetzt werden könnte, wenn den neu zur Anstellung gelangenden Lehrern der ihrer gesammten, auch auswärtigen Dienstzeit entsprechende Stufensatz der Besoldungsordnung gewährt werden muß. Diese Bedenken traten namentlich in denjenigen Schulverbänden hervor, welche gesetzlich eine bestimmende Einwirkung auf die Auswahl der zu berufenden Lehrkräfte nicht haben. Je weniger im Interesse einer gedeihlichen Entwickelung des Volksschulwesens darauf verzichtet werden kann, daß in größeren Schulsystemen auch eine angemessene Zahl älterer erfahrener Lehrer wirkt, umso gerechtfertigter ist die Besorgniß einer Steigerung des Besoldungsetats vom Standpunkte der Schulunterhaltungspflichtigen aus. Durch die nach dem Vorgang des Gesetzes vom 23. Juli 1893 betr. Ruhegehaltskassen für die Lehrer und Lehrerinnen an den öffentlichen Volksschulen (G.S. S. 194) bezirksweise eingerichteten Alterszulagekassen werden die Gründe für diese Besorgniß beseitigt, und wird auch älteren tüchtigen Lehrpersonen der Weg einer Berufung in größere Orte geebnet. Auch wird das unruhige Drängen junger Lehrer in die großen Städte, welches aus der Erkenntniß späteren Ausschlusses in Folge vorgeschrittenen Dienstalters entspringt, damit auf ein geringes Maß eingeschränkt werden.

Wir Wilhelm, von Gottes Gnaden König von Preußen ꝛc. verordnen, mit Zustimmung beider Häuser des Landtages, für den Umfang der Monarchie, bis zum Erlaß eines allgemeinen Volksschulgesetzes,[1] was folgt:

[1] Art. 26 u. 112 Pr. Verf. — Das Gesetz ist also nur ein provisorisches. Ebenso Art. I des Pens.Ges. (unten S. 132) und Einl. des Ges. v. 4./12. 99 (unten S. 201).

§. 1.

Diensteinkommen der Lehrer und Lehrerinnen an den öffentlichen Volksschulen.

Die an einer öffentlichen Volksschule[1] endgültig angestellten[2] Lehrer und Lehrerinnen erhalten ein festes, nach den örtlichen Verhältnissen und der besonderen Amtsstellung angemessenes Diensteinkommen.[3]

Dasselbe besteht:

1. in einer festen, ihrem Betrage nach in einer bestimmten Geldsumme zu berechnenden Besoldung (Grundgehalt),[4]
2. in Alterszulagen,[5]
3. in freier Dienstwohnung oder entsprechender Miethsentschädigung.[6]

Auf Lehrer und Lehrerinnen, deren Zeit und Kräfte durch die ihnen übertragenen Geschäfte nur nebenbei in Anspruch genommen sind,[7] findet diese Vorschrift keine Anwendung.

Die Entscheidung darüber, ob ein Lehrer oder eine Lehrerin nur nebenbei beschäftigt ist, steht lediglich der Schulaufsichtsbehörde[8] zu.

Ausf.Best. Nr. 1, 2 (unten S. 81--87).

[1] Begriff vgl. Art. I § 1 des Pens.Ges. (unten S. 182) § 1 d. Ges. v. 26./5. 87 (unten S. 121), sowie ferner O.V.G. XII, 197; XVII, 157; XX, 120. — Keine öffentl. Volksschulen sind die an Rettungsanstalten errichteten Schulen (M.E. 11./1. 88 C.Bl. S. 254), Vorschulen an Gymnasien (O.V.G. XVII, 157), jüdische Schulen, die lediglich zur Ertheilung des jüdischen Religionsunterrichts dienen (O.V.G. v. 29./5. 96 in Pr. Verw.Bl. XVIII, 156 u. C.Bl. 96 S. 612). Ferner nicht die „mittleren Schulen" vgl. Ges. v. 11./6. 94 (unten S. 272 ff.).

[2] Voraussetzung der Anstellung ist die zuvor bestandene Prüfung, vgl. Prüfungsordnung v. 15./10. 72 (M.Bl. S. 292). Die Seminarabgangsprüfung berechtigt zur provisorischen Verwaltung eines Schulamts; die Berechtigung zur endgültigen Anstellung wird erst durch Bestehen der zweiten Prüfung erworben. — Nach der Prüfungsordnung für Lehrerinnen vom 26./4. 74 (C.Bl. S. 834) befähigt eine einmalige Prüfung zur definitiven Anstellung, vgl. auch M.E. 19./5. 99 (C.Bl. S. 548). — Die Besoldung eines einstweilig angestellten Lehrers bestimmt sich nach § 8. — Auch die technischen Lehrkräfte (Handarbeitslehrerinnen, Turnlehrer, Turnlehrerinnen ꝛc. ꝛc.) fallen unter das Gesetz.

[3] Ueber die rechtliche Natur des Gehaltsanspruches,

die Pfändbarkeit, Uebertragbarkeit, Aufrechnung und Verjährung desselben vgl. Anm. 1—8 zu § 21 (unten S. 58—60).

[4] §§ 2—4. [5] §§ 5—11. [6] §§ 12—16.

[7] Hierher gehören die meisten Arbeitslehrerinnen, Turn- und sonstige Hülfslehrer, welche nur einzelne Unterrichtsstunden in der Woche ertheilen und nach der Stundenzahl besonders entschädigt werden. B. vgl. aber oben Anm. 2.

[8] D. i. die Bezirksregierung (§ 18 der Reg.-Instr. v. 23./10. 1817), für Berlin das Provinzial-Schulkollegium (Bekanntmachung v. 16./2. 1826). — Gegen die Entscheidung der Schulaufsichtsbehörde findet Beschwerde an den Unterrichtsminister statt.

§. 2.

Grundgehalt.

Das Grundgehalt[1] darf für Lehrerstellen nicht weniger als 900 Mark, für Lehrerinnenstellen nicht weniger als 700 Mark jährlich betragen.

Rektoren,[2] sowie solche erste Lehrer[3] an Volksschulen mit drei oder mehr Lehrkräften, denen Leitungsbefugnisse übertragen sind (Hauptlehrer), erhalten nach Maßgabe der örtlichen und amtlichen Verhältnisse ein höheres Grundgehalt, als die anderen an derselben Schule angestellten Lehrer.[4]

Ausf.Best. Nr. 3 (unten S. 87).

[1] Das Grundgehalt soll neben freier Wohnung oder den örtlichen Verhältnissen entsprechender Miethsentschädigung ausreichen, um einem Lehrer die Gründung eines eignen Hausstandes durch Verheirathung und einer Lehrerin die selbstständige Führung eines Haushaltes zu ermöglichen.

In den Grundgehalt ist der Bedarf für Feuerung einbegriffen. Eine besondere Festsetzung derselben neben dem Grundgehalt, wie früher üblich war, erscheint nicht mehr erforderlich, da durch die Entwickelung des Verkehrs die Unterschiede zwischen den Preisen des Brennmaterials in den einzelnen Orten eines Bezirks sich im Allgemeinen ausgeglichen haben.

Der vorerwähnten Begriffs- und Zweckbestimmung des Grundgehalts einer Stelle entspricht es, daß dasselbe nicht den soeben erst in den Schuldienst tretenden Lehrer und Lehrerinnen gewährt wird, sondern nur endgültig angestellten Lehrern und Lehrerinnen (§ 1) und Lehrern auch bei definitiver Anstellung erst vier Jahre nach Eintritt in den öffentlichen Schuldienst in Preußen (§ 8), also etwa nach Vollendung des 24. Lebensjahres zustehen soll. B. — Die Sätze des Abs. 1 sind also Mindestsätze, nicht Normalsätze; vgl. oben S. 28. — Die Schulaufsichtsbehörden können bei Bestimmung der Lehrerbesoldungen über diese Minimalsätze hinausgehen. O.V.G. v. 7./11. 99 in Pr. V.Bl. XXI, S. 148. — Wegen Anrechnung auf das Grundgehalt vgl. § 20.

[2] Leiter von sechs- oder mehrklassigen Volksschulen führen die Amtsbezeichnung „Rektor" (M.E. 21./6. 92 C.Bl. S. 884). — Ein Rektor darf fortan nicht mehr als Leiter mehrerer Schulen angestellt sein. (M.E. 8./12. 97 C.Bl. 1898 S. 229 unten S. 118ff.).

[3] Vgl. unten Anm. 8 zu § 27.

[4] Ueber die vertragliche Beziehung zwischen Lehrer und Schulgemeinde vgl. O.V.G. XXVIII S. 168. — Siehe aber ferner Anm. 1 zu § 21 (unten S. 59).

§. 3.

Besoldung der jüngeren Lehrer und der einstweilig angestellten Lehrer und Lehrerinnen.

Die Besoldung der einstweilig angestellten Lehrer

und Lehrerinnen, sowie derjenigen Lehrer, welche noch nicht vier Jahre im öffentlichen Schuldienste gestanden haben,[1] beträgt ein Fünftel weniger als das Grundgehalt der betreffenden Schulstelle. Jedoch darf die Besoldung der Lehrerinnen nicht weniger als 700 Mark jährlich betragen.[2]

Der Minderbetrag kann durch Beschluß des Schulverbandes auf einen geringeren Bruchtheil beschränkt werden.[3]

Ausf.Best. Nr. 4 (unten S. 88)

[1] Wegen Berechnung der Dienstzeit vgl. § 10.

[2] Dies deshalb, weil die Lehrerin wenigstens auf dem Lande der Regel nach von vornherein auf die Führung eines eigenen Haushalts angewiesen ist. B.

[3] Von dieser Bestimmung wird aus besondern Gründen, z. B. mit Rücksicht auf höheres Lebensalter eines erst spät in den öffentlichen Schuldienst getretenen Lehrers Gebrauch zu machen sein; es können aber auch örtliche Gründe, wie Schwierigkeit und hoher Preis der Verpflegung für einen Lehrer ohne eigenen Hausstand, unter Umständen auch allgemeine Gründe, wie knappe Bemessung des örtlichen Grundgehalts, für den Beschluß des Schulverbandes bestimmend sein. B.

§. 4.

Verbindung eines Schul- und Kirchenamtes.

Bei dauernder[1] Verbindung[2] eines Schul- und Kirchenamtes soll das Grundgehalt der Stelle entsprechend der mit dem kirchlichen Amte verbundenen Mühwaltung ein höheres sein, als in den §§. 1 und 2 bestimmt ist.

In dieses Grundgehalt sind auch die Einkünfte aus dem zur Dotation des vereinigten Amtes bestimmten Schul-, Kirchen- und Stiftungsvermögen einschließlich der Zuschüsse aus Kirchenkassen und von Kirchengemeinden, sowie der sonstigen Einnahmen aus dem Kirchendienst einzurechnen. Dabei findet die Vorschrift des Artikel I §. 4 Absatz 4 des Gesetzes, betreffend die Pensionirung der Lehrer und Lehrerinnen an den öffentlichen Volksschulen, vom 6. Juli 1885 (Gesetz-Samml. S. 298)[3] sinngemäße Anwendung.

Der Mehrbetrag (Absatz 1) darf die Gesammtsumme dieser Einkünfte und Einnahmen (Absatz 2) zuzüglich des Nutzungswerthes des den kirchlichen Interessenten gehörigen Antheils an dem Schul- und Küsterhaus oder Küstergehöft nicht übersteigen. Die Feststellung des Mehrbetrages hat nach Benehmen mit der kirchlichen Behörde zu geschehen.[4]

Im Falle der Trennung des kirchlichen Amtes von dem Schulamte hat der Lehrer, welcher zum Bezuge des mit dem vereinigt gewesenen Amte verbundenen Diensteinkommens berechtigt gewesen ist, Anspruch auf die fernere Gewährung eines Diensteinkommens in gleichem Betrage, sofern nicht seine Anstellung unter dem ausdrücklichen Vorbehalt erfolgt ist, daß und bis zu welchem Betrage er für diesen Fall eine Kürzung seines Diensteinkommens sich gefallen lassen müsse.[5]

Ausf.Best. Nr. 5 (unten S. 89).

[1] D. h. organischer Verbindung eines Schul- und Kirchenamtes; die Bestimmung findet keine Anwendung, wenn der Lehrer nur nebenamtlich eine kirchliche Stelle versieht.

[2] Wann dies der Fall ist vgl. M.E. 7./3. 87 (C.Bl. S. 392) u. v. 8./1. 88 (das. S. 403).

[3] unten S. 135.

[4] Vgl. jedoch § 28 Abs. 2. Bei Neuregulirung gilt M.E. 27./2. 94 (C.Bl. S. 363).

[5] Zu der Trennung ist Genehmigung des Unterrichtsministers erforderlich. (M.E. 17./1. 93 C.Bl. S. 254); sowohl die Schul- wie die kirchliche Aufsichtsbehörde kann die Trennung verlangen (M.E. 7./3. 87 C.Bl. S. 391). — Eine Wiedervereinigung ist auf einseitigen Antrag ohne Zustimmung des anderen Theiles nicht angängig. (M.E. 5./5. 88, C.Bl. S. 593).

§. 5.

Alterszulagen.

Die Alterszulagen sind nach Maßgabe der örtlichen Verhältnisse in der Weise zu gewähren, daß der Bezug nach siebenjähriger Dienstzeit im öffentlichen Schuldienste (§. 10) beginnt, und daß neun gleich hohe Zulagen in Zwischenräumen von je drei Jahren gewährt werden.[1]

Ausf.Best. Nr. 6 u. 1 (unten S. 91 u. 81).

[1] Für Berlin enthält § 8 letzter Absatz besondere Bestimmungen. — Die einzelnen Zulagen werden also nach Vollendung des 7., 10., 13., 16., 19., 22., 25., 28. und 31. Dienstjahres gewährt; das Höchstgehalt wird nach 31 Dienstjahren etwa mit 51 oder 52 Lebensjahren erreicht. B.

§. 6.

Höhe der Alterszulagen.

Die Alterszulage darf in keinem Falle weniger betragen als:

1) für Lehrer jährlich 100 Mark, steigend von drei zu drei Jahren um je 100 Mark bis auf jährlich 900 Mark;

2) für Lehrerinnen jährlich 80 Mark, steigend von drei zu drei Jahren um je 80 Mark bis auf jährlich 720 Mark.[1]

Ausf.Best. Nr. 6 u. 1 (unten S. 91 u. 81).

[1] Es handelt sich hier — analog der für das Grundgehalt getroffenen Bestimmung — um einen Mindestsatz für die Alterszulage. Beide Bestimmungen stehen aber nicht insofern in Zusammenhang, als eine Erhöhung des Mindestsatzes des Grundgehalts ohne Weiteres auch eine Erhöhung der Alterszulagen über das gesetzliche Minimum zur Folge hat.

§. 7.

Anspruch auf Alterszulagen.

Ein rechtlicher Anspruch auf Neugewährung einer Alterszulage steht den Lehrern und Lehrerinnen nicht zu, die Versagung ist jedoch nur bei unbefriedigender Dienstführung zulässig.[1]

Die Versagung bedarf der Genehmigung der Bezirksregierung, in Berlin des Provinzialschulkollegiums.

Die zeitweise Vorenthaltung der Alterszulage ist

ohne Einfluß auf die Berechnung der Dienstzeit bei späterer Gewährung der Zulage.

Ausf.-Best. Nr. 7 (unten S. 91).

1 Diese Bestimmung entspricht der bisherigen Praxis und der Stellung aller anderen staatlichen Verwaltungsbeamten sowie der Lehrer an den höheren Lehranstalten (Ges. v. 25./7. 92 — G.S. S. 219). Unter unbefriedigender Dienstführung, welche zur Versagung der Alterszulagen berechtigt, ist sowohl das dienstliche wie das außerdienstliche Verhalten zu verstehen. Selbstverständlich ist dabei nicht an ungenügende Leistungen wegen mangelnder Begabung, sondern an ein schuldbares Verhalten gedacht. Naturgemäß kann nur die Gewährung einer neuen Zulage vorenthalten, nicht die einmal gewährte Zulage zurückgezogen werden. Auch soll dies nicht dahin führen, die Vorenthaltung übermäßig auszudehnen. Dauern die Gründe länger, so wird dies in der Regel Anlaß zur Einleitung des Disziplinarverfahrens sein. Endlich darf die Versagung nicht dauernde Nachtheile in Bezug auf die Berechnung des Dienstalters herbeiführen, wenn der Anlaß weggefallen ist, welcher zur Vorenthaltung geführt hat. B.

§. 8.

Alterszulagekassen.

Behufs gemeinsamer Bestreitung der Alterszulagen wird für die zur Aufbringung verpflichteten Schulverbände in jedem Regierungsbezirk (ausschließlich der Stadt Berlin)[1] eine Kasse gebildet.

Die Verwaltung der Alterszulagekasse erfolgt durch die Bezirksregierung.

Die Kassengeschäfte werden durch die Regierungs-hauptkasse und durch die ihr unterstellten Kassen unentgeltlich besorgt.

Die Alterszulagen werden von der Kasse an die Bezugsberechtigten gezahlt. Die Kosten der Zusendung trägt die Kasse.

In städtischen Schulverbänden erfolgt die Auszahlung durch die Schulverbände für Rechnung der Alterszulagekasse.[2] Das gleiche Verfahren kann von der Schulaufsichtsbehörde in größeren ländlichen Schulverbänden angeordnet werden.

Für jedes mit dem 1. April beginnende Rechnungsjahr wird der Bedarf der Kasse nach dem Stande der Alterszulagen vom 1. Oktober des Vorjahres unter Berücksichtigung der voraussichtlichen Steigerung oder Verminderung der Alterszulagen und unter Hinzurechnung der voraussichtlichen Verwaltungskosten berechnet.[3]

Den Maßstab für die Vertheilung des Bedarfs auf die Schulverbände bildet die Anzahl der der Alterszulagekasse angeschlossenen Lehrer- und Lehrerinnenstellen in Verbindung mit dem Einheitssatze der Alterszulagen der betreffenden Stellen.

Für Schulstellen, welche nach Aufstellung des Vertheilungsplanes im Laufe des Jahres neu errichtet werden, ist der Beitrag zur Alterszulagekasse von dem Tage an zu zahlen, seit welchem die Stelle durch eine besondere Lehrkraft versehen wird.

Für die Aufstellung des Vertheilungsplanes, die Einziehung der Beiträge und die Bestellung eines

Kassenanwaltes finden die §§. 3, 4 und 9 bis 14 des Gesetzes vom 23. Juli 1893, betreffend Ruhegehaltskassen für die Lehrer und Lehrerinnen an den öffentlichen Volksschulen[4] (Gesetz-Samml. S. 194), sinngemäße Anwendung, jedoch mit der Maßgabe, daß diejenigen Beträge, die nach §. 11 Nr. 2 beim Uebertritt eines Lehrers oder einer Lehrerin von einer Privatschule in den öffentlichen Volksschuldienst gezahlt werden, nur soweit Verwendung finden dürfen, als der für jede Stelle zur Gewährung des Mindestsatzes erforderliche Bedarf den nach §. 27 IV zu zahlenden Staatszuschuß übersteigt. Dem Kassenanwalte steht kein Einspruch gegen die Festsetzung und Anweisung der einzelnen Alterszulagen zu.

Auf die Alterszulagen der Lehrer und Lehrerinnen in Berlin findet der §. 5 nur mit der Maßgabe Anwendung, daß der Bezug spätestens nach siebenjähriger Dienstzeit im öffentlichen Schuldienste zu beginnen hat, und daß der Höchstbetrag spätestens nach weiteren vierundzwanzig Dienstjahren erreicht sein muß.

Ausf.Best. Nr. 8 (unten S. 92).

[1] Berlin ist ausgenommen, weil es einen Bezirk für sich bildet. B.

[2] Dies dient zur Vereinfachung des Verfahrens.

[3] Aus dem S. 118 befindlichen — der Begründung zum Gesetzentwurf beigegebenen — Muster ist zu ersehen, wie sich das Vertheilungsverfahren gestaltet. Das Muster soll nur ein Beispiel geben; eine anderweite in der Praxis etwa zweckmäßiger und übersichtlicher befundene Aufstellung ist nicht ausgeschlossen.

[4] unten S. 175 ff.

§. 9.

Beginn der Zahlung der Alterszulagen.

Der Bezug der Alterszulagen beginnt mit dem Ablaufe desjenigen Vierteljahres, in welchem die erforderliche Dienstzeit vollendet wird.

§. 10.

Berechnung der Dienstzeit für die Gewährung des vollen Grundgehalts, der Alterszulagen und der Miethsentschädigung.

Bei Berechnung der Dienstzeit[1] der Lehrer und Lehrerinnen kommt die gesammte Zeit[2] in Ansatz, während welcher sie im öffentlichen Schuldienste in Preußen oder in den nach ihrem Eintritt in den öffentlichen Schuldienst von Preußen erworbenen Landestheilen sich befunden haben.

Ausgeschlossen bleibt die Anrechnung derjenigen Dienstzeit, während welcher die Zeit und Kräfte eines Lehrers oder einer Lehrerin nach der Entscheidung der Schulaufsichtsbehörde durch die ihnen übertragenen Geschäfte nur nebenbei in Anspruch genommen gewesen sind.[3]

Die Dienstzeit wird vom Tage der ersten eidlichen Verpflichtung für den öffentlichen Schuldienst an gerechnet.

Kann ein Lehrer oder eine Lehrerin nachweisen, daß die Vereidigung erst nach dem Eintritt[4] in den öffentlichen Schuldienst stattgefunden hat, so wird die Dienstzeit von letzterem Zeitpunkt an gerechnet.

Der Dienstzeit im Schulamte wird die Zeit des aktiven Militärdienstes hinzugerechnet.[5]

Die Dienstzeit, welche vor den Beginn des einundzwanzigsten Lebensjahres fällt, bleibt außer Berechnung.

Als öffentlicher Schuldienst ist auch anzurechnen:

1) diejenige Zeit, während welcher ein Lehrer an einer Anstalt thätig gewesen ist, welche vertragsmäßig[6] die Vorbereitung von Zöglingen für die staatlichen Lehrerbildungsanstalten übernommen hat;
2) diejenige Zeit, während welcher ein Lehrer oder eine Lehrerin als Erzieher oder Erzieherin[7] an einer öffentlichen Taubstummen-, Blinden-, Idioten-, Waisen-, Rettungs- oder ähnlichen Anstalt sich befunden hat.

Mit Genehmigung des Unterrichtsministers kann auch die im außerpreußischen öffentlichen Schuldienste zugebrachte Zeit angerechnet werden.

Ausf.Best. Nr. 9 (unten S. 98).

[1] Die Vorschriften über Berechnung der Dienstzeit, über den Beginn der Dienstzeit und die Zahlung der einzelnen Zulagen sind im Wesentlichen den bisher für die staatlichen Alterszulagen geltenden, den Bestimmungen des Pensionsgesetzes vom 6. Juli 1885 nachgebildeten Vorschriften entnommen. (Runderlasse vom 28./6. 90 C.Bl. S. 614; 6./10. 91 C.Bl. S. 710; 31./12 91

C.Bl. 1892 S. 411). Daß diese Vorschriften auch bisher schon für die von einem Schulverband gewährten (kommunalen) Alterszulagen zur Anwendung gebracht werden sollten, ist wiederholt angeordnet: M.E. v. 30./6. 98, C.Bl. 648 u. v. 25./10. 94, C.Bl. S. 752; die Durchführung dieser Grundsätze war aber vielfach an der Weigerung der Schulverbände und der ablehnenden Haltung der Beschlußbehörden gescheitert. Die einheitliche Regelung der Berechnung der Dienstzeit ist jetzt unerläßlich als Voraussetzung für die Errichtung der Bezirksalterszulagekassen. B.

2 Also auch die Zeit der einstweiligen Anstellung.

3 Es war dies auch schon vorher Praxis und wird durch den Zweck und die Natur der Alterszulagen als eine durch eine bestimmte Schuldienstzeit erworbene Einkommensverbesserung gerechtfertigt. B.

4 Als Tag des Eintritts in den öffentlichen Schuldienst gilt der Tag, von welchem ab die Verwaltung der Lehrerstelle dem betr. Lehrer durch die Schulaufsichtsbehörde oder in deren Namen übertragen worden ist. Ist in der Uebertragungsverfügung ein bestimmter Tag nicht angegeben, so ist der Tag entscheidend, an welchem der Lehrer die Verwaltung der Stelle thatsächlich übernommen bezw. sich zum Antritt bei dem Orts- oder Kreisschulinspektor gemeldet hat. (M.E. v. 29./4. 98, C.Bl. S. 468). — Schriftliche Meldungen zum Dienstantritt können in der Regel nur dann als für den Beginn der Dienstzeit entscheidend in Frage kommen, wenn der zuständige Orts- oder Kreisschulinspektor von der sofortigen persönlichen Meldung am Schulorte, z. B. wegen Schulferien ausdrücklich entbunden, also Urlaub ertheilt hat. (M.E. 28./2. 99, C.Bl. S. 385). — Wird für den Dienstantritt der Beginn des Kalendervierteljahres bestimmt und wurde der Dienst, weil die ersten Tage des Vierteljahres Sonn- oder Festtage waren, erst an

dem darauf folgenden Werktage angetreten, so ist doch so zu verfahren, als ob der Dienstantritt am ersten Tage des betr. Kalendervierteljahres erfolgt wäre. (M.E. v. 22./2. 96: C.Bl. S. 279). — Vgl. auch M.E. v. 5./1. 99 (C.Bl. S. 821).

[5] Vgl. § 9 des Pensionsgesetzes unten S. 140. — Die dort gestattete doppelte Anrechnung ist hier nicht zulässig.

[6] Vgl. Ausf.Best. Nr. 9.

[7] Es soll also den Lehrern diejenige Zeit angerechnet werden, während welcher sie als Erzieher in solchen Anstalten thätig waren. Soweit sie als Lehrer dort thätig waren, erfolgt die Anrechnung bereits aus Absatz 1.

§. 11.

Anrechnung der Dienstzeit an Privatschulen.

Für diejenigen Lehrer und Lehrerinnen, die vor[1] ihrem Eintritt in den öffentlichen Volksschuldienst an Privatschulen, in denen nach dem Lehrplane einer öffentlichen Volksschule unterrichtet wird,[2] voll beschäftigt waren, gelten bei Bemessung der Alterszulagen folgende Vorschriften:

1) Sofern sie sich beim Inkrafttreten dieses Gesetzes bereits im öffentlichen Volksschuldienste befinden, sind ihnen die an derartigen Privatschulen zugebrachten Dienstjahre anzurechnen.

2) Sofern sie erst nach dem Inkrafttreten dieses Gesetzes in den öffentlichen Volksschuldienst übertreten, erlangen sie bis zum Höchstmaß von zehn Jahren eine Anrechnung dieser Dienstzeit oder eines Theiles derselben soweit, als

ein Beitrag von jährlich 270 Mark für Lehrer und 120 Mark für Lehrerinnen für diese Zeit an die Alterszulagekasse, in Berlin an die Schulkasse, nachgezahlt wird.[3] Für die vor dem 1. April 1897 zurückgelegene Zeit ermäßigen sich die vorstehenden Sätze auf ein Drittheil. Die Stadt Berlin ist befugt, bei der Anrechnung jener Dienstzeit über das Höchstmaß von zehn Jahren hinauszugehen und auf die Einzahlungen an die Schulkasse ganz oder theilweise zu verzichten.

3) Die Beschäftigung, welche vor den Beginn des einundzwanzigsten Lebensjahres oder vor die erlangte Befähigung zur Anstellung im öffentlichen Volksschuldienste fällt, bleibt außer Berechnung.

Der Beschäftigung an einer preußischen Privatschule im Sinne des ersten Absatzes steht gleich, wenn ein Lehrer oder eine Lehrerin, sei es als Lehrer oder Lehrerin, sei es als Erzieher oder Erzieherin an einer privaten Taubstummen-, Blinden-, Idioten-, Waisen-, Rettungs- oder ähnlichen Anstalt beschäftigt ist.

Mit Genehmigung des Unterrichtsministers kann unter gleichen Bedingungen auch die im außerpreußischen Privatschuldienste zugebrachte Zeit ganz oder theilweise angerechnet werden.

Die auf Grund der vorstehenden Bestimmungen

erfolgte Anrechnung ist auch für den Anspruch auf Ruhegehalt maßgebend.

Ausf.Best. Nr. 9 u. 10 (unten S. 98 ff.).

[1] Es ist ohne Einfluß, ob die Beschäftigung an der Privatschule vor oder nach dem ersten Eintritt in den öffentl. Schuldienst erfolgt ist. (M.E. v. 22./4. 97: C.Bl. S. 405).

[2] Nicht dahin gehören z. B. Fachschulen der Innungen, Mittelschulen, höhere Mädchenschulen, private Vorschulen an höheren Lehranstalten. — Vgl. auch Allg. Verf. über die Einrichtung, Aufgabe und Ziel der Preuß. Volksschule vom 15./10. 72 (M.Bl. S. 274).

[3] Vgl. M.E. 24./6. 98 (C.Bl. S. 591).

§. 12.

Dienstwohnung.

Wo seither Lehrern oder Lehrerinnen freie Dienstwohnung gewährt wurde, ist die Einziehung der Wohnung nur mit Genehmigung der Schulaufsichtsbehörde zulässig.

Die Genehmigung darf nicht versagt werden, wenn die Gemeinde sich bereit erklärt, die feststehende oder eine ausreichende Miethsentschädigung zu zahlen, und wenn genügende Miethswohnungen in der Gemeinde vorhanden sind.[1]

Ausf.Best. Nr. 11 (unten S. 96).

[1] Dienstwohnungen dürfen nicht an andere abgetreten oder vermiethet werden (M.E. 12./8. 81; 14./6. 82; 26./7. 84 bei Sch. u. v. B. II S. 698, 699 sowie M.E. v. 5./9. 96, C.Bl. S. 668). Das Recht an denselben ist nur eine beschränkte persönliche Dienstbarkeit (Wohnungsrecht), nicht ein volles Nieß-

brauchsrecht. Vgl. §§ 1093, 1092 B.G.B. — Der Lehrer darf nicht ohne Genehmigung seiner Vorgesetzten seine Wohnung an einem anderen Orte nehmen, als an dem, in welchem seine Schule sich befindet, an der er angestellt ist. (M.E. 22./2. 89: C.Bl. S. 435). Wegen des Streits über die Räumung der Dienstwohnung und die hierfür gegebenen Exekutivmaßregeln vgl. M.E. 5./9. 96 (C.Bl. S. 663) und O.V.G. XXI S. 212. — Wegen Miethsentschädigung bei Amtssuspension vgl. M.E. 4./5. 96 (C.Bl. S. 513).

§. 13.

Dienstwohnungen auf dem Lande.

Auf dem Lande[1] sollen erste[2] und alleinstehende[3] Lehrer in der Regel, bei vorhandenem Bedürfniß auch andere Lehrer und Lehrerinnen eine freie Dienstwohnung erhalten.[4]

[1] Den Städten soll es überlassen bleiben, ob sie den Lehrern eine Wohnung oder Miethsentschädigung gewähren wollen. B.

[2] An jeder Volksschule kann nur ein erster ordentlicher Lehrer angestellt sein. Vgl. unten Anm. 8 zu § 27.

[3] Unter der Stelle eines alleinstehenden Lehrers ist in der Regel eine Lehrerstelle zu verstehen, welche die einzige an einer der Erfüllung der allgemeinen Schulpflicht dienenden, durch das örtliche Bedürfniß gebotenen, nach den örtlichen Verhältnissen ausgestatteten, besonderen Schule ist, für welche der Lehrplan und das Lehrziel einer einklassigen Volksschule maßgebend sind, und welche dauernd mit einem ordentlichen Lehrer zu besetzen ist. M.E. v. 30./4. 89 (C.Bl. 542).

[4] Bei dem Neubau einer für 3 Klassen bestimmten Landschule ist auf die Einrichtung von 2 Wohnungen für verheirathete Lehrer Bedacht zu nehmen.

M.E. v. 10./5. 92 (C.Bl. S. 798); vgl. auch Anm. 1 zu § 14.

§. 14.

Größe der Dienstwohnung.

Bei der Anlage und Veränderung von Dienstwohnungen sind die örtlichen Verhältnisse und die Amtsstellung zu berücksichtigen.[1]

Gegen die Festsetzungen der Schulaufsichtsbehörde über Nothwendigkeit, Umfang und Einrichtung ist das Verwaltungsstreitverfahren zulässig.[2]

Ausf.-Best. Nr. 12 u. 13 (unten S. 96).

[1] Vgl. Anm. 4 zu § 18 und M.E. über den Bau ländlicher Volksschulhäuser vom 15./11. 95 (C.Bl. S. 828).

[2] Wie bisher. Vgl. §§ 47, 49 Zust.-Ges. — Ueber die Feststellung des Werthes einer Dienstwohnung vgl. M.E. v. 22. 11. 87 (C.Bl. 1888 S. 246) und v. 23./2. 88 (das. S. 409); ferner § 8 R.K.G. (unten S. 175).

§. 15.

Unterhaltung der Dienstwohnung.

Die von der Dienstwohnung zu entrichtenden öffentlichen Lasten und Abgaben werden von den Schulunterhaltungspflichtigen getragen.[1]

Denselben liegt auch, unbeschadet der Verpflichtungen Dritter,[2] aus besonderen Rechtstiteln die bauliche Unterhaltung der Dienstwohnung ob.[3]

[1] Hierdurch ist aber nicht die Frage berührt, ob die Gemeinde bei Erhebung von Abgaben von einer Lehrerwohnung sich an den Lehrer oder an den Schul-

unterhaltungspflichtigen zu halten hat. (O.V.G. 1./12. 99 in Pr. V.Bl. XXI, 207.)

² Das Komma steht hier — (Text der Gesetzessammlung) — offenbar unrichtig; es gehört hinter „Rechtstiteln". Vgl. § 15 des Regierungsentwurfs.

³ Das Reinigen der Wohnung gehört zu den Wirthschaftskosten, fällt also dem Lehrer zur Last. §§ 1098, 1041 B.G.B. (vgl. Anm. 1 zu § 12 oben S. 47).

§. 16.

Miethsentschädigung.

Als Miethsentschädigung für die Lehrer und Lehrerinnen ist eine Geldsumme zu gewähren, die eine ausreichende Entschädigung[1] für die nicht gewährte Dienstwohnung darstellt;[2] sie soll aber in der Regel ein Fünftel des Grundgehalts und des für die Schulstelle von dem Schulverbande zu zahlenden Alterszulagekassenbeitrags nicht übersteigen.[3]

Einstweilig angestellte Lehrer[4] und unverheirathete Lehrer[4] ohne eigenen Hausstand,[5] sowie diejenigen Lehrer,[4] welche noch nicht vier Jahre im öffentlichen Schuldienste gestanden haben, erhalten in der Regel eine um ein Drittel geringere Miethsentschädigung.[6]

Ausf.-Best. Nr. 13 (unten S. 96).

¹ Die Lehrer erhalten also eine volle Miethsentschädigung, nicht blos — wie die Staatsbeamten — einen Wohnungsgeldzuschuß.

² Der Ermittelung des Miethswerths sind die nach den für Lehrerwohnungen bestehenden Normativbestimmungen — Anm. 1 zu § 14 — zu bemessenden Räume zu Grunde zu legen. B. Vgl. auch M.E. v. 21./3. 98 (C.Bl. S. 325).

[3] Bei einem Mindestgrundgehalt von 900 Mk. und einem Mindestbeitrag zur Alterszulagekasse von 887 Mk. — § 27 IV — würde die Miethsentschädigung in der Regel 247,40 Mk. nicht übersteigen. — Wohnt der Lehrer im eignen Hause, so ist ihm deshalb die Miethsentschädigung nicht vorzuenthalten. M.E. 7./1. 84 bei Sch. u. v. B. I, 726. — Die Miethsentschädigung kann höher festgesetzt werden als $^1/_5$ des Grundgehalts beträgt; auch höher als die Miethen sind, welche die Lehrer thatsächlich für ihre Miethswohnung bezahlen. (O.V.G. 29./1. 99 in Pr. V.Bl. XX, 452.) — Die Lehrer sind verpflichtet, die für die Stelle bestimmte Dienstwohnung anzunehmen und können nicht beliebig eine Miethsentschädigung fordern. Auch einstweilig angestellte und jüngere Lehrer, welche kleinere Dienstwohnungen (vgl. § 14 Abs. 1) inne haben, müssen, wenn sie definitiv angestellt werden und eine vierjährige Dienstzeit zurückgelegt haben, sich mit der bisher innegehabten kleineren Wohnung begnügen, bis eine Versetzung oder anderweite Regelung möglich wird. B.

[4] Diese Bestimmung bezieht sich nicht auf Lehrerinnen.

[5] Eigener Hausstand liegt vor, wenn dem Lehrer z. B. die Mutter oder Schwester oder eine Wirthschafterin den Haushalt führt.

[6] Im Falle der Versetzung — auch wenn diese auf Wunsch des Lehrers erfolgt (R.G. XXI, 288) — kann der Lehrer die gemiethete Wohnung unter Einhaltung der gesetzlichen Frist kündigen. § 570 B.G.B.

§. 17.

Beschaffung von Brennmaterial.

Wo eine Wohnung auf dem Dienstgrundstücke[1] gegeben wird, und wo es bisher üblich ist,[2] kann die Schulaufsichtsbehörde die Beschaffung[3] des dem

Bedarfe entsprechenden Brennmaterials für die Lehrer und Lehrerinnen verlangen.

Im Uebrigen wird an bestehenden Verpflichtungen zur Beschaffung, Anfuhr und Zerkleinerung von Brennmaterial für die Schule oder die Schulstelle nichts geändert.

Ausf.-Best. Nr. 14 (unten S. 97).

[1] Das Wort Schulgrundstück ist gewählt, um klarzulegen, daß auch eine Dienstwohnung des Lehrers in Betracht kommen kann, die nicht gerade im Schulhause selbst, sondern in einem Nebenhause liegt, das zum Schulgehöft gehört. B.

[2] Es kommt hier auf die Uebung der betreffenden Gegend an. In einem Bezirk, wo solche Uebung besteht, kann die Forderung demnach auch für neu errichteten Schulstellen erhoben werden. B.

[3] also einschließlich Anfuhr.

§. 18.

Gewährung von Dienstland.[1]

Wo auf dem Lande[2] eine Dienstwohnung gegeben wird, ist als Zubehör, ohne Anrechnung auf das Grundgehalt, sofern es nach den örtlichen Verhältnissen thunlich ist, ein Hausgarten[3] zu gewähren.

Wo die örtlichen Verhältnisse es thunlich erscheinen lassen und wo ein Bedürfniß dazu vorliegt, soll auf dem Lande[2] für einen alleinstehenden[4] oder ersten[5] Lehrer in Anrechnung auf das Grundgehalt eine Landnutzung[6] gewährt werden, welche dem durchschnittlichen Wirthschaftsbedürfniß einer Lehrerfamilie entspricht.

Zur Bewirthschaftung des Landes sind erforderlichenfalls Wirthschaftsgebäude herzustellen.

Die öffentlichen Lasten und Abgaben von dem Schullande werden von den Schulunterhaltungspflichtigen getragen.[7]

Wo mit einer Stelle bisher eine größere Landnutzung oder sonstige Berechtigungen verbunden gewesen sind, behält es dabei sein Bewenden. Eine Einschränkung bedarf der Genehmigung der Schulaufsichtsbehörde.[8]

Auf Anrufen von Betheiligten[9] beschließt der Kreisausschuß und, sofern es sich um Stadtschulen handelt, der Bezirksausschuß darüber, welcher Theil des Dienstlandes als Hausgarten anzusehen ist.[10] Der Beschluß des Bezirksausschusses in erster oder zweiter Instanz ist endgültig.

Ausf.-Best. Nr. 15 (unten S. 98.)

[1] Der § 18 unterscheidet zwischen der Gewährung eines Hausgartens als Zubehör der Dienstwohnung und zwischen Landnutzung. Nur letztere ist auf das Grundgehalt anzurechnen. Der Nutzwerth des Hausgartens findet seinen Ausdruck in der Feststellung des Werthes der Dienstwohnung. Doch wird er dabei in der Regel nur sehr geringfügig zu veranschlagen sein, mehr nach der Seite der Annehmlichkeit als nach derjenigen des Nutzens, weil der Ertrag wesentlich von der Pflege abhängt, welche der Lehrer und seine Familie dem Garten angedeihen lassen. Auch bei einer Nutzung desselben durch eine Baumschule, Gemüsebau und dergl. werden die Erträge durch die aufgewendeten Mühen und Kosten der Bestellung aufgewogen werden. B.

[2] „auf dem Lande" ist nicht gleichbedeutend mit

„Landgemeinde“; es ist deshalb die unbedingte Anwendung der Vorschrift auf große industrielle Landgemeinden und die Vororte größerer Städte ausgeschlossen. (K. d. H. S. 83.)

[3] Was als Hausgarten anzusehen ist, ist im Gesetz nicht näher bestimmt. In der Regel wird man darunter den unmittelbar am Hause gelegenen, meist eingefriedigten Theil des Dienstlandes zu verstehen haben, wenn und soweit derselbe nicht ungewöhnlich umfangreich ist, also 12,5 bis höchstens 25 Ar nicht übersteigt. B.

[4] Anm. 3 zu § 18. [5] Anm. 2 zu § 18.

[6] Die Größe der Landnutzung wird bei Neubeschaffung von Dienstland so zu bemessen sein, daß sie zur Erzeugung der Feld- und Gartenfrüchte für etwa 5—6 Personen und zur Durchfütterung von 2 Stück Rindvieh hinreicht. B.

[7] Vgl. § 15 Abs. 1 und Anm. 1 da. — Wegen Besteuerung des Einkommens aus dem Dienstland vgl. O.V.G. 28./8. 99 (P.V.Bl. XXI, S. 28).

[8] Es wird hierdurch bezweckt, die bestehenden Verhältnisse thunlichst zu erhalten. B.

[9] Stelleninhaber, Schulgemeinde — nicht Schulaufsichtsbehörde.

[10] Erweiterung des § 45 Zust.Ges.

§. 19.

Naturalleistungen.

Wo bisher die Gewährung von Naturalleistungen[1] stattgefunden hat, behält es dabei unter Anrechnung auf das Grundgehalt[2] bis zur Ablösung der Naturalleistungen oder bis zur Aufhebung[3] des bisherigen Gebrauchs sein Bewenden. Die Aufhebung bedarf der Zustimmung der Betheiligten[4] und der Genehmigung der Schulaufsichtsbehörde.

[1] Als Naturalleistungen, welche auf das Grundgehalt anzurechnen sind, kommen hier insbesondere herkömmliche Lieferungen von Deputat, von Körner-, Hülsen- und anderen Feldfrüchten, Eiern, Brod ꝛc., die Düngung, Beackerung und Aberntung des Dienstlandes, Gewährung von Kartoffelland, Kuhweide ꝛc. in Betracht, welche zumeist auf Gesetz und auf Herkommen beruhen. Für neue Schulstellen sollen, abgesehen von dem Brennbedarf, Naturalleistungen nicht eingeführt werden. Wo sie bisher bestehen, ist ihre Aufhebung von der Zustimmung der Betheiligten und der Genehmigung der Schulaufsichtsbehörde abhängig gemacht. Die Ablösung, soweit solche nach den bisherigen Gesetzen zulässig ist, wird dadurch nicht ausgeschlossen, (vgl. z. B. Gesetz vom 27./4. 1872 G.S. S. 417). Der Uebergang in die Geldwirthschaft soll nicht zu sehr gefördert, die jetzt vorhandene Mischung thunlichst beibehalten werden. Soweit sie zu Unzuträglichkeiten führt, wird die unter dem 12. Mai 1894 (C.Bl. S. 422 ff.) allgemein vorgeschriebene, in bestimmten Zeiträumen sich wiederholende Aufstellung von Haushaltsanschlägen, in welchen auch die Naturalleistungen mit deren Geldwerth Aufnahme finden, Veranlassung und Gelegenheit zur Ablösung der Naturalien geben. B.

[2] Vgl. § 20 Ziff. 2.

[3] Befugt zum Antrage auf Aufhebung ist der Schulvorstand. M.E. v. 16./9. 68 (C.Bl. S. 549) u. Ob.-Tr. v. 4./5. 68 (C.Bl. 678).

[4] Anm. 9 zu § 18.

§. 20.

Anrechnung auf das Grundgehalt.

Auf das Grundgehalt (§§. 1, 2, 4) oder die nach §. 3 gewährte Besoldung sind anzurechnen:

1. Der Ertrag der Landnutzung[1] (§. 18 Absatz 2 und 5).
2. Die sonstigen Diensteinkünfte an Geld oder Naturalleistungen.[2]

   Bei amtlicher Festsetzung des Diensteinkommens beschließt auf Anrufen von Betheiligten über die Anrechnung dieser Diensteinkünfte sowie des Ertrages der Landnutzung der Kreisausschuß und, sofern es sich um Stadtschulen handelt, der Bezirksausschuß.[3] Der Beschluß des Bezirksausschusses in erster oder zweiter Instanz ist endgültig.

   Eine anderweite Festsetzung ist bei erheblicher Aenderung der ihr zu Grunde liegenden thatsächlichen Verhältnisse zulässig.

   Die Festsetzung gilt auch für die Berechnung des Ruhegehalts.
3. Das Brennmaterial (§. 17). Dasselbe wird mit dem nach §. 8 des Gesetzes vom 23. Juli 1893, betreffend Ruhegehaltskassen für die Lehrer und Lehrerinnen an den öffentlichen Volksschulen (Gesetz-Samml. S. 194),[4] festgesetzten Betrage mit der Beschränkung angerechnet, daß das verbleibende Grundgehalt (§. 2) einschließlich der zu 1 und 2 angeführten Bezüge bei Lehrern nicht unter 840 Mark, bei Lehrerinnen nicht unter 650 Mark jährlich betragen darf. In gleicher Weise ist das Grundgehalt, von welchem die

nach §. 3 festzusetzende Besoldung gewährt wird, zu berechnen.[5]

Ausf.-Best. Nr. 16 (unten S. 99.)

[1] Der Ertrag des Hausgartens ist nicht anzurechnen. (§ 18 Abs. 1.)

[2] Nr. 2 umfaßt alle Bezüge an Geld oder Naturalleistungen, welche der Stelleninhaber insbesondere:

a) nach der herkömmlichen Schulverfassung oder aus besonderen Berechtigungen,
b) aus dem zur Stellendotation bestimmten Schul-, Kirchen- oder Stiftungsvermögen, aus Stolgebühren u. s. f.,
c) aus Verpflichtungen Dritter auf Grund besonderer Rechtstitel

zu beziehen hat.

Die Bezüge zu a sind theils von sämmtlichen Unterhaltungspflichtigen, theils nur von einzelnen Klassen derselben, zu leisten. Aus den Kirchen unter b wird bei dauernder Vereinigung der Stelle mit einem Kirchenamt, soweit nöthig, die höhere Bemessung des Grundgehalts ihre Deckung finden. Unter c fallen Bezüge, welche nicht von den allgemein nach öffentlichem Recht zur Unterhaltung der Schule Verpflichteten zu leisten sind. B.

[3] Analog § 45 Zust.Ges.

[4] Unten S. 175.

[5] Hierdurch ist zugleich Vorsorge getroffen, daß das Brennmaterial nicht zu hoch bewerthet wird gegenüber dem für den Lehrer verbleibenden Baargehalt. Die hierbei festgesetzte Anrechnung gilt auch, wenn die Stelle mit einem einstweilig angestellten oder jüngeren Lehrer besetzt ist, für den eine Kürzung des Grundgehalts eintritt. Z. B. die gesammten Nutzungen einer Stelle einschließlich des Brennmaterials betragen jetzt 900 Mark, der Werth des Brennmaterials ist 100 Mark.

Dem Lehrer sollen aber 840 Mark ausschließlich des Brennmaterials bleiben: also ist das verbleibende Baargehalt um 40 Mark zu erhöhen, das Brennmaterial mit 60 Mark anzurechnen. Der einstweilig angestellte Lehrer erhält ein Fünftel von 900 Mark, also 180 Mark weniger d. h. 720 Mark. Darauf wird ihm das Brennmaterial mit 60 Mark angerechnet, er muß außerdem 660 Mark gekommen. B.

§. 21.

Zahlung des baaren Diensteinkommens.

Die Zahlung des baaren Diensteinkommens erfolgt an endgültig angestellte Lehrer und Lehrerinnen vierteljährlich, an einstweilig angestellte monatlich, im Voraus.[1–8]

Ausf.-Best. Nr. 17 (unten S. 101).

[1] Die Gehaltsforderung des Lehrers entspringt nicht einem Vertrage, sondern beruht auf einer gesetzlichen Bestimmung des öffentlichen Rechts. (R.G. XLII, 125.) Seine Besoldung ist keine Gegenleistung für die von ihm geleisteten amtlichen Dienste, sondern eine ihm für die Dauer seines Amtes gewährte Rente, die dazu bestimmt ist, ihm die Mittel zu seinem dem Amte entsprechenden standesgemäßen Unterhalt zu geben. (R.G. XXVIII, 320 u. 322.) Die Besoldung des Lehrers umfaßt zunächst das ihm während der Dauer seiner amtlichen Stellung zu zahlende Gehalt einschl. Alterszulagen und Dienstwohnung bezw. Miethsentschädigung, sodann aber auch alle ihm von dem Gesetz für die Uebernahme und Fortführung seines Amtes ausgesetzten Vortheile, die darauf abzielen, seine Lebensstellung als Lehrer zu sichern, also insbesondere auch Ruhegehalt sowie Wittwen- und Waisengeld. Solange das Amt fortbauert,

dauert auch die Rente fort, wenn nicht gesetzliche Gründe für ihre ganze oder theilweise Entziehung vorhanden sind. Diese sind vor allem im Disziplinargesetz enthalten. — Vgl. auch Anm. 4 zu § 2 (oben S. 34).

[2] Art. 80 E.G. z. B.G.B. hat die landesrechtlichen Vorschriften über die vermögensrechtlichen Ansprüche und Verbindlichkeiten der Lehrer aus dem Amts- und Dienstverhältniß mit Einschluß der Ansprüche der Hinterbliebenen ausdrücklich aufrecht erhalten.

[3] Ferner hat Art. 81 das. die landesgesetzlichen Vorschriften aufrecht erhalten, welche die Uebertragbarkeit der Ansprüche der Lehrer auf Besoldung, Wartegeld, Ruhegehalt, Wittwen- und Waisengeld beschränken, sowie die landesgesetzlichen Vorschriften, welche die Aufrechnung gegen solche Ansprüche abweichend von der Vorschrift des § 894 B.G.B. zulassen.

[4] Pfändbarkeit des Diensteinkommens: § 850 Abs. 1 Ziff. 8, Abs. 2 u. 4 C.P.O. sowie §§ 25 u. 46 Abs. 1 Nr. 7 u. Abs. 2 der V. über das Zwangsverf. v. 15./11. 99 (G.S. S. 545).

[5] Uebertragbarkeit des Diensteinkommens: Im Gebiete der Preuß. Allg. Gerichtsordnung vom 6. Juli 1798 gilt Anhangsparagraph 168 (zu § 108) I 24, nach welchem jede Abtretung, Verpfändung oder Anweisung des Diensteinkommens ungültig ist. Im Uebrigen findet § 400 B.G.B. Anwendung; hiernach kann das Diensteinkommen insoweit nicht abgetreten werden, als es der Pfändung nicht unterworfen ist (oben Anm. 4).

Soweit das Diensteinkommen als nicht übertragbar oder nicht pfändbar erklärt ist, ist auch Nießbrauchbestellung (§ 1069 B.G.B.) und Pfandrechtsbestellung (§ 1274 das.) an demselben ausgeschlossen; desgleichen Zugehörigkeit zur Konkursmasse (§ 1 K.O.)

Tritt ein Lehrer den übertragbaren Theil des Diensteinkommens, des Wartegeldes oder Ruhegehalts ab, so ist die auszahlende Kasse durch Aushändigung einer von dem Lehrer ausgestellten, öffentlich beglaubigten Urkunde zu benachrichtigen. Bis zur Benachrichtigung gilt die Abtretung als der Kasse nicht bekannt. § 411 B.G.B.

[6] Aufrechnung gegen Diensteinkommen: ist insoweit nicht statthaft, als dasselbe der Pfändung nicht unterworfen ist. § 894 B.G.B. u. oben Anm. 4. — Die Vorschriften des Allg. Landrechts, welche die Aufrechnung allgemein zuließen, sind durch Art. 89 Ziff. 1 b des Pr. Ausf.Gesetzes zum B.G.B. aufgehoben.

[7] Verjährung: Die Ansprüche auf Rückstände von Besoldungen, Wartegeldern, Ruhegehältern und allen anderen regelmäßig wiederkehrenden Leistungen verjähren in 4 Jahren. Die Verjährung beginnt mit dem Schlusse des Jahres, in wechem der Anspruch auf Besoldung ꝛc. entsteht. §§ 197, 198, 201 B.G.B.

[8] Besteuerung: Die Volksschullehrer sind von allen Kommunallasten befreit (§ 1 [3] der durch § 41 des Kommunalabgabengesetzes vom 14./7. 98 — G.S. S. 152 — allgemein eingeführte Verordnung v. 28./9. 67 — G.S. S. 1648 —); dies gilt jedoch nur für ihr Diensteinkommen, nicht auch für ihr sonstiges Einkommen. Die Bestimmung bezieht sich auch auf die pensionirten Lehrer und auf ihre Wittwen und Waisen sowie auf ihre Gnaden- und Sterbebezüge. (§ 1 Ziff. 4 u. 5 der bez. V. v. 28./9. 67.)

§. 22.

Umzugskosten.

Lehrer und Lehrerinnen an öffentlichen Volksschulen erhalten bei Versetzungen im Interesse des Dienstes[1] aus der Staatskasse eine Vergütung für

Umzugskosten unter Wegfall der von den Schulunterhaltungspflichtigen zu entrichtenden Anzugs- oder Herbeiholungskosten.

Die näheren Bestimmungen über die Höhe der Vergütung werden von dem Unterrichtsminister in Gemeinschaft mit dem Finanzminister getroffen.[2]

Im Uebrigen[3] bewendet es bei den bestehenden Vorschriften über die Gewährung von Anzugs- und Herbeiholungskosten.[4]

Unberührt bleibt auch die Vorschrift im Artikel III Absatz 1 des Gesetzes vom 15. Juli 1886 (Gesetz-Samml. S. 185).[5]

Bei Versetzungen gilt der Verlust einer Dienstwohnung nebst Hausgarten oder die Verringerung der Miethsentschädigung nicht als Verringerung des Diensteinkommens.[6]

Ausf.-Best. Nr. 18 (unten S. 102).

[1] Unter „Versetzungen im Interesse des Dienstes sind Versetzungen zu verstehen, welche erfolgen müssen, weil ein Wechsel in der Person des Inhabers der Lehrerstelle im dienstlichen Interesse geboten ist. Die Uebernahme der Umzugskosten der im Interesse des Dienstes versetzten Lehrer auf die Staatskasse entspricht dem praktischen Bedürfniß. In diesen Fällen gelangen die bestehenden Vorschriften über die Verbindlichkeit der Gemeinden, einen neuanziehenden Lehrer bis zu einer bestimmten Entfernung einzuholen oder Anzugskosten zu zahlen (vgl. §§ 89 ff. A.L.R. II, 12 und § 19 Preuß. Schulordnung vom 11. Dezember 1845) nicht zur Anwendung. B.

[2] M.E. v. 7./4. 97 (C.Bl. S. 403) unten S. 119 ff.

[3] D. h. soweit es sich nicht um Versetzungen im Interesse des Dienstes handelt.

[4] Vgl. §§ 39—42 A.L.R. II, 12. Die Gemeinde ist nur zur Herbeiholung verpflichtet; an Stelle der Gewährung freier Transportmittel kann der Lehrer nicht Erstattung derjenigen Transportmittel verlangen, die ihm durch eine andere Art des Anzuges entstanden sind, es sei denn, daß eine Vereinbarung vorliegt. (M.E. v. 10./12. 59 und v. 18./8. 62 Sch. u. v. Br. I, 797) oder die Gemeinde das Transportmittel nicht rechtzeitig gestellt hat. (M.E 18./5. 88: C.Bl. S. 602 u. O.V.G. XIX, 198.) — Vgl. ferner §§ 19, 20 der Schulordnung für Preußen (oben Anm. 1) und § 6 des Nassauischen Gesetzes vom 26./8. 62. — Die Bildung einer Observanz, nach welcher Gemeinden nicht verbunden sind, einen neuen Schulmeister herbeizuholen, ist an sich zulässig. (O.V.G. 6./11. 96 in Pr. V.Bl. XVIII, S. 188.)

[5] „Gesetz, betr. die Anstellung und das Dienstverhältniß der Lehrer und Lehrerinnen an den öffentlichen Volksschulen im Gebiete der Provinzen Posen und Westpreußen.“ Der Art. III Abs. 1 lautet:

„Bei Versetzung im Interesse des Dienstes oder in Vollstreckung einer die Strafversetzung ohne Verlust des Anspruches auf Umzugskosten verhängenden Entscheidung der Disziplinarbehörde ist eine Vergütung für Umzugskosten aus der Staatskasse zu gewähren unter Wegfall der in den §§ 19 und 20 der Schulordnung für die Elementarschulen der Provinz Preußen vom 11. Dezember 1845 (G.S. 1846 S. 1) und den §§ 39—42 Tit XII, Th. II des Allgemeinen Landrechts bestimmten Umzugs- und Herbeiholungskosten“.

[6] Für Versetzungen im Interesse des Dienstes bestimmt der § 87 des Diszipl.-Gesetzes vom 21. Juli 1852, daß bei Versetzung in eine andere Stelle die Versetzung

in ein Amt von nicht geringerem „etatsmäßigen Diensteinkommen“ zu erfolgen habe. Gegenüber dieser Vorschrift war es erforderlich, in dem Gesetz ausdrücklich hervorzuheben, daß der Verlust einer Dienstwohnung nebst Hausgarten oder die Verweigerung der Miethsentschädigung bei Versetzungen überhaupt nicht als Verweigerung des Diensteinkommens gilt. B.

§. 23.

Gnadenquartal.

Hinterläßt ein an einer öffentlichen Volksschule endgültig oder einstweilig angestellter Lehrer eine Wittwe oder eheliche Nachkommen,[1] so gebührt den Hinterbliebenen außer dem Sterbemonate für das auf denselben folgende Vierteljahr noch das volle Diensteinkommen des Verstorbenen als Gnadenquartal.[2]

Der gleiche Anspruch steht den ehelichen Nachkommen einer im Wittwenstande[3] verstorbenen Lehrerin zu.

An wen die Zahlung des Gnadenquartals zu leisten ist, bestimmt die Ortsschulbehörde.

Sind solche Personen, welchen das Gnadenquartal gebührt, nicht vorhanden, so kann[4] die Bezirksregierung, in Berlin das Provinzialschulkollegium, nach Anhörung des Schulverbandes anordnen, daß das Diensteinkommen auf die gleiche Zeit an Eltern, Geschwister, Geschwisterkinder oder Pflegekinder des (der) Verstorbenen gezahlt werde, wenn er (sie) ihr Ernährer gewesen ist und sie in

Bedürftigkeit hinterläßt, oder daß dasselbe an solche Personen, welche die Kosten der letzten Krankheit oder der Beerdigung bestritten haben, soweit gezahlt werde, als der Nachlaß zu deren Deckung nicht ausreicht.

Die Schulunterhaltungspflichtigen sind zur Gewährung der Gnadenbezüge verpflichtet.

Soweit eine Vertretung im Amte nicht zu ermöglichen ist, kann die Wiederbesetzung der Stelle auch während der Gnadenzeit erfolgen.[5]

Ausf.-Best. Nr. 19 (unten S. 102).

[1] Kinder, Enkel, Urenkel 2c.

[2] Pfändbarkeit: wie beim Diensteinkommen Anm. 4 zu § 21 (oben S. 59); — Uebertragbarkeit u. Aufrechnung desgl. Anm. 3, 5 u. 6 das. (oben S. 59 f.).

[3] Voraussetzung ist also der Tod des Mannes. Lebt derselbe noch, so steht weder ihm noch den ehelichen Nachkommen ein Anspruch auf Gnadenbezüge zu.

[4] Ein Rechtsanspruch besteht also nicht.

[5] Die kommissarische Verwaltung bildet also die Regel. Die Kosten der Vertretung liegen dem Schulunterhaltungspflichtigen ob. (M.E. 17./7. 63: C.Bl. S. 428.)

§. 24.

Belassung in der Dienstwohnung.

In dem Genusse der von einem verstorbenen Lehrer (einer Lehrerin) innegehabten Dienstwohnung ist die hinterbliebene Familie,[1] welche mit ihm (ihr) die Wohnung getheilt hat, nach Ablauf des Sterbemonats noch drei fernere Monate zu belassen

Hinterläßt der (die) Verstorbene keine solche Familie,[1] so ist denjenigen, auf welche der Nachlaß übergeht, eine vom Todestage an zu rechnende dreißigtägige Frist zur Räumung der Dienstwohnung zu gewähren.

In jedem Falle muß auf Erfordern der Schulaufsichtsbehörde demjenigen, welcher mit der Verwaltung der Stelle beauftragt wird, ohne Anspruch auf Entschädigung in der Dienstwohnung ein Unterkommen gewährt werden.

Ausf.-Best. Nr. 20 (unten S. 108).

[1] Darunter fallen sowohl die Ehefrau, Kinder, Eltern, als auch andere nahe Verwandte und Pflegekinder, sofern der Lehrer denselben in seinen Hausstand Wohnung und Unterhalt auf Grund einer gesetzlichen oder moralischen Unterstützungsverbindlichkeit gewährt hat. (Cirk.Verf. v. 4./5. 77: M.Bl. S. 118 und M.E. v. 16./8. 81: C.Bl. S. 500.)

§. 25.

Rechtsweg bei Streitigkeiten wegen des Diensteinkommens.

Auf die Lehrer und Lehrerinnen an öffentlichen Volksschulen finden die Bestimmungen des ersten Abschnitts des Gesetzes, betreffend die Erweiterung des Rechtsweges, vom 24. Mai 1861 (Gesetz-Samml. S. 241)[1] mit folgender Maßgabe Anwendung:

1. die Klage[2] ist gegen die Vertreter des Schulverbandes und, soweit es sich um Zahlungen aus der Alterszulagekasse handelt, zugleich gegen

die Bezirksregierung als Verwalterin der Alterszulagekasse zu richten;

2. im Falle des §. 2 a. a. O. tritt an die Stelle des Verwaltungschefs der Ober-Präsident, in den Hohenzollernschen Landen der Unterrichtsminister;

3. bei der richterlichen Beurtheilung sind die auf Grund dieses Gesetzes erfolgten Festsetzungen über das Diensteinkommen der Stelle, insbesondere über die Höhe des Grundgehalts und der Dienstalterszulage, über Dienstwohnung oder Miethsentschädigung, über Dienstland, über Naturalleistungen, sowie über die Anrechnung von Dienstbezügen auf das Grundgehalt zu Grunde zu legen.[3]

[1] Vgl. unten S. 124 ff.

[2] Ueber die rechtliche Natur des Gehaltsanspruches, die Pfändbarkeit, Uebertragbarkeit, Aufrechnung und Verjährung desselben vgl. Anm. 1 bis 8 zu § 21 (oben S. 58 ff.).

[3] Wegen des Gehaltsanspruches ist der Rechtsweg zulässig, auch wenn der Lehrer sich am 1. April 1897 nicht mehr im Amte befunden hat und der Anspruch sich auf die Zeit vor dem 1. April 1897 bezieht. R.G. XI, 281.

§. 26.

Streitigkeiten bei Auseinandersetzungen.

Bei Streitigkeiten zwischen dem abgehenden Lehrer (der Lehrerin) oder den Erben des verstorbenen Lehrers (der Lehrerin) und dem anziehenden

Lehrer (der Lehrerin) oder dem Schulverbande über die Auseinandersetzung wegen der Landnutzung, der Naturalleistungen, der Dienstwohnung einschließlich des Hausgartens oder des baaren Diensteinkommens trifft die Bezirksregierung, in Berlin das Provinzialschulkollegium, vorbehaltlich des Rechtsweges eine im Verwaltungswege vollstreckbare einstweilige Entscheidung.

Bei Versetzungen kann dieselbe anordnen, daß die von dem Lehrer (der Lehrerin) zu viel erhobenen Beträge für Rechnung desselben (derselben) den Schulunterhaltungspflichtigen unmittelbar aus denjenigen Bezügen erstattet werden, welche der Lehrer (die Lehrerin) in der neuen Schulstelle zu empfangen hat.

Die Bezirksregierung, in Berlin das Provinzialschulkollegium, ist befugt, die Entscheidung allgemein den ihr nachgeordneten Behörden zu übertragen.[1]

Ausf.-Best. Nr. 21 (unten S. 103).

[1] Erfahrungsgemäß entstehen in den hier in Betracht kommenden Fällen sehr häufig langwierige und unerquickliche Streitigkeiten, obwohl die Regierungen zumeist eingehende Instruktionen über das bei solchen Auseinandersetzungen zu beobachtende Verfahren getroffen haben. Diese Streitigkeiten sollen, wenn nicht vermieden, doch abgekürzt werden. Zugleich ist Vorsorge getroffen, daß die festgesetzten Erstattungsbeträge ohne lästige Zwangsmaßregeln gegen den abgehenden Lehrer beigetrieben werden und an Stelle der Regierungen geeignete, den Verhältnissen näher stehende Behörden, insbesondere die Landräthe mit der Entscheidung betraut werden können. B.

§. 27.

Leistungen des Staates.

I. Aus der Staatskasse wird ein jährlicher Beitrag zu dem Diensteinkommen der Lehrer und Lehrerinnen und, soweit er hierzu nicht erforderlich ist, zur Deckung der Kosten für andere Bedürfnisse des betreffenden Schulverbandes an die Kasse desselben gezahlt.[1]

Der Beitrag wird so berechnet, daß für die Stelle eines alleinstehenden[2] sowie eines ersten[3] Lehrers 500 Mark, eines anderen Lehrers 300 Mark, einer Lehrerin 150 Mark jährlich gezahlt werden. Bei der Berechnung kommen nur Stellen für vollbeschäftigte Lehrkräfte in Betracht. Darüber, ob eine Lehrkraft vollbeschäftigt ist, entscheidet ausschließlich die Schulaufsichtsbehörde.[4]

Außer Betracht bleiben neu errichtete Stellen, bis dieselben durch eine besondere Lehrkraft versehen werden.

Das Recht auf den Bezug des Staatsbeitrages ruht, so lange und soweit durch dessen Zahlung eine Erleichterung der nach öffentlichem Recht zur Schulunterhaltung Verpflichteten mit Rücksicht auf vorhandenes Schulvermögen oder auf Verpflichtungen Dritter aus besonderen Rechtstiteln nicht würde bewirkt werden.[5]

II. Der Staatsbeitrag wird bis zur Höchstzahl von 25 Schulstellen für jede politische Gemeinde gewährt.

Sind für die Einwohner einer politischen Gemeinde mehr als 25 Schulstellen vorhanden, so wird der Staatsbeitrag innerhalb der Gesammtzahl von 25 Stellen für so viele erste Lehrerstellen, andere Lehrerstellen und Lehrerinnenstellen gewährt, als dem Verhältniß der Gesammtzahl dieser Stellen untereinander entspricht. Bruchtheile werden bei denjenigen Schulstellen, für welche der höhere Staatsbeitrag zu zahlen ist, ausgeglichen.[6]

Wo die Grenzen der politischen Gemeinde sich mit denen des Schulverbandes nicht decken, dergestalt, daß der Schulverband aus mehreren politischen Gemeinden oder Theilen von solchen besteht und für die Einwohner einer dieser politischen Gemeinden mehr als 25 Stellen vorhanden sind, wird durch Beschluß der Schulaufsichtsbehörde nach Anhörung der Betheiligten mit Rücksicht auf die Zahl der Einwohner des Schulverbandes und der Schulkinder, welche den einzelnen politischen Gemeinden angehören, sowie mit Rücksicht auf die Einrichtung der Schule festgesetzt, wie viele ganze der im Schulverbande bestehenden (ersten, anderen Lehrer-, Lehrerinnen-) Stellen auf jede zum Schulverbande gehörende politische Gemeinde oder Theile von Gemeinden zu rechnen sind, für wie viele Stellen demgemäß an den Schulverband der Staatsbeitrag zu zahlen ist. Der Beschluß ist den betheiligten Schulverbänden zuzustellen. Denselben steht binnen vier Wochen nach der Zustellung die Beschwerde an den

Ober-Präsidenten (in den Hohenzollernschen Landen an den Unterrichtsminister) zu, welcher endgültig entscheidet. Bei einer erheblichen Aenderung der Verhältnisse kann eine neue Berechnung von den betheiligten Schulverbänden beantragt oder von der Schulaufsichtsbehörde von Amtswegen beschlossen werden.

Gehören die Einwohner einer politischen Gemeinde verschiedenen Schulverbänden an, so werden die für die politische Gemeinde zu berechnenden Staatsbeiträge für erste, andere Lehrer- und Lehrerinnenstellen auf die einzelnen Schulverbände durch die Schulaufsichtsbehörde nach dem Verhältniß derjenigen Staatsbeiträge vertheilt, welche den Schulverbänden bei Gewährung der Staatsbeiträge für sämmtliche Schulstellen zu zahlen sein würden.[6]

Die in diesen Vorschriften angeordnete Festsetzung und Vertheilung bleibt bis zum Schluß desjenigen Rechnungsjahres maßgebend, in welchem eine neue getroffen ist.

Auf Beschwerden entscheidet der Ober-Präsident (in den Hohenzollernschen Landen der Unterrichtsminister) endgültig.

III. In Schulverbänden, in denen der Staatsbeitrag für alle Schulstellen gezahlt wird, ist er für einstweilig angestellte Lehrer und für Lehrer, welche noch nicht vier Jahre im öffentlichen Schuldienste gestanden haben, um 100 Mark jährlich zu kürzen.

IV. Für diejenigen Lehrerstellen, für welche der

Staat den Besoldungsbeitrag (Nr. I) an den Schulverband gewährt, wird aus der Staatskasse ein jährlicher Zuschuß von 337 Mark, für die Lehrerinnenstellen dieser Art ein jährlicher Zuschuß von 184 Mark an die Alterszulagekasse des betreffenden Bezirks gezahlt und dem Schulverbande auf seinen Beitrag zur Kasse angerechnet.

In dem Falle der Nr. II Absatz 4 erfolgt die Zahlung und Anrechnung für die einzelnen Schulverbände nach dem Verhältniß der ihnen zu gewährenden Besoldungsbeiträge.

In Berlin wird der staatliche Zuschuß zu den Alterszulagen an die Schulkasse gezahlt.

V. Wenn innerhalb mehrerer Gemeinden die Grenzen geändert werden, so wird derjenige Betrag, um welchen sich nach den vorstehenden Bestimmungen der für sämmtliche betheiligte Gemeinden zu gewährende Staatsbeitrag verringern würde, auch fernerhin fortgezahlt. In dem Auseinandersetzungsverfahren, welches sich an die Abänderung der Gemeindegrenzen knüpft, wird auch darüber verfügt, an wen im Sinne der vorstehenden Bestimmungen diese Fortzahlung zu leisten ist.[7]

VI.[8] Denjenigen politischen Gemeinden, denen nach den Bestimmungen zu I, II und IV am 1. April 1897 geringere Zahlungen aus der Staatskasse zu leisten sind, als ihnen nach den Vorschriften der Gesetze vom 14. Juni 1888 und 31. März 1889 (Gesetz-Samml. S. 240 und 64) zustehen würden, wird der Ausfall durch Gewährung eines dauernden Zuschusses aus der Staatskasse insoweit ersetzt, wie dieser Ausfall den Betrag von zwei vom Hundert des Veranlagungssolls übersteigt, welches der Gemeindebesteuerung der Einkommen von mehr als 900 Mark jährlich für das Jahr 1. April 1897/98 bei Anwendung der Vorschriften des Kommunalabgabengesetzes vom 14. Juli 1893 (Gesetz-Samml. S. 152) zu Grunde zu legen ist.

Gehören die Einwohner einer dieser politischen Gemeinden verschiedenen Schulverbänden an, so finden die Vorschriften des Absatz 1 mit der Maßgabe Anwendung, daß der Staatszuschuß, welcher danach der politischen Gemeinde zustände, wenn die öffentlichen Volksschulen in derselben als Gemeindeanstalten unterhalten würden, auf die einzelnen Schulverbände nach dem Verhältniß des für letztere entstandenen Ausfalls an bisher zahlbar gewesenen Staatsbeiträgen vertheilt wird.

Zur Abrundung der nach Absatz 1 und 2 zu gewährenden festen Zuschüsse sowie zur weiteren Gewährung solcher Zuschüsse an diejenigen unter den obengedachten politischen Gemeinden und Schulverbänden, deren Steuerkraft im Vergleich mit den Volksschul- und Kommunallasten ihrer Mitglieder verhältnißmäßig gering ist, wird ein Betrag von 250000 Mark verwandt.

Die Festsetzung der Staatszuschüsse für die einzelnen betheiligten politischen Gemeinden und Schulverbände erfolgt durch Königliche Verordnung.

VII. Soweit in einem Jahre der für die Gewährung des Mindestsatzes der Alterszulagen erforderliche Bedarf hinter dem Staatszuschuß zurückbleibt, ist der Staatszuschuß entsprechend zu kürzen. Der Ueberschuß ist zur Unterstützung solcher Alterszulagekassen zu verwenden, in denen der Bedarf für die Gewährung des Mindestsatzes durch den Staatszuschuß nicht gedeckt wird.[9] Soweit der Ueberschuß nicht hierzu Verwendung zu finden hat, ist er zur Unterstützung von leistungsunfähigen Schulverbänden bei Elementarschulbauten in den Staatshaushalts-Etat einzustellen.

VIII. Die Staatsbeiträge sind vierteljährlich im Voraus zu zahlen, soweit sie nicht gegen die von den Schulverbänden zu entrichtenden Alterszulage- und Ruhegehaltskassenbeiträge (§. 11 des Gesetzes vom 23. Juli 1893, Gesetz-Samml. S. 194) aufgerechnet werden.

Die den Lehrern und Lehrerinnen an öffentlichen Volksschulen aus Staatsfonds gewährten Alterszulagen kommen in Fortfall.

Ausf.-Best. Nr. 22 (unten S. 108 ff.).

[1] Der Staatsbeitrag kommt allen nach öffentlichem Rechte Schulunterhaltungspflichtigen im Verhältniß der von ihnen zu tragenden Last zu, gleichgültig, ob der Schulunterhaltungspflichtige die Verbindlichkeit gegenüber der Schule aus eigener Kraft leistet oder ob er hierzu eine Unterstützung aus Staatsfonds empfängt.

(O.V.G. XXII, 151.) — Fällt der Fälligkeitstermin der Staatsbeiträge auf einen Sonntag oder Festtag, so dürfen diese Beiträge schon am letztvorhergehenden Werktag gezahlt werden. (M.E. 26./2. 98: C.Bl. S. 320).

² Vgl. Anm. 8 zu § 18.

³ An jeder Volksschule kann nur ein erster ordentlicher Lehrer angestellt sein. Abreden, daß ein anderer Lehrer dem ersten Lehrer gleichstehen solle, erzeugen keine Rechte gegenüber dem Staate. (O.V.G. 11./2. 96 Pr. V.Bl. XVIII, 19.)

Besteht aber in einem Schulverband eine Mehrzahl von Volksschulen mit mehreren Lehrstellen, so ist der Staatsbeitrag von 500 Mark für die erste Lehrerstelle jeder einzelnen der mehreren Volksschulen zu zahlen. M.E. 28./8. 88. (C.Bl. 1889 S. 388.) Der Ausdruck „Filialschule" hat diesbezüglich keine Einwirkung. M.E. v. 23./1. 89 (C.Bl. S. 450).

Bestehen neben den öffentlichen Volksschulen Schulanstalten für solche schwachsinnige Kinder, die zwar nicht so hülflos sind, daß sie in Internaten untergebracht werden müssen, die aber doch für das Leben und Arbeiten in der Volksschule als ungeeignet erscheinen, so ist für die erste Lehrerstelle an diesen Schulen oder Hülfsklassen der für alleinstehende oder erste ordentliche Lehrer ausgeworfene höhere Staatsbeitrag von 500 Mark anzuweisen, vorausgesetzt, daß bei den fraglichen Schulen nach einem besonderen Lehrplan unterrichtet wird. M.E. v. 16./6. 96 (C.Bl. S. 591) v. 16./6. 94 (das. S. 568) und v. 14./11. 92 (das. S. 248.).

⁴ Die wöchentlich 12stündige Beschäftigung einer Handarbeitslehrerin kann nicht als eine volle Beschäftigung erachtet werden. (M.E. 18./2. 90: C.Bl. S. 302.)

⁵ Bei Streitigkeiten über die Höhe des Staatsbeitrages hat die örtliche Schulbehörde den Fiskus zunächst gemäß § 46 Abs. 1 des Zust.Ges. heran-

zuziehen; dieser hat dann Einspruch und Klage. Die Klage aus § 46 Abs. 3 l. c. ist unzulässig; sie steht nur den wirklich oder vermeintlich Pflichtigen (Contribuenten) zu. (O.V.G. XXV, 175 u. Pr. V.Bl. XVIII, 19.)

6 Ueber die Art der Berechnung vgl. das Beispiel in der Ausf.Best. unten S. 105.

7 Nr. V will Vorsorge treffen, daß bei Eingemeindungen für die Betheiligten aus den Vorschriften dieses Gesetzes kein unbilliger Nachtheil erwächst. B.

8 Die Vorschriften unter Nr. VI sind dazu bestimmt, den Uebergang von dem bisherigen in den neuen Rechtszustand zu erleichtern. B.

9 Die Entscheidung, welchen Kassen diese Unterstützungen zuzuwenden sind, steht dem Unterrichtsminister zu. Liegen Fälle des Mehrbedarfs von Alterszulagekassen nicht vor, so sollen die nicht zur Verwendung kommenden Zuschüsse des Staates ebenfalls nicht als erspart verrechnet werden, sondern auf dem verfassungsmäßigen Wege zur Befriedigung des nachgewiesenermaßen besonders dringenden Bedürfnisses nach Staatsbeihülfe zu Elementarschulbauten Verwendung finden. B.

§. 28.

Uebergangs- und Schlußbestimmungen.

Die bestehenden Gehaltsregulative, Ordnungen und Festsetzungen sind in denjenigen Fällen, in denen dies erforderlich ist, nach den Vorschriften dieses Gesetzes neu zu gestalten.

Für diejenigen Stellen, deren Gehaltsbezüge bereits den Vorschriften dieses Gesetzes (§§. 2, 4 und 6) entsprechen, sind diese Gehaltsbezüge zu leisten, ohne daß es einer Neuregelung der Besoldungsverhältnisse bedarf. Bleiben diese Gehaltsbezüge hinter den Mindestsätzen (§§. 2 und 6) zurück, so sind zunächst die Mindestsätze zu zahlen, auch ohne daß eine vorherige Beschlußfassung der Schulunterhaltungspflichtigen erfolgt ist.

Die vor dem Inkrafttreten dieses Gesetzes endgültig angestellten Lehrer und Lehrerinnen sind hinsichtlich der für ihre Stelle neu getroffenen Bestimmungen und Besoldungsvorschriften zur Erklärung darüber aufzufordern, ob sie sich diesen unterwerfen oder bei der bisherigen Ordnung verbleiben wollen. Die Erklärung ist binnen vier Wochen nach Zustellung der Aufforderung schriftlich abzugeben und ist unwiderruflich. Wird keine Erklärung abgegeben, so wird die Unterwerfung unter die neue Ordnung angenommen.

Verbleiben hiernach eine oder mehrere Stellen in der bisherigen Ordnung, so erfolgen bis zur Erledigung der Stellen die Zahlungen aus der Alterszulagekasse nach Maßgabe der neuen Besoldungsordnung an den betreffenden Schulverband. Der Schulverband hat die Alterszulagen, welche den Stelleninhabern nach der neuen oder der alten Besoldungsordnung zustehen, an diese zu zahlen und betreffs der in der alten Ordnung verbliebenen Stellen auch diejenigen Alterszulagen zu übernehmen, welche bisher für diese Stellen aus Staatsfonds zu gewähren waren.

Eine Verschlechterung des nach den bisherigen

Ordnungen festgestellten durchschnittlichen Diensteinkommens soll in der Regel nicht stattfinden und ist nur in besonderen Ausnahmefällen mit Genehmigung des Unterrichtsministers zulässig.

Das Gesetz tritt mit dem 1. April 1897 in Kraft. Die Gehaltsordnungen sind nach Maßgabe dieses Gesetzes derart festzustellen, daß sie von diesem Termin ab in Wirksamkeit treten. Für das Rechnungsjahr 1. April 1897/98 wird der Bedarf der Alterszulagekassen (§. 8 Absatz 6) nach dem Stande der Alterszulagen vom 1. April 1897 berechnet.

Alle entgegenstehenden Vorschriften werden aufgehoben, insbesondere auch diejenigen, welche einen Höchstbetrag für die Besoldungen der Lehrer und Lehrerinnen vorschreiben.[1]

Die §§. 1 bis 3 des Gesetzes vom 14. Juni 1888 (Gesetz-Samml. S. 240) und Artikel I des Gesetzes vom 31. März 1889 (Gesetz-Samml. S. 64), betreffend die Erleichterung der Volksschullasten, treten außer Kraft.

Die Einführung dieses Gesetzes in die Stolbergschen Grafschaften bleibt Königlicher Verordnung vorbehalten.[2]

Ausf.-Best. Nr. 23 (unten S. 110).

[1] Die §§ 2 und 8 des Gesetzes vom 26./5. 87 (unten S. 121 ff.) sind hierdurch nicht aufgehoben. (O.V.G. 21./10. 98 u. Pr. V.Bl. S. 269.)

[2] Ist erfolgt durch Verordnung vom 12./5. 97 (G.S. S. 129).

Urkundlich unter Unserer Höchsteigenhändigen Unterschrift und beigedrucktem Königlichen Insiegel.

Gegeben Berlin im Schloß, den 3. März 1897.

(L. S.) Wilhelm.

Fürst zu Hohenlohe. v. Bötticher. v. Miquel. Thielen. Bosse. Frhr. v. Marschall. Schönstedt. Frhr. v. d. Recke. Brefeld. v. Goßler.

Anhang 1.

Ausführungsverfügung zu dem Gesetze vom 3. März 1897, betreffend das Diensteinkommen der Lehrer und Lehrerinnen an den öffentlichen Volksschulen.

(C.Bl. S. 328 ff.)

Berlin, den 20. März 1897.

Das Gesetz vom 3. März 1897, betreffend das Diensteinkommen der Lehrer und Lehrerinnen an den öffentlichen Volksschulen (G.S. 25 ff.), tritt am 1. April d. Js. in Kraft. Mit diesem Zeitpunkte treten gemäß § 28 des Gesetzes die §§ 1—8 des Gesetzes vom 14. Juni 1888 und Artikel I des Gesetzes vom 31. März 1889, betreffend die Erleichterung der Volksschullasten, außer Kraft und es kommen gemäß § 27 des Gesetzes die aus Kapitel 121 Titel 35 des Staatshaushalts-Etats gewährten staatlichen Alterszulagen in Fortfall. Da jedoch die neuen Leistungen, welche der Staat gemäß § 27 des Gesetzes an Staatsbeiträgen zu dem Grundgehalt, an Zuschüssen zu den Alterszulagen und an Zahlungen zum theilweisen Ausgleich der Minderung der Staatsleistungen in großen Gemeinden zu entrichten haben wird, erst zu einem späteren Termin im weiteren Verlauf der Ausführung des Gesetzes im Einzelnen festgestellt werden können, so ermächtigen wir die Königliche Regierung, den Schulverbänden die seitherigen gesetzlichen Staatsbeiträge, den Lehrern und Lehrerinnen die seitherigen staatlichen Alterszulagen einstweilen und vorbehaltlich späterer endgültiger Verrechnung vorschußweise weiter zu zahlen. Wir nehmen dabei an, daß diese Verrechnung, mit etwaiger Ausnahme vereinzelter Fälle, längstens bis zum 1. Oktober d. Js. wird erfolgen können.

Mit der Bildung der Alterszulagekassen gemäß § 6 des Gesetzes ist sofort vorzugehen. Da dieselbe in Anlehnung an die Bestimmungen des Gesetzes vom 23. Juli 1893, betreffend Ruhegehaltskassen für die Lehrer und Lehrerinnen an den öffentlichen Volksschulen, zu erfolgen hat, so verweisen wir auf die zur Ausführung dieses Gesetzes erlassenen Vorschriften vom 28. Juli und 14. September 1893 (Centrbl. S. 658, 782). Die Bestellung des Kassenanwalts ist sofort in die Wege zu leiten. Für die Feststellung des Dienstalters der einzelnen Lehrpersonen werden vorbehaltlich kleiner Korrekturen, die sich aus den veränderten Vorschriften der §§ 10 und 11 ergeben, die nöthigen Unterlagen dort bereits vorhanden sein. In Anknüpfung an die Berechnungen, welche bei Vorbereitung des Entwurfes des Gesetzes aufgestellt worden sind, wird rasch und unschwer festgestellt werden können, ob und wie viele Alterszulagen jedem Lehrer und jeder Lehrerin, gemäß § 5 des Gesetzes, am 1. April d. Js. zustehen und welchen Beitrag demgemäß die Alterszulagekasse zur Deckung der Ausgabe für die Mindestalterszulage eines Lehrers von 100 Mark und für die einer Lehrerin von 80 Mark (§ 6 des Gesetzes) von jeder der Alterszulagekasse angeschlossenen Schulstelle für das Rechnungsjahr 1897/98 zu erheben hat. Geht der Jahresbedarf über den Satz hinaus, welchen der Staat gemäß § 27 Nr. IV des Gesetzes für die dort bezeichneten Schulstellen mit 337 Mark für Lehrerstellen und 184 Mark für Lehrerinnenstellen an die Alterszulagekasse an Zuschuß zahlt, so sind der Einziehung der Beiträge vorläufig diese Einheitssätze zu Grunde zu legen, da der von der Kasse zu leistende Vorschuß bei Beginn des Rechnungsjahres 1. April 1898/99 gemäß § 27 Nr. VII des Gesetzes Deckung finden wird.

Bei Ueberweisung dieser Deckung wird wegen des künftig einzuhaltenden Verfahrens weitere Anordnung ergehen.

Die Feststellung der Zahlungen, welche für die einzelne Schulstelle an die Alterszulagekasse und aus derselben an die berechtigten Lehrpersonen zu entrichten sind, wird erst allmählich mit Abschluß der neuen Besoldungsordnungen für den einzelnen Schulverband sich vollziehen. Wird deshalb ein Vertheilungsplan für die Alterszulagekasse in den Formen des Ruhegehaltskassengesetzes (§ 8 Absatz 9 des Gesetzes) zum ersten Mal für das Rechnungsjahr 1. April 1898/99 vorweg aufgestellt werden können, so ist an Stelle des Vertheilungsplanes im Rechnungsjahre 1. April 1897/98 dem Kassenanwalt von den Seitens der Königlichen Regierung aufgestellten Bedarfsberechnungen Einsicht zu geben (§ 28 Absatz 6 des Gesetzes).

Dies im allgemeinen vorausgeschickt, bemerken wir zu den einzelnen Bestimmungen des Gesetzes das Folgende:

1. Der § 1 Absatz 1 des Gesetzes trifft in **materieller Beziehung die Vorschrift**, daß die an einer öffentlichen Volksschule angestellten Lehrer und Lehrerinnen ein **nach den örtlichen Verhältnissen angemessenes** Diensteinkommen erhalten sollen.

   Wenn demnach für alle Schulstellen in eine Prüfung der Frage einzutreten sein wird, ob das schon jetzt gewährte Diensteinkommen der gedachten Vorschrift entspricht, so wird diese Frage unter dem Gesichtspunkte zu betrachten sein, daß das Gesetz denjenigen Lehrern und Lehrerinnen eine Einkommensverbesserung zuwenden will, deren Diensteinkommen nach den örtlichen Verhältnissen, insbesondere also nach den Theuerungsverhältnissen des Schulortes, sowie unter Berücksichtigung der Wohlhabenheit des betreffenden

Schulverbandes nicht als ausreichend bemessen zu erachten ist.

Für die geringst besoldeten Lehrer und Lehrerinnen ergiebt sich solche Besoldungsverbesserung schon unmittelbar aus dem Gesetze, insofern gewisse Mindestsätze für das Diensteinkommen aufgestellt sind. Im Uebrigen ist zu berücksichtigen, daß im Jahre 1890 durch Ausdehnung der staatlichen Alterszulagen auf Orte, in denen sie früher gar nicht gewährt wurden, und seitdem in einer großen Zahl von Gemeinden durch Erlaß neuer Besoldungsordnungen das Einkommen der Volksschullehrer neu gestaltet worden ist und zum Theil sehr erhebliche Aufbesserungen erfahren hat.

Die Einkommensverhältnisse haben sich danach so vielgestaltig entwickelt, daß ein schablonenhaftes Vorgehen zu Gunsten einer gleichmäßigen Erhöhung des Diensteinkommens aller Schulstellen nicht zu rechtfertigen sein würde. Die Frage, ob eine Aufbesserung nothwendig und im Vergleich zu anderen Schulstellen gerechtfertigt ist, wird vielmehr aus der Lage des einzelnen Falles zu beantworten sein und wird da, wo gegenwärtig schon in der Gewährung von kommunalen Alterszulagen das Diensteinkommen der Lehrer und Lehrerinnen angemessen gestaltet ist, nicht in Anspruch zu nehmen sein, daß dasselbe um den Betrag der in den mittleren und kleinen Schulverbänden gesteigerten Staatsleistungen erhöht werde.

Daß bei Feststellung des Diensteinkommens auf die besonderen Verhältnisse der einzelnen Orte zu berücksichtigen sein werden, schließt nicht aus, daß innerhalb jedes Regierungsbezirks gewisse Gegenden und Gruppen von Orten, die gleichartige örtliche Verhältnisse zeigen, für eine gleiche Bemessung des Diensteinkommens zusammengefaßt werden, wie dies z. B. in der Provinz Westfalen inhaltlich der durch Erlaß vom 14. Juni 1892 mitgetheilten Denkschrift neuerdings in zweckmäßiger Weise geschehen ist.

Im Sinne der Vorschrift, daß das Diensteinkommen nach den örtlichen Verhältnissen bemessen werden soll, liegt es, daß gleichartige Lehrer- oder Lehrerinnenstellen an demselben Orte ein gleiches Diensteinkommen erhalten. Wo neben einander verschiedene selbstständige Schulverbände bestehen, wird dies, namentlich bei einer Verschiedenheit in der Leistungsfähigkeit, nicht immer sich durchführen lassen; immerhin bleibt es als Ziel im Auge zu halten.

Einen Anhalt für die Bemessung des Diensteinkommens in den einzelnen Bezirken werden die Vorschläge bieten, welche auf den Provinzialkonferenzen in den Jahren 1891/92 gemacht worden sind. Dabei ist Folgendes zu beachten. In dem Gesetze ist in höherem Maße, als dies in den Konferenzen geschah, der Schwerpunkt der Besoldungsverbesserung auf eine günstige Ausgestaltung der Alterszulagen im Vergleich mit dem Grundgehalt dergestalt gelegt, daß die Höhe der Alterszulagen, hinter welcher dieselben in keinem Falle zurückbleiben dürfen, über diejenige der in jenen Konferenzen befürworteten Sätze vielfach hinausgeht, ferner der Bezug der Alterszulagen drei Jahre vor dem bisher für die staatlichen Alterszulagen bestimmten Zeitpunkte beginnt und die Zulagen in dreijährigen anstatt in fünfjährigen Perioden steigen. Wie namentlich auch die Verhandlungen im Landtage ergeben, welche zu einer Erhöhung der Alterszulagen, dagegen zu einer Ablehnung der gestellten Anträge auf Erhöhung der Sätze für den Mindestbetrag des Grundgehalts geführt haben, ist für den Standpunkt des Gesetzes neben der Rücksicht darauf, daß die Lehrer der Regel nach in verhältnißmäßig frühem Lebensalter zur endgültigen Anstellung gelangen, entscheidend gewesen, daß es als nothwendig und nur in solcher Weise möglich erschien, einen erheblichen Druck der Schulunterhaltungspflichtigen zu vermeiden. In Uebereinstimmung hiermit ist bei Ausführung des Gesetzes zu verfahren.

Das Diensteinkommen soll endlich ein „der besonderen Amtsstellung“ angemessenes sein. Die Rücksicht hierauf kann sowohl in einer abweichenden Bemessung des Grundgehalts, wie der Höhe der Alterszulagen, unter Umständen auch in einer anderen Bemessung der Miethsentschädigung zum Ausdruck kommen. Nicht bloß Erhöhungen gegen die übrigen Sätze kommen dabei in Frage, sondern es würde z. B. da, wo für die technischen Unterrichtsfächer — Turnen, Handarbeit — besondere Lehrkräfte endgültig angestellt sind, von den Schulverbänden das Diensteinkommen für die technischen Lehrer und Lehrerinnen niedriger bemessen werden können; selbstverständlich nirgends unter den Mindestgrenzen, welche das Gesetz gezogen hat. Auf das bisher erörterte Diensteinkommen giebt das Gesetz Anspruch nur solchen Lehrern und Lehrerinnen, welche endgültig — nach dem bisher üblichen Ausdrucke „definitiv“ — an einer öffentlichen Volksschule angestellt sind. Eine solche endgültige Anstellung erhalten nach fester Uebung nur solche Lehrer und Lehrerinnen, bei welchen die unterrichtliche Thätigkeit an der Volksschule die volle Arbeitskraft in Anspruch nimmt. Das Gesetz spricht aber noch ausdrücklich aus, daß die Besoldungsvorschriften keine Anwendung finden auf Lehrer und Lehrerinnen, deren Zeit und Kräfte durch die ihnen übertragenen Geschäfte nur nebenbei in Anspruch genommen sind.

2. In formeller Beziehung bestimmt der § 1 des Gesetzes, daß das Diensteinkommen zu bestehen hat

a) in einem Grundgehalt,

b) in Alterszulagen,

c) in freier Dienstwohnung oder entsprechender Miethsentschädigung,

und es schreibt sodann betreffs der Alterszulagen der § 6 des Gesetzes vor, daß der Bezug nach siebenjähriger Dienstzeit im öffentlichen Schuldienste beginnt, und daß neun gleich hohe Zulagen in Zwischenräumen von je 3 Jahren gewährt werden.

Für die Durchführung dieser Bestimmungen entsteht die Frage, inwieweit die hierfür von den Schulaufsichtsbehörden gestellten Anforderungen in Ermangelung des Einverständnisses der Verpflichteten der Feststellung in den Formen des Gesetzes vom 26. Mai 1887, betreffend die Feststellung von Anforderungen für Volksschulen, bedürfen. Die Frage wird allerdings endgültig im Verwaltungsstreitverfahren zu entscheiden sein. Damit aber inzwischen die Praxis der Königlichen Regierungen sich gleichmäßig gestaltet, mag als Anhalt für dieselbe hier bemerkt werden:

Wo als Gehaltsbezüge nur die Mindestsätze an Grundgehalt und Alterszulage (§§ 2 und 6 des Gesetzes) zu zahlen sind, folgt die Verpflichtung zur Zahlung unmittelbar aus dem Gesetze, so daß es einer Beschlußfassung der Schulunterhaltspflichtigen überhaupt nicht bedarf (§ 28 Abs. 2 des Gesetzes).

Wo bei dem Grundgehalt materiell eine Er-Erhöhung nicht eintritt, sondern nur formell dadurch, daß Bezüge, die bisher neben dem Gehalt gewährt wurden (Feuerung, Naturalleistungen ꝛc.), mit ihrem anschlagsmäßigen Werth dem Grundgehalt hinzugesetzt, aber auf dasselbe angerechnet werden, bedarf es ebenfalls weder einer Beschlußfassung der Schulunterhaltungspflichtigen, noch einer Feststellung im Wege des Gesetzes vom 26. Mai 1887, da die andere Art der Verrechnung durch das Gesetz vom 8. März 1897 (§ 20) unmittelbar vorgeschrieben ist.

Der Uebergang vom Stellenbesoldungs- zum Dienst-Alterssystem und die Anpassung der auf dem letzteren System beruhenden Besoldungsordnungen an die besonderen Vorschriften dieses Gesetzes, sowie die Aussonderung einer Miethsentschädigung, wo sie nicht bisher schon üblich war, folgt unmittelbar aus dem Gesetze, so daß es bei Zahlungen auf Grund der festgestellten neuen Besoldungsordnungen sich nicht um „neue“ Leistungen handelt, die auf dem Wege des Gesetzes vom 26. Mai 1887 der Feststellung bedürften. Wohl aber können dabei „erhöhte“ Leistungen in Frage stehen, sofern die Schulunterhaltungspflichtigen bei Berücksichtigung der vom Staate gesetzlich übernommenen Leistungen (§ 27 des Gesetzes) auf Grund der neuen Besoldungsordnung mehr als früher aufzubringen haben.

Bevor in einem solchen Falle in Ermangelung des Einverständnisses der Verpflichteten zu einem Feststellungsverfahren geschritten wird, wird übrigens nicht blos die Bedürfnißfrage, sondern auch die Leistungsfähigkeit der Verpflichteten einer erneuten sorgsamen Prüfung zu unterziehen, dabei auch die Frage der Gewährung einer Staatsbeihülfe in den Grenzen der verfügbaren Mittel zu erörtern sein.

Von den größeren Stadtgemeinden, insbesondere den kreisfreien Städten, welche die Volksschullasten auf den Gemeindehaushalt übernommen haben, wird vorausgesetzt werden dürfen, daß sie bei der Regelung des Diensteinkommens der Lehrer und Lehrerinnen nach den Vorschriften dieses Gesetzes ohne bestimmende Einwirkung der Schulaufsichtsbehörden allen billigen Ansprüchen von selbst Rechnung tragen werden, zumal davon die Gewinnung neuer und die Erhaltung alter tüchtiger Lehrkräfte für ihre Volksschulen abhängig ist. Sofern die von solchen kreisfreien Städten zur Bestätigung eingereichten Besoldungsordnungen der Königl. Regierung wider Erwarten zu Beanstandungen Anlaß geben sollten, ist hierüber zunächst an mich, den mitunterzeichneten Unterrichtsminister, zu berichten.

3. Nach **§ 2 Absatz 1** des Gesetzes darf das Grundgehalt auch da, wo dasselbe nach den örtlichen Verhältnissen besonders niedrig zu bemessen ist, für Lehrerstellen nicht weniger als 900 Mark, für Lehrerinnenstellen nicht weniger als 700 Mark jährlich betragen. Im Uebrigen muß das Grundgehalt eines Lehrers so festgesetzt werden, daß es demselben neben freier Wohnung oder Miethsentschädigung die Gründung eines eigenen Hausstandes gestattet.

In Anwendung der Bestimmung des § 1 des Gesetzes, daß das Diensteinkommen ein der besonderen Amtsstellung angemessenes sein soll, sichert der **§ 2 Absatz 2** des Gesetzes ausdrücklich ein höheres Grundgehalt den Rektoren und den Hauptlehrern. Gemäß der Vorschrift des Gesetzes gelten fortan als Hauptlehrer solche Lehrer an Volksschulen mit drei oder mehr Lehrkräften, denen Leitungsbefugnisse übertragen sind. Als Rektor gilt der Leiter einer Volksschule mit sechs oder mehr aufsteigenden Klassen oder der Leiter einer Volksschule, die nach altem Herkommen von einem geprüften Rektor geleitet wird.

Darüber, ob mit Rücksicht auf die Amtsstellung das Grundgehalt für einen alleinstehenden Lehrer oder für einen ersten Lehrer an einer mit zwei Lehrkräften ausgestatteten Volksschule höher zu bemessen ist, als für andere Lehrer, ist in das Gesetz eine Vorschrift nicht aufgenommen worden, weil in diesem Punkte sich die Verhältnisse in den einzelnen Provinzen historisch verschieden entwickelt haben, auch nicht von jedem alleinstehenden Lehrer z. B. bei kleinen Schulen oder von jedem ersten Lehrer bei zweiklassigen Schulen gesagt werden kann, daß sie ein besonders schwieriges oder verantwortungsvolles Amt bekleiden. Mehrfach beruht bei den Lehrern auf dem Lande die verschiedene Bemessung des Diensteinkommens für erste oder alleinstehende und für zweite Lehrer darauf, daß die Stellen der zweiten Lehrer (Adjuvanten, Präparanden rc.) nur als Durchgangsstellen für junge unverheirathete Lehrer gedacht waren. Derartig minder ausgestattete Schulstellen giebt es nach dem Gesetze vom 3. März 1897 nicht mehr.

4. Den geringeren Bedürfnissen der jüngeren Lehrer und Lehrerinnen trägt der § 3 des Gesetzes durch die Bestimmung Rechnung, daß die Besoldung der einstweilig angestellten Lehrer und Lehrerinnen, sowie derjenigen Lehrer, welche noch nicht vier Jahre im öffentlichen Schuldienste gestanden haben, $^1/_5$ weniger beträgt als das Grundgehalt der betreffenden Schulstelle. Betreffs der Lehrerinnen,

die in der Regel von vornherein auf die Führung eines eigenen Haushaltes angewiesen sind, bestimmt das Gesetz jedoch, daß ihre Besoldung nicht weniger als 700 Mark jährlich betragen soll.

Zwar sieht das Gesetz vor, daß der Minderbetrag durch Beschluß des Schulverbandes auf einen geringeren Bruchtheil beschränkt werden darf, immerhin aber enthält die als Regel hingestellte Kürzung des Grundgehalts zugleich einen besonderen Hinweis darauf, daß die Grundgehälter auf das Bedürfniß eines jungen Familienhaushaltes zuzuschneiden sind.

Die Beschränkung des Minderbetrages wird namentlich in Orten in Frage kommen, in denen ein Lehrer ohne eigenen Hausstand nur gegen verhältnißmäßig hohen Preis Verpflegung finden kann oder mangels einer Gelegenheit hierfür zur Führung eines eigenen Hauswesens genöthigt ist. Soweit es sich dabei um Stellen für alleinstehende Lehrer handelt, ist allerdings daran zu erinnern, daß in solche Stellen überhaupt nur ältere, schon anderwärts bewährte Lehrer berufen werden sollen.

Jüngere, insbesondere einstweilig angestellte Lehrer werden zweckmäßig durchweg an mehrklassigen Schulen Verwendung finden, wo sie an dem Ersten Lehrer einen Leiter und Rathgeber haben.

5. Der § 4 des Gesetzes behandelt den Fall der dauernden (organischen) Verbindung eines Schul- und Kirchenamtes. Auf Fälle, in denen ein Lehrer nur nebenamtlich eine kirchliche Stellung versieht, finden die Bestimmungen keine Anwendung.

Entsprechend der historischen Entwickelung werden die eigenen Einkünfte solcher dauernd verbundenen Aemter (§ 4 Absatz 2 des Gesetzes) als

Theile des festzusetzenden einheitlichen Grundgehalts behandelt und gemäß der in den §§ 1 und 20 des Gesetzes aufgestellten allgemeinen Regel in dasselbe eingerechnet.

Dieses einheitliche Grundgehalt soll (§ 4 Absatz 1 des Gesetzes) „entsprechend der mit dem kirchlichen Amte verbundenen Mühwaltung“ höher bemessen werden, als es der Lehrer nach den örtlichen Verhältnissen beziehen würde, wenn mit seinem Lehramte nicht ein kirchliches Amt verbunden wäre. Damit aber durch die höhere Bemessung des Grundgehalts nicht die Schulunterhaltungspflichtigen zu Unrecht bedrückt werden, begrenzt das Gesetz (§ 4 Absatz 3) den Betrag, um welchen das Grundgehalt erhöht wird, auf die Vortheile, welche den Unterhaltspflichtigen aus den, den Zwecken des vereinigten Amtes gewidmeten eigenen Einnahmen der Stelle erwachsen.

Bei der Berathung des Gesetzes kam in Frage, ob nicht für die Summe, um welche das Grundgehalt der kirchlichen Mühwaltung entsprechend zu erhöhen ist, ein gewisser Mindestbetrag in dem Gesetze festzustellen sei; wobei daran erinnert wurde, daß sich in einzelnen Provinzen eine dahin gehende Praxis herausgebildet hat. Es ist hiervon abgesehen worden, weil das Maß der Arbeit, welche dem Lehrer aus dem kirchlichen Amte erwächst, ein zu verschiedenes ist. Dagegen hat in den § 4 Absatz 3 die Bestimmung Aufnahme gefunden, daß die Feststellung des Mehrbetrages „nach Benehmen mit der kirchlichen Behörde“ zu geschehen hat.

Für die Ausführung des Gesetzes kommt aber namentlich bei § 4 die Bestimmung des § 28 Absatz 2 in Betracht, welche besagt:

„Für diejenigen Stellen, deren Gehaltsbezüge bereits den Vorschriften dieses Gesetzes (§§ 2, 4 und 6) entsprechen, sind diese Gehaltsbezüge zu leisten, ohne daß es einer Neuregelung der Besoldungsverhältnisse bedarf."

Nach der Begründung, welche dieser auf einem Beschlusse des Abgeordnetenhauses beruhenden Bestimmung gegeben worden ist, soll vorzugsweise für diejenigen vereinigten Aemter, in denen, insbesondere bei Hinzutritt der erhöhten Alterszulagen, das Gesammteinkommen durchaus angemessen ist, das ganze Feststellungsverfahren nach § 4 des Gesetzes erübrigt werden. Dabei bliebe es den kirchlichen Behörden überlassen, eine anderweite Festsetzung in denjenigen Fällen selbst in Anregung zu bringen, in denen sie im Gegensatze zu der Anschauung der Schulaufsichtsbehörde bei der seitherigen Einkommensregelung das kirchliche Interesse nicht ausreichend gewahrt findet.

Wo Neuregulirungen stattfinden, bleiben die Bestimmungen des Erlasses vom 27. Februar 1894, betreffend die Abtrennung der niederen Küsterdienste von den Volksschullehrerstellen, zu beachten.

6. Betreffs der gemäß **§§ 5, 6** des Gesetzes herbeizuführenden Neugestaltung der Alterszulagen darf auf dasjenige verwiesen werden, was unter Nr. 1 über den Begriff des *angemessenen* Diensteinkommens gesagt ist.

7. Dem allgemeinen Beamtenrechte entsprechend regelt der **§ 7** des Gesetzes den Anspruch auf Alterszulagen dahin, daß den Lehrern und Lehrerinnen zwar ein rechtlicher Anspruch auf *Neugewährung* einer Alterszulage nicht zusteht, daß denselben aber die einmal bewilligten Alterszulagen nicht entzogen werden dürfen, wenn sich nicht etwa nachträglich herausstellt, daß die Anweisung auf

einem Irrthum, z. B. unrichtiger Berechnung der Dienstzeit, beruht hat.

Die Versagung neuer Alterszulagen ist nur bei unbefriedigender Dienstführung zulässig, die sowohl in dem amtlichen wie in dem außeramtlichen Verhalten gefunden werden kann. Immer werden schwerwiegende, in ihrer thatsächlichen Grundlage unter Betheiligung der Orts-, Stadt- und Kreis-Schulbehörde einer sehr sorgsamen Prüfung zu unterziehende Gründe vorliegen müssen, um eine, in ihren Folgen für den Betroffenen so bedeutsame Maßregel anzuordnen. Ob es nothwendig ist oder sich empfiehlt, vor Anordnung derselben den Betheiligten selbst über die gegen seine Dienstführung zu erhebenden Ausstellungen zu hören, wird aus der Lage des einzelnen Falles heraus zu entscheiden sein.

Das Gesetz bestimmt nicht, wem die Befugniß zustehen soll, eine solche Maßregel in Anregung zu bringen, legt aber die endgiltige Entschließung in die Hand der Bezirksregierung. Zur Stellung des Antrages wird ebenso die örtliche Schulaufsichtsbehörde, wie der Landrath (der Bürgermeister) und der Kreis-Schulinspektor befugt sein.

Wird die Vorenthaltung einer Alterszulage nothwendig, so ist sie zeitlich zu begrenzen. Dauern die Gründe länger, so wird in der Regel Anlaß zur Einleitung des Disziplinarverfahrens sein.

Der § 7 Absatz 3 des Gesetzes trifft Vorsorge, daß die zeitweise Vorenthaltung der Alterszulage nicht über diese Zeit hinaus für den betreffenden dauernde Nachtheile in Bezug auf die Berechnung des Dienstalters herbeiführt.

8. Unter Hinweis auf die einleitenden Bemerkungen über die Bildung der Alterszulagekassen sei bei § 8 des Gesetzes noch darauf aufmerksam gemacht,

daß in der Begründung der Regierungsvorlage (Drucks. des Abgeordnetenhauses 1896/97 Nr. 9 S. 56, 57) als Beispiel ein Vertheilungsplan einer Alterszulagekasse zum Abdruck gelangt ist, der ein Schema für die Ausführung giebt.*)

9. Die Bestimmungen der **§§ 10, 11** des Gesetzes über die Berechnung der Dienstzeit der Volksschullehrer und Lehrerinnen, sowie über die Anrechnung der Dienstzeit an Privatschulen werden vielfach eine anderweite Feststellung des Dienstalters der in dem Bezirke angestellten Lehrer und Lehrerinen nothwendig machen. Da die von den Königlichen Regierungen über das Dienstalter geführten Verzeichnisse nicht über alle in Betracht kommenden Umstände Aufschluß geben werden, so sind die Lehrpersonen unter ausführlicher Belehrung über die, in den §§ 10 und 11 des Gesetzes gegebenen abweichenden Vorschriften schleunigst aufzufordern, etwaige Anträge auf anderweite Festsetzung ihres Dienstalters unter Beilegung der Ausweise über die neu anzurechnende Dienstzeit zu stellen. Die Anweisung der aus dem Gesetze oder den neuen Besoldungsordnungen sich ergebenden Dienstaltersfeststellungen wird zur Vermeidung von Verzögerungen einstweilen nach den jetzt vorliegenden Dienstalterszulagen erfolgen können, da die nachträglich etwa nöthigen Aenderungen nur zu Gunsten der Lehrpersonen ausschlagen können. Aus den Vorschriften des § 10 des Gesetzes bedarf besondere Hervorhebung, daß der Dienstzeit im öffentlichen Schulamte die Zeit des aktiven Militärdienstes ohne Beschränkung hinzugerechnet wird, soweit sie nicht vor den Beginn des 21. Lebensjahres fällt.

---

*) Unten S. 113.

Wenn der § 10 des Gesetzes vorschreibt, daß als öffentlicher Schuldienst auch diejenige Zeit anzurechnen ist, während welcher ein Lehrer an einer Anstalt thätig gewesen ist, welche vertragsmäßig die Vorbereitung von Zöglingen für die staatlichen Lehrerbildungsanstalten übernommen hat, so sind darunter alle Präparandenanstalten zu verstehen, welche durch schriftliches oder mündliches Abkommen, insbesondere durch Gewährung staatlicher Zuschüsse, dem Organismus der staatlichen Lehrerausbildung eingereiht sind. Walten im einzelnen Falle Zweifel ob, so ist der Fall der Entscheidung des mitunterzeichneten Unterrichtsministers zu unterbreiten.

Der § 10 des Gesetzes stellt dem öffentlichen Schuldienste auch gleich die Zeit, während welcher ein Lehrer oder eine Lehrerin als Erzieher oder Erzieherin an einer öffentlichen Taubstummen-, Blinden-, Idioten-, Waisen-, Rettungs- oder ähnlichen Anstalt sich befunden hat. Soweit ein Lehrer oder eine Lehrerin als Lehrer oder Lehrerin an solchen Anstalten sich befunden hat, bedurfte es einer besonderen Bestimmung nicht, da § 10 Absatz 1 des Gesetzes der Berechnung der Dienstzeit den öffentlichen Schuldienst jeder Art zu Grunde legt.

Zu beachten ist, daß auch für die Anrechnung der Dienstzeit an den bezeichneten Präparandenanstalten und als Erzieher oder Erzieherin an den öffentlichen Taubstummen- ꝛc. Anstalten die allgemeinen Voraussetzungen vorliegen müssen, von denen der § 10 des Gesetzes die Berechnung der Dienstzeit allgemein abhängig macht. Liegen diese Voraussetzungen vor, so ist die dem öffentlichen Schuldienste gesetzlich gleichgestellte und zugerechnete Dienstzeit auch bei späterer Bemessung des Ruhegehalts gleich dem öffentlichen Schuldienste in Ansatz zu bringen.

10. Der **§ 11** des Gesetzes läßt nach Absatz 1 die Anrechnung der Dienstzeit an Privatschulen nur zu, wenn es sich um Privatschulen handelt, in denen nach dem Lehrplane einer öffentlichen Volksschule unterrichtet wird. Ob dies zutrifft, ist nach Lage des einzelnen Falles zu entscheiden. Nicht dahin gehören z. B. Mittelschulen, höhere Mädchenschulen und die privaten Vorschulen für höhere Lehranstalten.

Der § 11 Absatz 2 des Gesetzes stellt der Beschäftigung an einer preußischen Privatschule, in der nach dem Lehrplane einer öffentlichen Volksschule unterrichtet wird, gleich, wenn ein Lehrer oder eine Lehrerin, sei es als Lehrer oder Lehrerin, sei es als Erzieher oder Erzieherin an einer privaten Taubstummen- 2c. Anstalt beschäftigt ist. Die Gestaltung des Lehrplanes in diesen Anstalten kommt dabei nicht in Betracht.

Die Anrechnung der Dienstzeit an den vorbezeichneten Privatschulen ist allgemein dadurch begrenzt, daß eine volle Beschäftigung stattgefunden haben muß und daß die Beschäftigung außer Berechnung bleibt, welche vor den Beginn des 21. Lebensjahres oder vor die erlangte Befähigung zur Anstellung im öffentlichen Volksschuldienste fällt.

Im Uebrigen scheidet das Gesetz zwischen den Lehrpersonen, welche sich am 1. April 1897 bereits im öffentlichen Volksschuldienste befinden und denjenigen, welche erst später in denselben eintreten. Erstere erlangen die Anrechnung der Dienstzeit an preußischen Privatschulen 2c. kraft Gesetzes, letztere können die Anrechnung derselben bis zum Höchstmaß von zehn Jahren durch Einkauf in die Alterszulagekasse erlangen.

Wegen der besonderen Behandlung, welche diese Einkaufssummen bei Verwaltung der Alterszulagekassen zu erfahren haben, ist auf § 8 Absatz 9 des Gesetzes zu verweisen.

11. Die im **§ 12 Absatz 2** des Gesetzes ausgesprochene Verpflichtung, unter gewissen Voraussetzungen die Einziehung einer Dienstwohnung von Schulaufsichtswegen zu genehmigen, hat zwar in erster Linie städtische Verhältnisse im Auge, bezieht sich aber dem Wortlaute nach auch auf die Dienstwohnungen bei ländlichen Schulen.

Ausgenommen sind nur die Dienstwohnungen von ersten oder alleinstehenden Lehrern auf dem Lande, da der § 13 des Gesetzes bestimmt, daß solche Lehrer in der Regel freie Dienstwohnung erhalten sollen.

12. Die Vorschrift des **§ 14** des Gesetzes giebt das bestehende Recht wieder.

13. Für die Bemessung der Miethsentschädigung, welche denjenigen Lehrern und Lehrerinnen zu gewähren ist, die eine freie Dienstwohnung nicht erhalten, bestimmt der **§ 16** des Gesetzes als allgemeine Regel, daß sie eine ausreichende Entschädigung für die nicht gewährte Dienstwohnung bieten soll. Als weiterer Anhalt für die Bemessung wird hingestellt, daß sie in der Regel $^1/_5$ des Grundgehalts und des für die Schulstelle von dem Schulverbande zu zahlenden Alterszulagekassenbeitrages nicht übersteigen soll. Grundgehalt und Alterszulagekassenbeitrag sind als Maßstab gewählt, weil sie das Durchschnittseinkommen im Schulverbande darstellen. Wie ein Vergleich mit der Vorschrift des § 14 Absatz 1 des Gesetzes zeigt, sind für die Bemessung der Miethsent-

schädigung nicht blos die örtlichen Verhältnisse, sondern auch die Amtsstellung maßgebend; Rektoren und Hauptlehrer werden, wie eine größere Dienstwohnung, auch Mangels derselben eine höhere Miethsentschädigung zu beanspruchen haben.

Für die Frage, welcher Wohnungsumfang der Bemessung der Miethsentschädigung zu Grunde zu legen ist, wird an die ergangenen Normativbestimmungen angeknüpft werden können. Uebrigens werden die von Lehrern mit Familie, sowie von Lehrerinnen am Orte thatsächlich gezahlten Wohnungspreise den besten Anhalt gewähren, um die Methsentschädigungen angemessen festzustellen.

Nach § 16 Abs. 2 des Gesetzes erhalten einstweilig angestellte Lehrer und unverheirathete Lehrer ohne eigenen Hausstand, sowie diejenigen Lehrer, welche noch nicht 4 Jahre im öffentlichen Schuldienste gestanden haben, in der Regel eine um 1/3 geringere Miethsentschädigung. Diese Bestimmung trägt der Thatsache Rechnung, daß diese Lehrer ihrerseits geringere Mittel aufzuwenden haben, um eine für sie ausreichende Wohnung zu miethen.

Daß von einem unverheiratheten Lehrer im Sinne des Gesetzes anzunehmen ist, daß er einen eigenen Hausstand führt, wenn er eine Verwandte oder Wirthschafterin bei sich hat, die ihm den Haushalt führt, ist bei Berathung des Gesetzes im Abgeordnetenhause ausdrücklich hervorgehoben worden, und soll deshalb auch hier, wenn schon an sich selbstverständlich, Erwähnung finden.

14. Der Vorschrift des § 17 des Gesetzes, betreffend die Lieferung des Brennmaterials für Wohnung und Wirthschaftsbedarf der Lehrer und Lehrerinnen

wird am besten dadurch entsprochen, daß in die bestehenden Verhältnisse materiell in keiner Weise eingegriffen und auch bei Gründung neuer Schulstellen bezüglich des Brennbedarfes so verfahren wird, wie es in dem Bezirke bisher üblich ist. Geändert wird nur formell die Art der Verrechnung des Werthes des Brennmaterials, wie zu § 20 Nr. 8 des Gesetzes ausgeführt werden wird.

15. Die Bestimmungen des § 18 des Gesetzes über die Gewährung von Dienstland an die Landlehrer entsprechen den bestehenden Verhältnissen. Bei ersten oder alleinstehenden Lehrern bildet die Gewährung einer Landnutzung, welche dem durchschnittlichen Wirthschaftsbedürfnisse einer Lehrerfamilie entspricht, die Regel, bei anderen Lehrern wird nach dem örtlichen Bedürfnisse in Anknüpfung an die bisherige Gestaltung der Verhältnisse zu verfahren sein.

Neu ist der im § 18 des Gesetzes ausgesprochene Unterschied zwischen dem Hausgarten und der übrigen Landnutzung.

Was als Hausgarten anzusehen sei, ist im Gesetze nicht näher bestimmt, weil die Verhältnisse zu verschiedenartig liegen. In der Regel wird man unter Hausgarten den unmittelbar am Hause gelegenen, meist eingefriedigten Theil des Dienstlandes zu denken haben, wenn und soweit derselbe nicht ungewöhnlich umfangreich ist. Den Hausgarten behandelt das Gesetz als Zubehör der Dienstwohnung, so daß sein Ertragswerth auf das Grundgehalt nicht gleich demjenigen der übrigen Landnutzung anzurechnen ist. Von einer solchen Anrechnung ist für den Hausgarten abgesehen worden, weil der Ertrag wesentlich von der Pflege abhängt, welche der Lehrer und seine

Familie dem Garten angedeihen lassen. Auch bei einer Nutzung desselben durch eine Baumschule, Gemüsebau und dergleichen werden die Erträge durch die aufgewendeten Mühen und Kosten der Bestellung als ausgeglichen zu gelten haben. Soweit von einem Nutzwerthe des Hausgartens die Rede sein kann, hat er seinen Ausdruck in der Feststellung des Werthes der Dienstwohnung (§ 8 des Gesetzes v. 23. Juli 1893. G.S. S. 194) zu finden. Ist der Nutzwerth dem Lehrer bei Veranschlagung des Dienstlandes auf das Diensteinkommen in Ansatz gebracht, so wird der Betrag fortan abzusetzen sein.

Wird im einzelnen Falle streitig, was als Hausgarten anzusehen ist, so entscheidet gemäß § 18 Absatz 6 auf Anrufen der Betheiligten in erster Instanz der Kreisausschuß. Eine solche Entscheidung wäre auch anzurufen, wenn die Aussonderung des seither in Ansatz gebrachten Ertragswerthes des Hausgartens durch die Einbeziehung dieses Werthes in die, den Ertrag des gesammten Dienstlandes umfassende Werthsfeststellung erschwert sein und zu Streit führen sollte.

Der § 18 Absatz 8 des Gesetzes schreibt vor, daß zur Bewirthschaftung des Landes „erforderlichenfalls“ Wirthschaftsgebäude herzustellen sind. Durch die Einschaltung des Wortes „erforderlichenfalls“ hat die Nothwendigkeit für die Fälle ausgeschlossen werden sollen, wo es sich um Ländereien handelt, die regelmäßig durch Verpachtung ohne Beigabe von Wirthschaftsräumen verwerthet werden.

16. Der **§ 20** des Gesetzes regelt das Verfahren bei Feststellung des Werthes des Ertrages der Landnutzung und der sonstigen Dienst-

einkünfte an Geld oder Naturalleistungen in Uebereinstimmung mit § 45 des Zuständigkeitsgesetzes, jedoch mit dem, dem Bedürfnisse entsprechenden Zusatz:

„Eine anderweite Festsetzung ist bei erheblicher Aenderung der ihr zu Grunde liegenden thatsächlichen Verhältnisse zulässig."

Bei Ausführung des Gesetzes wird es sich empfehlen, eine anderweite Festsetzung des Ertrages der Landnutzung möglichst zu vermeiden. Weder würde es dem Zwecke des Gesetzes entsprechen, etwaigen Versuchen der Schulunterhaltungspflichtigen in der Richtung entgegenzukommen, die durch das Gesetz gebotene Erhöhung des Grundgehalts durch eine höhere Ertragsberechnung des Dienstlandes illusorisch zu machen, noch liegt ein Anlaß vor, durch eine Herabsetzung des früher festgestellten Ertragswerthes die Erhöhung des Grundgehalts künstlich zu steigern.

Die Verhältnisse bleiben ebenso wie die Werthsbemessung des Brennmaterials (§ 20 Nr. 8 des Gesetzes) am besten z. Z. unberührt, so daß der § 20 des Gesetzes nur zu einer formalen Umgestaltung des Grundgehalts insofern führt, als die Bezüge, welche die Lehrpersonen jetzt neben dem Baargehalt empfangen haben, mit ihrem veranschlagten Werthe dem Baargehalt zugerechnet werden. Die Gesammtsumme ergiebt das neue Grundgehalt, auf welches aber die früheren Nebenbezüge eingerechnet werden.

Wo eine anderweite Festsetzung des Werthes des Dienstlandes künftig nothwendig werden sollte, wird zu beachten sein, daß ein Lehrer weder die Zeit noch die landwirthschaftlichen Kenntnisse hat, um dem Dienstlande so hohe Erträge abzugewinnen, als einem bäuerlichen Wirthe möglich ist. Andererseits wird dabei die etwaige Verpflichtung der Schulunterhaltungspflichtigen zur Ackerbestellung, Düngung rc. zu berücksichtigen sein.

Was die Anrechnung des Brennmaterials anlangt, so ist in dem Gesetze Vorsorge getroffen, daß sie bei gering besoldeten Lehrern und Lehrerinnen nicht mit einem zu hohen Betrage erfolgt. Hier geschieht sie mit der Beschränkung, daß das verbleibende Grundgehalt (§ 2 des Gesetzes) einschließlich der Naturalbezüge (§ 20 Nr. 1 und 2 des Gesetzes) bei Lehrern nicht unter 840 Mark, bei Lehrerinnen nicht unter 650 Mark jährlich betragen darf.

Die hierbei festgesetzte Anrechnung gilt auch, wenn die Schulstelle einstweilig oder mit einem jungen Lehrer besetzt ist und nur die nach § 8 des Gesetzes bemessene Besoldung gewährt wird.

Die Begründung der Regierungsvorlage giebt hierfür folgendes Beispiel: Die gesammten Nutzungen einer Stelle einschließlich des Brennmaterials betragen jetzt 900 Mark, der Werth des Brennmaterials ist 100 Mark. Dem Lehrer sollen aber 840 Mark ausschließlich des Brennmaterials bleiben: also ist das verbleibende Baargehalt um 40 Mark zu erhöhen, das Brennmaterial mit 60 Mark anzurechnen. Der einstweilig angestellte Lehrer erhält $^1/_5$ von 900 Mark, also 180 Mark weniger, d. h. 720 Mark. Darauf wird ihm das Brennmaterial mit 60 Mark angerechnet, er muß außerdem 660 Mark bekommen.

17. Nach **§ 21** des Gesetzes hat die Zahlung des baaren Diensteinkommens an endgültig angestellte Lehrer und Lehrerinnen vierteljährlich, an einst-

weilig angestellte monatlich, im Voraus zu erfolgen.

Die Schulverbände sind wegen einer dem Gesetze entsprechenden Zahlung sofort mit Anweisung zu versehen.

Zur Vermeidung von Irrthümern sind die Schulverbände dabei besonders darauf hinzuweisen, daß sie den Lehrpersonen das Diensteinkommen nach Maßgabe der bestehenden Besoldungsordnung vorläufig fortzuzahlen haben, vorbehaltlich späterer Verrechnung gegenüber der Alterszulagekasse, sofern durch die neuen Besoldungsordnungen ein Theil der Zahlung auf die Kasse übergeht. Es kommen dabei namentlich die von den Schulverbänden jetzt zu zahlenden Gemeinde-Alterszulagen in Betracht.

18. Zu § 22 des Gesetzes, Umzugskosten betreffend, wird mit Ausschluß der Provinzen Posen und Westpreußen, wo die Regelung auf Grund des Gesetzes vom 15. Juli 1886 (G.S. S. 185) erfolgt ist, besondere Verfügung ergehen.

Neu ist auch für die vorgenannten Bezirke die Schlußbestimmung des § 22 des Gesetzes, welche im Einklange mit dem Staatsbeamtenrecht vorschreibt:

Bei Versetzungen gilt der Verlust einer Dienstwohnung nebst Hausgarten oder die Verringerung der Miethsentschädigung nicht als Verringerung des Diensteinkommens.

19. Der § 23 des Gesetzes, welcher die Vorschriften über das Gnadenquartal enthält, bestimmt im Absatz 3:

An wen die Zahlung des Gnadenquartals zu leisten ist, bestimmt die Ortsschulbehörde. Es wird sich bei der geringeren Geschäftskenntniß mancher dieser Behörden empfehlen, besonders darauf aufmerksam zu machen, daß durch diese Bestimmung nicht die Entscheidung darüber, wem das Gnadenquartal gebührt, der Ortsschulbehörde zugewiesen ist, sondern nur die Bestimmung, zu **wessen Händen** aus der Zahl der berechtigten Hinterbliebenen die Zahlung zweckmäßig zu erfolgen hat. Es wird dies in der Regel diejenige Person sein, welche das Begräbniß besorgt und den Haushalt einstweilen fortführt.

Der vorletzte Absatz des § 28 des Gesetzes verpflichtet die Schulunterhaltungspflichtigen zur Gewährung der Gnadenbezüge. Zur Vermeidung von Zweifeln wird hervorgehoben, daß die Gnadenbezüge an Alterszulage aus der Alterszulagekasse zu bestreiten sind, der demgemäß in Fällen direkter Zahlung der Alterszulagen an die Lehrpersonen (§ 8 Absatz 4 und 5 des Gesetzes) von der Ortsschulbehörde der Name des Empfängers der Gnadenbezüge anzuzeigen ist.

20. Die Entscheidung im Falle des **§ 24 Absatz 2** des Gesetzes wird in Städten den Stadtschulbehörden, auf dem Lande den Kreis-Schulinspektoren, geeignetenfalls auch den Ortsschulbehörden von Aufsichtswegen zu übertragen sein. Die Entscheidung ist nach sorgsamer Prüfung der persönlichen Verhältnisse zu treffen.

21. Die Entscheidungen, welche gemäß **§ 26** des Gesetzes über Streitigkeiten bei Auseinandersetzungen zu treffen sind, werden sich zumeist auf Landschulen beziehen und werden hier zweckmäßig in die Hand des Landraths zu legen sein.

22. Betreffs der durch **§ 27** des Gesetzes neu begrenzten Leistungen des Staates ist hervorzuheben:

Zu **Nr. I.**

Wie zu Nr. 8 am Schlusse schon besonders

hervorgehoben, kennt das Gesetz minderbesoldete Stellen für Hilfslehrer, Hilfslehrerinnen, Adjuvanten, Unterlehrer, Nebenlehrer, Präparanden, Provisoren ꝛc. nicht. Wo solche Stellen noch bestehen, werden sie kraft Gesetzes ordentliche Lehrer- und Lehrerinnenstellen, und sind bei Ausführung des Gesetzes sowohl hinsichtlich der Regelung des Diensteinkommens wie hinsichtlich der Leistungen des Staates den übrigen Schulstellen gleich zu behandeln.

Betreffs der Verrechnung der Staatsbeiträge zu dem Diensteinkommen der Lehrer und Lehrerinnen traf der § 2 des Gesetzes vom 14. Juni 1888, betreffend die Erleichterung der Volksschullasten, beschränkende Bestimmungen, welche in der Praxis zu vielen Zweifeln Anlaß gegeben und sich nicht bewährt haben. Unter Aufhebung dieser Vorschrift bestimmt demgemäß der § 27 Absatz I des Gesetzes hinsichtlich der Verrechnung des Staatsbeitrages zu dem Diensteinkommen der Lehrer und Lehrerinnen nur, daß er zu dem vorbezeichneten Diensteinkommen und, *soweit er hierzu nicht erforderlich ist*, zur Deckung der Kosten für andere Bedürfnisse des betreffenden Schulverbandes zu zahlen ist. Letztere Vorschrift erweitert zugleich die Beitragspflicht des Staates zu Gunsten der Schulverbände, insofern sie die Verrechnung auf alle sächlichen Ausgaben, einschließlich von Baukosten, gestattet.

Für diejenigen Fälle, in denen jetzt der Staatsbeitrag aus dem Gesetze vom 31. März 1889 wegen der beschränkenden Vorschrift des § 2 des Gesetzes vom 14. Juni 1888 nicht voll zur Anweisung gelangt ist, wird demnach neu zu prüfen sein, ob nicht nunmehr in voller Höhe Zahlung zu leisten ist.

Auf die abändernde Vorschrift wegen der Reihenfolge der Verrechnung des Staatsbeitrages auf die einzelnen Leistungen der Schulunterhaltungspflichtigen werden diese besonders hinzuweisen sein.

Zu Nr. II.

Der § 27 Nr. II beschränkt die Zahlung der Staatsbeiträge auf eine Höchstzahl von 25 Stellen für jede politische Gemeinde.

Besondere Bestimmungen sind aufgenommen unter Absatz 2 für den Fall, daß in einer politischen Gemeinde, die einen einzigen Schulverband bildet, zusammen mehr als 25 erste, ordentliche Lehrer- und Lehrerinnenstellen vorhanden sind, unter Absatz 4 für den Fall, daß in einer politischen Gemeinde mehr als 25 Stellen mehrere Schulverbände vorhanden sind, deren Grenzen aber nicht über die der politischen Gemeinde hinausgehen.

Das Verfahren in Fällen dieser Art wird durch nachfolgende in der Begründung des Gesetzes gegebene zwei Beispiele erläutert:

1. In der Gemeinde A sind vorhanden:

3 Stellen	für	erste Lehrer,
23 „	„	ordentliche Lehrer und
4 „	„	„ Lehrerinnen,
zus. 30 Stellen.		

Der Staatsbeitrag wird gezahlt

für $\frac{3 \,.\, 25}{30}$ Stellen für erste Lehrer $= 2^{15}/_{30}$

„ $\frac{23 \,.\, 25}{30}$ „ „ ordentl. Lehrer $= 19^{5}/_{30}$ u.

„ $\frac{4 \,.\, 25}{30}$ „ „ „ Lehrerinnen $= 3^{10}/_{30}$

Da Bruchtheile bei denjenigen Schulstellen auszugleichen sind, für welche der höhere Staatsbeitrag zu zahlen ist, erhält der Schulverband

den Staatsbeitrag für 3 Stellen für erste Lehrer,
„ „ „ 19 „ „ ordentl. Lehrer u.
„ „ „ 3 „ „ Lehrerinnen.

In diesem Beispiel bilden die Bruchtheile zusammen ein Ganzes. Läge ein Fall so, daß die Bruchtheile zwei Ganze bilden, so wäre in Ausgleichung der Brüche den Stellen für erste Lehrer und den Stellen für ordentliche Lehrer je eine Stelle zuzurechnen.

2. In der Gemeinde A sind 2 Schulsozietäten. Die vorangeführten Lehrerstellen vertheilen sich auf dieselben dergestalt,

daß der Schulverband I 2 erste Lehrer, 13 ordentliche Lehrer und 3 Lehrerinnen,

daß der Schulverband II 1 ersten Lehrer, 10 ordentliche Lehrer und 1 Lehrerin hat.

Würden die Staatsbeiträge für alle Stellen gezahlt, so würde

	I.		II.
	2 × 500 = 1000		1 × 500 = 500
	13 × 300 = 3900		10 × 300 = 3000
	3 × 150 = 450		1 × 150 = 150
	zusammen = 5350 Mark		zusammen = 3650 Mark

zusammen 9000 Mark

erhalten.

Sie erhalten aber zusammen nur

3 × 500 = 1500
19 × 300 = 5700
3 × 150 = 450

zusammen 7650 Mark.

Nach der Vorschrift des Gesetzes entfallen auf

I. $\left(\frac{7650}{9000}\right) \cdot 5350 = 4547,_{50}$

II. $\left(\frac{7650}{9000}\right) \cdot 3650 = 3102,_{50}$

zusammen 7650,00 Mark.

In gleicher Weise werden die staatlichen Zuschüsse zur Alterszulagekasse vertheilt (Nr. IV).

Nr. II Absatz 3 behandelt die unter sich sehr verschiedenen Fälle, in denen ein Schulverband (Gemeinde-Sozietät) sich über mehrere Gemeinden oder Gemeindetheile erstreckt. In den weitaus meisten dieser Fälle wird aber die Zahl der Schulstellen hinter der Höchstzahl von 25, für welche die Staatsbeiträge und Zuschüsse voll gezahlt werden, zurückbleiben, so daß es einer Anwendung der hier getroffenen Vorschriften nur sehr selten bedürfen wird und diese Bestimmungen für die Durchführung des Gesetzes kaum in Betracht kommen.

In solchen Ausnahmefällen, wo Gemeinden mit mehr als 25 Schulstellen betheiligt sind, soll die Schulaufsichtsbehörde festsetzen, wieviel der im Schulverbande vorhandenen Stellen erster Lehrer, anderer ordentlicher Lehrer oder Lehrerinnen auf jede der betheiligten Gemeinden und jeden Gemeindetheil zu rechnen sind.

Für die Festsetzung sind nur allgemeine Gesichtspunkte (Zahl der Einwohner, Schulkinder, Einrichtung der Schule), für das Verfahren bestimmte Vorschriften gegeben über die Anhörung der Betheiligten, Zustellung des Festsetzungsbeschlusses und Einlegung der Beschwerde gegen denselben, über welche der Ober-Präsident endgültig entscheidet.

Die einzelnen Fälle sollen einerseits thunlichst individuell behandelt, andererseits muß durch ein festgeordnetes Verfahren die Möglichkeit gegeben werden, in allen Fällen schnell zu einem bestimmten Ergebnisse zu kommen. Ist festgestellt, wieviel Stellen der vorerwähnten Kategorien auf jede politische Gemeinde entfallen, so kann die weitere Berechnung und eventuelle Vertheilung der Staatsbeiträge nach II Absatz 2 und 4 keine Schwierigkeit bieten. Ergeben sich in diesem Punkte für den dortigen Bezirk Bedenken, so ist wegen Erlasses näherer Ausführungsbestimmungen hierher zu berichten.

Zu Nr. III.

Nach § 27 Nr. III ist in Schulverbänden, in denen der Staatsbeitrag für alle Stellen gezahlt wird, derselbe für einstweilig angestellte Lehrer und für Lehrer, welche noch nicht 4 Jahre im öffentlichen Schuldienste gestanden haben, um 100 Mark jährlich zu kürzen. Es steht diese Kürzung im Zusammenhange mit der Bestimmung des § 3 des Gesetzes, nach welcher das Diensteinkommen solcher Lehrer ein geringeres ist.

Um jedoch leistungsschwache Gemeinden vor einer Ueberbürdung mit Schulabgaben aus Anlaß dieser gesetzlichen Kürzung des Staatsbeitrages zu schützen, wird zur Unterstützung solcher Gemeinden durch den Staatshaushalt für 1. April 1897/98 ein Betrag von 550 000 Mark jährlich bereit gestellt werden, wegen dessen Verwendung demnächst weitere Bestimmung seitens des mitunterzeichneten Unterrichtsministers getroffen werden wird.

Zu Nr. IV.

ist auf die allgemeinen Bestimmungen zu verweisen, welche wegen Bildung der Alterszulagekassen und allmählicher Uebernahme der Alterszulagen auf diese Kassen mit der fortschreitenden Neuregelung der Besoldungen gegeben sind.

Zu Nr. VI.

welche einen Ausgleich zu Gunsten derjenigen politischen Gemeinden vorsieht, denen gegenüber die Leistungen des Staates im Vergleiche zu dem seitherigen Rechtszustande gekürzt werden, bleibt besondere Verfügung vorbehalten. Da die Höhe der gewährten Ausgleichssumme von Einfluß auf die Neugestaltung der Besoldungsordnungen sein wird, wird sich die Königl. Regierung möglichst bald einen Ueberblick darüber zu verschaffen haben, welche Anträge auf Gewährung von Zuschüssen aus dem 250 000 Mark-Fonds (Nr. VI, Abs. 3 und 4) für Orte des dortigen Bezirkes zu stellen sein werden.

Zu Nr. VII.

Nach den, von den Königl. Regierungen vorgelegten Uebersichten darf erwartet werden, daß im Durchschnitt für den gesammten Staat der für die Gewährung des Mindestsatzes der Alterszulagen erforderliche Bedarf z. B. einen Betrag von 337 Mark jährlich für Lehrerstellen und von 184 Mark jährlich für Lehrerinnenstellen nicht übersteigen und daß es danach möglich sein wird, für Mehrausgaben in einzelnen Bezirken gemäß der Vorschrift des § 27 Nr. VII in ausreichendem Maße Staatsunterstützungen aus den Ersparnissen zu gewähren, die in anderen Bezirken eintreten. Sollten diese Ersparnisse nicht ausreichen, so wird leistungsunfähigen Schulverbänden zur Deckung der sie treffenden Mehrausgabe aus Kapitel 121 Titel 84 zu Hilfe zu kommen sein.

Wegen Behandlung der Alterszulagekassenbeiträge im Rechnungsjahre 1. April 1897/98 ist Eingangs das Erforderliche gesagt. Bis zum 1. Februar 1898 ist darüber zu berichten, welche Mehrausgaben bezw. Ersparnisse an Staatszuschüssen sich für die Bezirkskasse im Rechnungsjahre 1. April 1897/98 ergeben haben und im darauf folgenden Rechnungsjahre voraussichtlich ergeben werden.

28. Aus den Vorschriften des § 28 des Gesetzes ist zunächst hervorzuheben, daß unbeschadet der Frage auf wie hoch demnächst Grundgehalt und Alterszulage zu bemessen sein werden, in den Fällen, in denen die Gehaltsbezüge hinter den Mindestsätzen (§§ 2 und 6) zurückbleiben, zunächst möglichst bald die Mindestsätze zu zahlen sind, auch ohne daß eine vorherige Beschlußfassung der Schulunterhaltungspflichtigen erfolgt ist. Jedoch ist dabei die Vorschrift des § 8 des Gesetzes zu beachten. Ausgeschlossen von dieser Bestimmung sind die Fälle, wo den mit dem Alter steigenden Bedürfnissen der Lehrpersonen noch in der früher üblichen Form der besonderen Stellengehälter entgegengekommen ist, weil hier für den Uebergang zum Dienstaltersystem die Beschlußfassung der Schulunterhaltungspflichtigen nicht zu entbehren ist. Im Uebrigen könnte nur bei den Grundgehältern die vorläufige Zahlung Schwierigkeit in den Schulverbänden bieten, die nach den Vorermittelungen der Königl. Regierung außer Stande sind, das Grundgehalt ganz aus eigenen Mitteln wenigstens bis zu dem gesetzlichen Mindestsatze zu erhöhen.

Jedoch wird zur Durchführung eines Mindestsatzes des Grundgehalts der Lehrer in Höhe von 900 Mark und der Lehrerinnen in Höhe von 700 Mark durch den Staatshaushalt 1. April 1897/98 ein Betrag von 540 000 Mark bereit gestellt werden, wegen dessen Vertheilung seitens des mitunterzeichneten Unterrichtsministers Bestimmung ergehen wird.

Damit die Neuregelung der Besoldungen (§ 28 Absatz 1 und 2 des Gesetzes) in dem gesammten Staatsgebiete sich nach einheitlichen Grundsätzen und, bei voller Würdigung der besonderen Verhältnisse der einzelnen Provinzen und Bezirke, in angemessener Abstufung vollzieht, soll die Neugestaltung der Besoldungen, ähnlich wie es in den Jahren 1891/92 geschehen ist, unter Mitwirkung von Kommissaren des mitunterzeichneten Unterrichtsministers einer Erörterung auf Provinzial-Konferenzen unterzogen werden, auf denen, zur Vermeidung berichtlicher Rückfragen auch alle Zweifelsfragen, die etwa für die Ausführung des Gesetzes sich aus den dortigen Verhältnissen ergeben, mündlich Erledigung finden werden. Es wird deshalb besondere Verfügung des mitunterzeichneten Unterrichtsministers ergehen.

Diese Neuregelung der Besoldungen soll für die Besoldungsbewegung auf absehbare Zeit einen Abschluß bilden. Kommt die Königliche Regierung künftig zu der Ueberzeugung, daß eine allgemeine Erhöhung der jetzt festzustellenden Besoldungen in Grundgehalt oder Alterszulagen nach den Verhältnissen Ihres Bezirkes nothwendig ist, so ist zur Prüfung des Bedürfnisses und der Rückwirkung einer solchen allgemeinen Annahme höherer

Sätze auf benachbarte Bezirke zunächst hierher zu berichten.

Der Finanzminister.
von Miquel.

Der Minister der geistl. ꝛc. Angelegenheiten.
Bosse.

An
sämmtliche Königliche Regierungen.

M. d. g. A. U. III. D. 846.
Fin. M. I. 2959 I.

des Bedarfs der Alterszulagekasse für die
des Regierungsbezirks

für das Rechn

Gemeinde.	Stellen an den öffentlichen Volksschulen. Lehrer-	Lehrerinnen	Es werden gewährt an Alterszulagen für die Lehrer.	Lehrerinnen.	Unter Zugrundelegung der Mindestsätze von 80 M bezw. 60 M als Einheitssätze der Alterszulagen ergeben sich Einheiten für die Lehrerstellen.	Lehrerinnenstellen.	Erläuterungen für die Angaben in den Spalten 6 und 7.	Der Aus bedar beträgt die Lehrer. M
1.	2.	3.	4.	5.	6.	7.	8.	9.
A.	14	12	80	60	14	12	—	
B.	38	20	100	70	$47^1/_2$	$23^1/_3$	zu Sp. 6.—38 $\left(\frac{100}{80}\right) = 47^1/_2$ zu Sp. 7.—20 $\left(\frac{70}{60}\right) = 23^1/_3$	
C.	324	124	150	100	$607^1/_2$	$206^2/_3$	zu Sp. 6.—324 $\left(\frac{150}{80}\right) = 607^1/_2$ zu Sp. 7.—124 $\left(\frac{100}{60}\right) = 206^2/_3$	371788
Die Gemeinden mit 25 u. weniger Stellen (einzeln aufzuführen) .	750	300	80	60	750	300	—	
Summe . .	1126	456	—	—	1419	542	—	

	für Lehrer. M
Der Ausgabebedarf (Spalte 9 und 10) berechnet sich wie folgt:	
1. **Alterszulagen** nach dem Stande vom 1. Oktober 189	371300
2. **Die Remuneration des Kassenanwalts** beträgt 600 M jährlich, welche nach der Zahl der Einheiten (Spalte 6 und 7) auf die Lehrer- und Lehrerinnenstellen zu vertheilen ist.	
Demnach entfallen auf die Lehrerstellen 1961 : 600 = 1419 : x = rund . . .	434
und auf die Lehrerinnenstellen 1961 : 600 = 542 : x = rund . . .	—
3. **Sächliche Ausgaben und Porto** 40 M.	
Demnach entfallen auf die Lehrerstellen 1961 : 40 = 1419 : x = rund	29
und auf die Lehrerinnenstellen 1961 : 40 = 542 : x = rund	—
4. **Vorschuß** aus dem Rechnungsjahre 1. April 189 /9	
an Alterszulagen für Lehrer	15
an Alterszulagen für Lehrerinnen	—
zusammen wie oben . .	371778

*) Vergl. oben § 8, insbes. Anm. 3.

Lehrerinnen an den öffentlichen Volksschulen

April 189 /9 .

…hn …llen je …der …en …ien (7) …e= …nen …= …n.	Auf je eine der in den Spalten 2	3 angegebenen Stellen entfallen.	Nach den Spalten 6, 7, 11 und 12 vertheilt sich der Ausgabebedarf auf die Gemeinden und zwar für die Lehrer.	Lehrerinnen.	Hierauf kommen in Anrechnung die staatlichen Alterszulagekassenbeiträge von 262 ℳ für die Lehrerstelle und von 124 ℳ für die Lehrerinnenstelle bis zur Höchstzahl von 25 Stellen in jeder Gemeinde. Mithin für Lehrerstellen	Beiträge.	Lehrerinnenstellen.	Beiträge.	Die Gemeinden haben aufzubringen für die Lehrer (Sp. 15 weniger 18).	Lehrerinnen (Sp. 16 weniger 20).	insgesammt.	Bemerkungen.
ℳ	ℳ	ℳ	ℳ	ℳ		ℳ		ℳ	ℳ	ℳ	ℳ	
12.	13.	14.	15.	16.	17.	18.	19.	20.	21.	22.	23.	24.
	262,00	124,00	3668,00	1488,00	14	3668	11	1364	—	124,00	124,00	
	327,50	141,67	12445,00	2893,33	17	4454	8	992	7991,00	1901,83	9892,33	
124	491,25	206,67	159165,00	25626,67	19	4978	6	744	154187,00	24882,67	179069,67	
	262,00	124,00	196500,00	37200,00	750	196500	300	37200	—	—	—	
			371778,00	67208,00	800	209600	325	40300	162178,00	26908,00	189086,00	

Anhang 8.

Ausführung des Gesetzes vom 3. März 1897, betreffend das Diensteinkommen der Lehrer und Lehrerinnen an den öffentlichen Volksschulen. Berechnung der Alterszulagekassenbeiträge.

(C.Bl. 1898 S. 229.)

Berlin, den 8. Dezember 1897.

Auf den Bericht vom 7. August d. Js.

Die in einigen Orten noch bestehende Einrichtung, daß ein Rektor als Leiter mehrerer Schulen angestellt ist und in Folge des Umfanges der Rektoratsgeschäfte entweder überhaupt nicht oder nur in beschränktem Maße unterrichtet, also nicht als vollbeschäftigter Lehrer, sondern als Schulverwaltungsbeamter anzusehen ist, kann nach dem Erlasse des Lehrerbesoldungsgesetzes vom 3. März d. Js. (Centrbl. für 1897 S. 813) nicht fortbestehen bleiben, da der Vorschrift im § 2 Abs. 2 dieses Gesetzes die Voraussetzung zu Grunde liegt, daß an jedem größeren Schulsysteme mit sechs oder mehr aufsteigenden Klassen ein Rektor angestellt ist. Die Königliche Regierung veranlasse ich daher, auf die alsbaldige Beseitigung jener Einrichtung nach Maßgabe des Runderlasses vom 25. Juli 1892 — U. III C. 1794 — (Centrbl. S. 834) Bedacht zu nehmen.

Was die zweite Frage wegen der Einrichtung der Alterszulagekassen betrifft, so bemerke ich, daß die in der Einleitung Abs. 2 der Ausführungsverfügung vom 20. März d. Js. (Centrbl. S. 828) enthaltene Anordnung, nach welcher die Königliche Regierung alsbald feststellen sollte, welchen Beitrag die Alterszulagekasse zur Deckung der Ausgabe für die Mindestalterszulage eines Lehrers und einer Lehrerin von jeder der Alterszulagekasse angeschlossenen Schulstelle für das Rechnungsjahr 1897/98 zu erheben hat, sich nur auf die Uebergangszeit bis zur Neuregelung der Lehrerbesoldungen nach den Vorschriften des Gesetzes vom 3. März d. Js. bezog. Diese Anordnung ist inzwischen gegenstandslos geworden, nachdem überall die Provinzialkonferenzen zur Ausführung des Lehrerbesoldungsgesetzes stattgefunden haben und angenommen werden kann, daß die Besoldungsregelung in einer größeren Zahl von Fällen bereits zum Abschlusse gelangt ist oder binnen Kurzem gelangen wird. Es findet daher nunmehr kein Bedenken, bei der Bedarfsberechnung für das laufende Rechnungsjahr sogleich die vom 1. April d. Js. ab auf Grund der neuen Besoldungsordnungen wirklich zu zahlenden Alterszulagen und bei dem Vertheilungsplane die wirklichen Einheitssätze der Alterszulagen gemäß § 8 Abs. 7 des Gesetzes zu Grunde zu legen.

In denjenigen Fällen, in denen eine Erhöhung der gesetzlichen Mindestalterszulagen erforderlich erscheint, über den Betrag dieser Erhöhung aber ein Einvernehmen zwischen der Schulaufsichtsbehörde und den Schulunterhaltungspflichtigen noch nicht erzielt ist, sind einstweilen und jedenfalls vor Schluß des Rechnungsjahres 1897/98 — um zu große Nachzahlungen von Alterszulagen an die Lehrpersonen und zu erhebliche Nachforderungen von Alterszulagekassenbeiträgen von den Schulverbänden im nächsten Rechnungsjahre zu vermeiden und die Einrichtung der Alterszulagekasse im laufenden Rechnungsjahre möglichst vollständig zum Abschlusse zu bringen — vorbehaltlich späterer Verrechnung nach endgültiger Regelung der Lehrerbesoldungen die von dem Schulverbande in Aussicht genommenen Alterszulagen vom 1. April d. Js. ab auf die Alterszulagekasse zu übernehmen. Demgemäß sind auch bei der Aufstellung der Bedarfsberechnung und des Vertheilungsplanes für diese Fälle zunächst nur die von dem Schulverbande in Aussicht genommenen Alterszulagen zu Grunde zu legen.

Im Uebrigen eröffne ich der Königlichen Regierung im Einverständnisse mit dem Herrn Finanzminister Folgendes:

In der Ausführungsanweisung vom 20. März d. Js. (Einleitung Abs. 2 und Nr. 22 letzter Absatz) ist ausgeführt, daß, wenn für die Mindestalterszulagen ein höherer als der im § 27 Nr. IV des Gesetzes vom 3. März d. Js. vorgesehene jährliche Zuschuß von 337 Mk. bezw. 134 Mk. erforderlich ist, der Einziehung der Beiträge zur Alterszulagekasse vorläufig nur diese Einheitssätze zu Grunde zu legen sind und daß bis zum 1. Februar 1898 darüber zu berichten ist, welche Mehrausgaben bezw. Ersparnisse an Staatszuschüssen sich für die Bezirkskasse im Rechnungsjahre 1. April 1897/98 ergeben haben. Diese Anordnung beruhte auf der Annahme, daß bis zu dem angegebenen Zeitpunkte die Regelung der Lehrerbesoldungen überall soweit zum Abschlusse gelangt sein würde, daß sich mit Sicherheit feststellen ließe, welche Ersparnisse an den Staaszuschüssen von jährlich 337 Mk. und 134 Mk. eingetreten bezw. welche Mehrausgaben zur Deckung des Mindestsatzes der Alterszulagen erforderlich sind. Da indessen die Vorarbeiten zur Ausführung des Lehrerbesoldungsgesetzes längere Zeit in Anspruch genommen haben und in Folge dessen die Provinzial-Konferenzen erst später, als anfänglich beabsichtigt war, abgehalten werden konnten, läßt sich schon jetzt übersehen, daß selbst bis zum Schlusse des Rechnungsjahres die Besoldungsregelung nicht durchweg zum vollständigen Abschlusse gelangen wird. Vorher kann aber nicht festgestellt werden, welche Mehrausgaben bezw. Ersparnisse an Staatszuschüssen sich für die Bezirkskasse im Jahre 1897/98 ergeben haben. Es wird deshalb jene Anordnung hierdurch dahin abgeändert, daß im dortigen Bezirke der zur Deckung der Alterszulagen für jede Lehrer- und jede Lehrerinstelle erforderliche Betrag zur Alterszulagekasse für das laufende Rechnungsjahr zu eröffnen ist, daß die im § 27 Nr. VII des Gesetzes vorgesehene Ueberweisung von Ersparnissen an Staatszuschüssen an solche Alterszulagekassen, in denen der Bedarf für die Gewährung des Mindestsatzes der Alterszulagen durch den Staatszuschuß nicht gedeckt wird, erst nach Beginn des nächsten Rechnungsjahres erfolgen wird.

Der in dem letzten Absatze der Nr. 22 der Ausführungsanweisung erforderte Bericht ist hiernach erst bis zum 15. Mai k. Js. zu erstatten.

An
die Königliche Regierung
zu N.

Abschrift zur Kenntniß und Beachtung.

Der Minister der geistlichen 2c. Angelegenheiten.
gez. Bosse.

An
die übrigen Königlichen Regierungen.
U. III. E. 4484. U. III. D.

Anhang 4.

Gewährung von Umzugskosten, Tagegelder und Reisekosten an Lehrer und Lehrerinnen an den öffentlichen Volksschulen bei Versetzungen im Interesse des Dienstes.

(C.Bl. S. 403.)

Berlin, den 7. April 1897.

Zur Ausführung des § 22 des Gesetzes vom 3. März d. J. — G.S. S. 25 —, betreffend das Diensteinkommen der Lehrer und Lehrerinnen an den öffentlichen Volksschulen, bestimmen wir Folgendes:

I. In denjenigen Fällen, in denen eine **Vergütung für Umzugskosten** gemäß § 22 des erwähnten Gesetzes aus der Staatskasse zu gewähren ist, erhalten:

1. **Rektoren** an öffentlichen Volksschulen:
   a) auf allgemeine Kosten 180 Mark,
   b) auf Transportkosten für je 10 Kilometer 6 Mark.
2. **Hauptlehrer** und andere **endgültig angestellte Lehrer** an öffentlichen Volksschulen:
   a) auf allgemeine Kosten 150 Mark,
   b) auf Transportkosten für je 10 Kilometer 5 Mark.
3. **Lehrerinnen** an öffentlichen Volksschulen, **Lehrer**, welche an denselben nur **einstweilig angestellt** sind, und **Lehrer ohne Familie** erhalten nur die Hälfte der unter 2 bezw. 1 festgesetzten Vergütung.

II. Die §§ 2, 4 und 6 des Gesetzes vom 24. Februar

1877 — G.S. S. 15 —, betreffend die Umzugskosten der Staatsbeamten, sind mit der Maßgabe zur Anwendung zu bringen, daß die Tagegelder und Reisekosten

a) für die Rektoren an den öffentlichen Volksschulen nach den Sätzen des § 1, VI, § 4, I, 2 und II, 2,

b) für die Hauptlehrer und die anderen Lehrer, sowie für die Lehrerinnen nach den Sätzen des § 1, VII, § 4, I, 2 und II, 3 der Verordnung vom 15. April 1876 — G.S. S. 107 —, betreffend die Tagegelder und die Reisekosten der Staatsbeamten, zu berechnen sind.

III. Unter „Versetzung im Interesse des Dienstes" sind nach der Begründung zu dem Gesetz vom 3. März d. J. solche Versetzungen zu verstehen, welche erfolgen müssen, weil ein Wechsel in der Person des Inhabers der Lehrstelle im dienstlichen Interesse geboten ist.

Die Königliche Regierung ermächtigen wir, hiernach vorkommendenfalls die Umzugskosten selbstständig festzusetzen und zur Zahlung auf Kapitel 126 Titel 8 des Etats der geistlichen und Unterrichts-Verwaltung als Mehrausgabe anzuweisen.

Auf den Umzugskosten-Liquidationen ist zutreffenden Falles zu bescheinigen, daß der versetzte Lehrer zur Zeit des Umzugs Familie im Sinne der Bestimmung unter Nr. 5 der Cirkular-Verfügung vom 4. Mai 1877 (Ministerial-Blatt der inn. Verw. 1877 S. 113) gehabt hat und daß derselbe endgültig angestellt war.

Der Finanzminister.
gez. v. Miquel.

Der Minister der geistlichen ꝛc. Angelegenheiten
gez. Bosse.

An sämmtliche Königliche Regierungen mit Ausschluß derjenigen in den Provinzen Westpreußen und Posen.

Anhang 5.

Gesetz, betreffend die Feststellung von Anforderungen für Volksschulen. Vom 26. Mai 1887.

(Ges.-Samml. S. 175.)

Wir Wilhelm, von Gottes Gnaden König von Preußen ꝛc. verordnen, mit Zustimmung beider Häuser des Landtages der Monarchie, über die Feststellung von Anforderungen für Volksschulen, was folgt:

§. 1.

Unter Volksschulen im Sinne dieses Gesetzes sind diejenigen öffentlichen Schuleinrichtungen zu verstehen, welche zur Erfüllung der allgemeinen Schulpflicht dienen.

§. 2.

Werden von den Schulaufsichtsbehörden für eine Volksschule Anforderungen gestellt, welche durch neue oder erhöhte Leistungen der zur Unterhaltung der Schule Verpflichteten (Gemeinden, Gutsbezirke, Schulgemeinden, Schulsozietäten, Schulkommunen u. s. w. und dritte, statt derselben oder neben denselben Verpflichtete) zu gewähren sind, so wird in Ermangelung des Einverständnisses der Verpflichteten die zu gewährende Anforderung, soweit solche innerhalb der gesetzlichen Zuständigkeit nach dem Ermessen der Verwaltungsbehörden zu bestimmen ist, bei Landschulen durch Beschluß des Kreisausschusses, bei Stadtschulen durch Beschluß des Bezirksausschusses, insbesondere mit Rücksicht auf das Bedürfniß der Schule und auf die Leistungsfähigkeit der Verpflichteten festgestellt.

§. 3.

Die Einleitung des Beschlußverfahrens erfolgt auf Antrag der Schulaufsichtsbehörde.

Gegen die Beschlüsse des Kreisausschusses beziehungsweise Bezirksausschusses ist binnen einer Frist von zwei Wochen nur die Beschwerde an den Provinzialrath zulässig.

Die zuständige Behörde kann zur Vervollständigung der Beschwerde eine angemessene Nachfrist gewähren. Die Beschwerde hat aufschiebende Wirkung.

Die Vorschrift des zweiten Absatzes findet auf die Hohenzollernschen Lande keine Anwendung. Die Beschlußfassung des Bezirksausschusses in den Hohenzollernschen Landen bezüglich der Stadtschulen ist endgültig.

§. 4.

In den Provinzen Schleswig-Holstein, Westfalen und in der Rheinprovinz tritt bis zu dem in dem §. 155 des Gesetzes über die allgemeine Landesverwaltung vom 30. Juli 1883 (G.S. S. 195) bezeichneten Zeitpunkte an die Stelle des im §. 2 erwähnten Kreisausschusses und Bezirksausschusses in Stadtkreisen die Gemeindevertretung, im Uebrigen die Kreisschulkommission.

Letztere besteht aus dem Landrath als Vorsitzendem und sechs von der Kreisvertretung aus der Zahl der Kreisangehörigen nach absoluter Stimmenmehrheit auf die Dauer von sechs Jahren zu erwählenden Mitgliedern.

In der Beschwerdeinstanz beschließt an Stelle des Provinzialraths — §. 2 — die Provinzialschulkommission.

Dieselbe besteht aus dem Oberpräsidenten als Vorsitzendem und sechs von dem Provinziallandtag aus den Angehörigen der Provinz nach absoluter Stimmenmehrheit auf die Dauer von sechs Jahren zu erwählenden Mitgliedern.

Von der Mitgliedschaft in der Kreis- und Provinzialschulkommission ausgeschlossen sind Geistliche, Kirchendiener und Elementarlehrer.

Für die Wählbarkeit zum Mitgliede der Kreisschulkommission und der Provinzialschulkommission gelten im Uebrigen die Vorschriften der §§. 17 und 18 der Provinzialordnung vom 29. Juni 1875 (G.S. S. 335).

Für das Verfahren finden die Bestimmungen des III. Titels 1. und 3. Abschnitt des Gesetzes über die allgemeine Landesverwaltung vom 30. Juli 1883 (G.S. S. 195) entsprechende Anwendung.

§. 5.

Auf Schulbausachen im Sinne des §. 47 Absatz 1 des Gesetzes über die Zuständigkeit der Verwaltungs- und Verwaltungsgerichtsbehörden vom 1. August 1883 (G.S. S. 237) findet dies Gesetz keine Anwendung.

Auch bleiben die Vorschriften des Gesetzes vom 6. Juli 1885, betreffend die Pensionirung der Lehrer und Lehrerinnen an den öffentlichen Volksschulen (G.S. S. 298), unberührt.

§. 6.

Für die Provinz Posen bewendet es bei den bestehenden Bestimmungen.

§. 7.

Der Minister des Innern und der Minister der geistlichen, Unterrichts- und Medizinal-Angelegenheiten sind mit der Ausführung dieses Gesetzes beauftragt.

Urkundlich unter Unserer Höchsteigenhändigen Unterschrift und beigedrucktem Königlichen Insiegel.

Gegeben Berlin, den 26. Mai 1887.

(L. S.) **Wilhelm.**

Fürst von Bismarck. von Puttkamer.
Maybach. Lucius. Friedberg. von Boetticher.
von Goßler.
von Scholz. Bronsart von Schellendorff.

Anhang 6.

Gesetz vom 24. Mai 1861, betreffend die Erweiterung des Rechtsweges.

(G.S. S. 241.)

Erster Abschnitt.

In Beziehung auf die Ansprüche der Staatsbeamten wegen ihrer Diensteinkünfte.

§. 1.

Ueber vermögensrechtliche Ansprüche der Staatsbeamten aus ihrem Dienstverhältniß, insbesondere über Ansprüche auf Besoldung, Pension oder Wartegeld, findet mit folgenden Maßgaben der Rechtsweg statt.

§. 2.

Die Entscheidung des Verwaltungschefs muß mit Ausnahme des Falles, wo ein Beamter durch eine von der Ober-Rechnungskammer getroffene Festsetzung verkürzt zu sein glaubt, der Klage vorhergehen, und letztere sodann bei Verlust des Klagerechts innerhalb sechs Monaten, nachdem dem Beamten die Entscheidung des Verwaltungschefs oder die Festsetzung der Ober-Rechnungskammer bekannt gemacht worden, angebracht werden.

§. 3.

Die Klage ist gegen diejenige Provinzialbehörde des betreffenden Verwaltungsressorts und in Ermangelung einer solchen, sowie seitens der Justizbeamten im Bezirke des Appellationsgerichtshofes zu Cöln, gegen diejenige

Bezirksregierung[1] zu richten, in deren Amtsbezirk der Beamte zu der Zeit, wo der streitige Anspruch entstanden ist, vermöge seines dienstlichen Wohnsitzes seinen persönlichen Gerichtsstand gehabt hat. Der Stadtbezirk Berlin wird in dieser Beziehung zum Bezirk der Regierung zu Potsdam gerechnet.

Für Prozesse von Beamten in den Hohenzollernschen Landen ist die Regierung[2] in Sigmaringen zur Vertretung des Fiskus befugt.

§. 4.

(Das Rechtsmittel der Appellation und der Nichtigkeitsbeschwerde, beziehungsweise der Kassationsrekurs, steht beiden Theilen auch dann zu, wenn der Betrag der streitigen Forderung die für jene Rechtsmittel sonst vorgeschriebene Summe nicht erreicht.)[2]

§. 5.

Die Entscheidungen der Disziplinar- und Verwaltungs-Behörden darüber, ob und von welchem Zeitpunkt ab ein Beamter aus seinem Amte zu entfernen, einstweilen oder definitiv in den Ruhestand zu versetzen oder zu suspendiren sei, über die Verhängung von Ordnungsstrafen, sowie darüber, ob und wieweit eine geforderte Vergütung in Ermangelung eines vorher bestimmten Betrages oder Maßstabes derselben mit der betreffenden Leistung im Verhältniß stehe, sind für die Beurtheilung der vor den Gerichten geltend gemachten vermögensrechtlichen Ansprüche maßgebend.

§. 6.

Ingleichen sind bei der richterlichen Beurtheilung nächst den, dem Beamten besonders ertheilten Zusicherungen und den Bestimmungen der allgemeinen Landes-

---

1 jetzt Regierungspräsident.

2 Jetzt ist C.P.O. maßgebend; vgl. auch § 70 Ger.-Verf.-Ges. u. § 39 Pr. Ausf.-Ges. hierzu.

gesetze, die zur Zeit der Entstehung des streitigen Anspruchs, in Kraft gewesenen Königlichen Anordnungen, sowie die seitens der Centralbehörden ergangenen, den Provinzialbehörden mitgetheilten und die mit Genehmigung der Centralbehörden von den Provinzialbehörden erlassenen allgemeinen Verfügungen, soweit solche nicht den Gesetzen oder Königlichen Anordnungen zuwiderlaufen, zum Grunde zu legen.

§. 7.

Soweit über vermögensrechtliche Ansprüche der Staatsbeamten bereits vor dem Eintritt der Gesetzeskraft des § 1 von dem Könige oder dem Staatsministerium entschieden worden ist, können dieselben bei den Gerichten nicht weiter verfolgt werden.

§. 8.

Alle den §§. 1—7 entgegenstehenden Bestimmungen sind aufgehoben.

B.

Gesetz,

betreffend die Pensionirung der Lehrer und Lehrerinnen an den öffentlichen Volksschulen.

Vom 6. Juli 1885.
(G.S. S. 298.)

Einleitende Bemerkungen.

(Im Anschluß an die Berathung des Abg.-Hauses.)

Bis zum Erlaß des nachstehenden Pensionsgesetzes waren in dem größten Theile der Monarchie gesetzliche Bestimmungen über die Pensionirung der Lehrer überhaupt nicht vorhanden; dort wo sie vorhanden waren, genügten sie in keiner Weise. Formell wenigstens gesetzlich geordnet war das Lehrerpensionswesen nur in den Provinzen Ost- und Westpreußen, in Nassau, in Lauenburg und in Hohenzollern-Hechingen. Außerdem bekam in Sigmaringen der Lehrer kraft gesetzlicher Bestimmung aus der Landeskasse eine Pension in Höhe von 50 Gulden mit dem Vorbehalt einer weiteren, von dem Ortsverbande zu leistenden Unterstützung. Schließlich war noch in Schleswig-Holstein dem Lehrer durch

Gesetz eine „angemessene" Pension garantirt; die Höhe derselben blieb aber der Festsetzung seitens der Verwaltungsbehörde überlassen. In den übrigen altländischen Provinzen, in Hannover und Hessen-Kassel fehlten diesbezügliche gesetzliche Bestimmungen gänzlich. Man wandte dort theils landrechtliche, theils kirchenrechtliche Grundsätze analog an. So bekam in den alten Provinzen der Lehrer unter entsprechender Anwendung des §. 28 II 12 und des §. 529 II 11 A.L.R. ein Drittel seines Diensteinkommens als Pension, gleichgültig wie kurze oder lange Zeit er im Dienst gewesen war. Dieses Drittel wurde zunächst unter erforderlicher Verkürzung des Einkommens des Amtsnachfolgers aus der Stellendotation entnommen; wurde dann ein Zuschuß zum Einkommen des Emeriten nothwendig, so mußte ihn der verpflichtete Verband leisten; bei dessen Unvermögen trat der Staat helfend ein.

Eine ausführliche Zusammenstellung der in den verschiedenen Preußischen Provinzen in Kraft gewesenen Normen und Grundsätze über das Pensionswesen ist den Berichten der Kommission des Abgeordnetenhauses beigefügt. Auf deren Inhalt — Nr. 111 der Anlagen zu den Sten. Ber. d. Abg.-Hauses — mag hier Bezug genommen werden.

Mit Rücksicht auf diese unbestimmten und unsicheren Pensions-Verhältnisse der Lehrer und in Folge zahlreicher Petitionen sowie auch besonderer von Mitgliedern des Abgeordnetenhauses gestellter Anträge befaßte sich die Kgl. Staatsregierung bereits seit Anfang der 1840er Jahre mit einer allgemeinen gesetzlichen Regelung des Lehrerpensionswesens. In den Sessionen von 1867 bis 1871 legten sie dreimal dem Herren- bezw. Abgeordnetenhause den Entwurf eines Lehrerpensionsgesetzes vor. In demselben war die Errichtung von Pensionskassen vorgesehen, welche aus Beiträgen der Schulkassen und Schulgemeinden gebildet und unterhalten werden sollten. Nach eingehenden Berathungen und mehrfacher Neuredaktion gelangte dieser Entwurf jedoch nicht zur Erledigung. Hierauf versuchte die Regierung in dem 1869 von Minister von Mühler dem Landtage vorgelegten Unterrichtsgesetze die Pensionsfrage zu regeln. Aber auch dieser Versuch mißlang, da das Unterrichtsgesetz nicht zur Verabschiedung gelangte. In der Sitzung des Abgeordnetenhauses vom 20. März 1882 erklärte der Kultusminister v. Goßler, er habe ein Pensionsgesetz ausarbeiten lassen; der Entwurf müsse aber noch zurückgelegt werden, weil die erforderlichen Summen nicht mehr in den bereits abgeschlossenen Staatshaushaltsetat hätten eingestellt werden können. Eine Vorlage dieses Gesetzentwurfes ist nie erfolgt. An seiner Statt sollte sodann, wie der Kultusminister in der Sitzung des Abgeordnetenhauses vom 6. Februar 1884 und sein Kommissar in der Unterrichtskommission erklärte, ein

„Schuldotationsgeſetz" ausgearbeitet werden; aber auch ein diesbezüglicher Geſetzentwurf gelangte nicht zur Vorlage.

In Folge deſſen legten die Abgeordneten Freiherr v. Zedlitz und Neukirch (Mülhauſen) und Schmidt (Sagan) — unterſtützt von 155 Abgeordneten verſchiedenſter Parteiſtellung — in der Sitzung des Abgeordnetenhauſes vom 4. Februar 1885 einen „Geſetzentwurf betreffend die Penſionirung der Volksſchullehrer" vor. Dieſer wurde auf faſt allen Seiten des Hauſes wohlwollend aufgenommen. Auch die Kgl. Staatsregierung erhob einen prinzipiellen Einſpruch gegen denſelben nicht. Nachdem derſelbe in eine beſondere Kommiſſion von 21 Mitgliedern verwieſen und ſodann im Hauſe ſelbſt am 14. und 15. April in zweiter und am 17. April in dritter Sitzung berathen und feſtgelegt war, gelangte derſelbe an das Herrenhaus, welches noch einige Abänderungen für erforderlich hielt, ſo daß der Entwurf nochmals dem Hauſe der Abgeordneten vorgelegt werden mußte. Dieſes nahm in der Sitzung vom 8. Mai 1885 denſelben in der vom Herrenhauſe beſchloſſenen Faſſung an. Die Königliche Genehmigung erfolgte am 6. Juli 1885.

Vgl. Sten. Ber. d. Abgeord.-Hauſes 1885:
Bd. I S. 279 (erſte Berathung)
III S. 1235 (zweite „
III S. 1391 (dritte „
III S. 1809 (letzte „

Anlage Nr. 36 (Entwurf)
" " 111 (Kommissionsbericht.)
Sten. Ber. d. Herrenhauses 1885:
Bd. I S. 244 (Plenarberathung)
Anlage Nr. 246 (Neue Fassung nach den Beschlüssen des Herrenhauses)
" " 110 (Kommissionsbericht)
" " 113 (Abänderungsanträge).

Das Gesetz schließt sich im Großen und Ganzen eng an das „Gesetz betr. die Pensionirung der unmittelbaren Staatsbeamten sowie der Lehrer und Beamten an den höheren Unterrichtsanstalten mit Ausschluß der Universitäten vom 27. März 1872" (G.S. S. 268 ff.) und dessen Abänderungen (vergl. Ges. v. 31./3. 82 — G.S. S. 133 — und vom 30./4. 84 — das. S. 126 —) an. Durch dasselbe sind die hauptsächlichsten Mängel des bisherigen Zustandes, insbesondere die bis dahin bestandene große Verschiedenartigkeit, zu aller Zufriedenheit glücklich beseitigt.

Im Laufe der Zeit sind einige Abänderungen des Gesetzes erfolgt: §. 11 Art. I ist durch Ges. v. 26./4. 90 (unten S. 141) ersetzt, die §§. 4, 15, 26 des Art. I sind durch das Ruhegehaltskassengesetz (unten S. 176) ergänzt worden; desgleichen hat das Lehrerbesoldungsgesetz modifizirend eingegriffen (vergl. §§. 10, 11 u. 20 Ziff. 2 L.B.G. oben S. 42, 45, 56 und §. 4 L.P.G. (unten S. 134). In den Anmerkungen zum Gesetzestext ist auf diese Abänderungen genügend verwiesen.

Wir Wilhelm, von Gottes Gnaden König von Preußen rc. verordnen, unter Zustimmung beider Häuser des Landtages der Monarchie, für den ganzen Umfang derselben,[1] was folgt:

[1] In Helgoland eingeführt durch V. v. 1./2. 97 (G.S. S. 28).

Artikel I.

Bis zum Erlasse eines Gesetzes über die Unterhaltung der öffentlichen Volksschulen[1] gelten für die Pensionirung der Lehrer und Lehrerinnen an denselben folgende Bestimmungen:

[1] Vgl. oben S. 81 und unten S. 201, beides vor § 1.

§. 1.

Jeder an einer zur Erfüllung der allgemeinen Schulpflicht dienenden öffentlichen Schule (öffentlichen Volksschule)[1] definitiv[2] angestellte[3] Lehrer[4] erhält eine lebenslängliche Pension, wenn er nach einer Dienstzeit von wenigstens zehn Jahren in Folge körperlichen Gebrechens oder wegen Schwäche seiner körperlichen oder geistigen Kräfte zur Erfüllung seiner Amtspflichten dauernd unfähig ist und deshalb in den Ruhestand versetzt wird.[5]

Ist die Dienstunfähigkeit die Folge einer Krankheit, Verwundung oder sonstigen Beschädigung, welche der Lehrer bei Ausübung des Dienstes oder aus Veranlassung desselben ohne eigene Verschuldung sich zugezogen hat, so tritt die Pensionsberechtigung auch bei kürzerer als zehnjähriger Dienstzeit ein.

Bei Lehrern, welche das fünfundsechszigste Lebensjahr vollendet haben, ist eingetretene Dienstunfähigkeit nicht Vorbedingung des Anspruchs auf Pension.

Lehrern, welche, abgesehen von dem Falle des Absatzes 2, vor Vollendung des zehnten Dienstjahres dienstunfähig und deshalb in Ruhestand versetzt werden, kann bei vorhandener Bedürftigkeit von dem Unterrichtsminister eine Pension entweder auf bestimmte Zeit oder lebenslänglich bewilligt werden.[6]

Ausf.-Best. Nr. 1—9 (unten S. 154 ff.).

[1] Vgl. L.B.G. § 1 Anm. 1 (oben S. 32) und §§ 46 bis 48 Zust.Ges.

[2] Für provisorisch angestellte Lehrer gilt § 83 des Diszipl.Ges. v. 21./6. 1852.

[3] Vgl. L.B.G. § 1 Anm. 2 (oben S. 32).

[4] Wegen Lehrer an den mittleren Schulen; vgl. Ges. v. 11./6. 1894 (unten S. 272 ff.); wegen Zeichenlehrern und Handarbeitslehrerinnen M.E. 20./3. 1886 (Sch. u. v. B. III, 894) und M.E. v. 13./8. 1899 (C.Bl. S. 726). — Die Bestimmungen gelten auch für Lehrerinnen (vgl. unten § 24).

[5] Im Falle der Weigerung tritt zwangsweise Pensionirung ein. Vgl. M.E. v. 5./9. 1888 (unten S. 172 ff.).

[6] Hier ist — im Gegensatz zu den Absätzen 1—3 — eine Pensionsberechtigung (also ein Rechtsanspruch) nicht gegeben. Wegen der Höhe vgl. § 2 Abs. 2.

§. 2.

Die Pension beträgt,[1] wenn die Versetzung in den Ruhestand nach vollendetem zehnten, jedoch vor vollendetem elften Dienstjahre erfolgt, $^{15}/_{60}$ und steigt von da ab mit jedem weiter zurückgelegten Dienstjahre um $^{1}/_{60}$ des im §. 4 bestimmten Diensteinkommens. Ueber den Betrag von $^{45}/_{60}$ dieses Einkommens hinaus findet eine Steigung nicht statt.[2]

In dem im §. 1 Absatz 2 erwähnten Falle beträgt die Pension $^{15}/_{60}$, in dem Falle des §. 1 Absatz 4 höchstens $^{15}/_{60}$ des vorbezeichneten Diensteinkommens.

[1] Hierbei kommen Bezüge aus besonderen, durch freiwillige Beiträge der Mitglieder gebildeten Pensionskassen nicht in Anrechnung.

[2] Pensionstabelle unten hinter dem Sachregister.

§. 3.

Bei jeder Pension werden überschießende Markbrüche auf volle Mark abgerundet.[1]

Ausf.-Best. Nr. 8 (unten S. 158).

[1] Und zwar nach oben — im Gegensatz zum Wittwen- und Waisengeld (unten S. 204).

§. 4.[1]

Der Berechnung der Pension wird das von dem Lehrer zuletzt bezogene,[2] mit der ihm verliehenen Lehrerstelle nach Festsetzung oder mit Genehmigung der Schulaufsichtsbehörde dauernd[3] verbundene Diensteinkommen an Geld, an freier Wohnung und

Feuerung,[4] beziehungsweise Mieths- und Feuerungsentschädigung, sowie an Naturalien und Ertrag von Dienstländereien[5] zu Grunde gelegt.[6]

Außerdem kommt die aus Staatsfonds widerruflich gewährte Dienstalterszulage,[7] welche der Lehrer zur Zeit der Pensionirung bezieht, in Anrechnung.

Naturalien und der Ertrag von Dienstländereien kommen mit demjenigen Betrage zur Berechnung, auf welchen deren Geldwerth als Theil der von der Schulaufsichtsbehörde festgesetzten Besoldung festgestellt worden ist, vorbehaltlich der Vorschrift des §. 45 des Gesetzes über die Zuständigkeit der Verwaltungsbehörden und Verwaltungsgerichtsbehörden vom 1. August 1883 (Gesetz-Samml. S. 237).[8]

Dienstemolumente, welche ihrer Natur nach steigend und fallend sind, insbesondere Einkünfte an Schulgeld, werden nach den bei Verleihung des Rechtes auf diese Dienstemolumente deshalb getroffenen Festsetzungen und in Ermangelung solcher Festsetzungen nach ihrem durchschnittlichen Betrage während der drei letzten Etatsjahre vor dem Etatsjahre,[9] in welchem die Pension festgesetzt wird, zur Anrechnung gebracht.[10]

Diese Vorschriften gelten auch für die Berechnung der Pension eines Lehrers, mit dessen Schulamt ein kirchliches Amt vereinigt ist,[11] dergestalt, daß der Berechnung das Diensteinkommen der vereinigten

Stelle, ohne Rücksicht darauf, aus welchen Quellen solches oder einzelne Theile desselben fließen, als ein einheitliches Stelleneinkommen zum Grunde zu legen ist.[12 13]

Ausf.-Best. Nr. 9—14. (unten S. 158 ff.).

[1] Dieser Paragraph ist ergänzt durch das R.G.K. v. 26./7. 1898 (unten S. 176 ff.) und die §§ 11, 20 des L.B.G. (oben S. 45 und 56).

[2] Vgl. R.G. XXXVIII, 279.

[3] Persönliche Zulagen kommen also nicht in Betracht.

[4] Vgl. § 8 R.K.G. (unten S. 177) und § 20 L.B.G. (oben S. 56).

[5] Vgl. § 18 L.B.G. (oben S. 52).

[6] Das pensionsberechtigte Diensteinkommen wird in einer bestimmten Geldsumme festgestellt, welche demnächst für die Berechnung der Pension maßgebend ist. Es kann jedoch auch — unter Zuziehung der Betheiligten — noch eine anderweite Regelung und Normierung der Höhe des pensionsfähigen Gesammtdiensteinkommens erfolgen. (M.E. v. 24./11. 1886 C.Bl. 1887 S. 884.) Bei der Pensionirung kann dagegen das früher seitens der Schulaufsichtsbehörde einmal festgesetzte oder genehmigte Diensteinkommen nicht mehr anderweit festgesetzt werden. M.E. v. 5./11. 1886 und 30./8. 1887 (C.Bl. 1887 S. 885 u. 886) und v. 14./2. 1888 (das. S. 406).

[7] Dieselbe bildet jetzt einen Theil des Diensteinkommens, kommt also voll in Anrechnung.

[8] Der § 45 Zust.Ges. greift nur dann Platz, wenn und solange es sich um eine „amtliche Festsetzung des Einkommens der Elementarlehrer" handelt. Sobald der betr. Lehrer aus dem Schuldienste ausgeschieden ist, kann nur § 15 des Pens.Ges. Platz greifen. M.E. v. 22./11. 1887, 23./2. und 25./5. 1888 (C.Bl. 1888 S. 247, 409 und 572).

[9] d. i. das Etatsjahr der betreffenden Schule.

[10] Vergl. § 5 des Ges. betr. Erleichterung der Volksschullasten vom 14./6. 1888 (G.S. S. 240). Schulgeld bildet jetzt nicht mehr ein Theil des Diensteinkommens.

[11] Vergl. L.B.G. § 4 und Anm. 2 und 5 das. (oben S. 87).

[12] Die Pension der Lehrer, mit deren Schulamt ein kirchliches Amt vereinigt ist, muß, soweit sie nicht durch den gesetzlichen Staatszuschuß sowie aus dem Stelleneinkommen und durch die Pension, welche die Inhaber vereinigter Kirchen- und Schulämter etwa aus kirchlichen Mitteln zu beanspruchen haben, gedeckt wird oder auf Grund besonderer Rechtstitel von Dritten zu bestreiten ist, stets von den Schulunterhaltungspflichtigen allein, nicht aber von der Kirchengemeinde aufgebracht werden. O.V.G. XXII, S. 139 ff. und Pr.V.Bl. XIII, S. 220; vgl. auch O.V.G. XXIX, S. 159, M.E. 23./11. 1886 (C.Bl. 1887 S. 244) 8./12. 1886 (das. S. 249), 17./2. 1887 (das. S. 391) 30./9. 1891 (das. S. 708).

[13] § 4 Abs. 5 ist durch R.K.G. nicht aufgehoben. (O.V.G. 25/5. 1895 in C.Bl. S. 650.)

§. 5.

Bei Berechnung der Dienstzeit[1] kommt die gesammte Zeit in Anrechnung, während welcher ein Lehrer im öffentlichen Schuldienste[2] in Preußen sich befunden hat.

Die Dienstzeit wird vom Tage der ersten eidlichen Verpflichtung[3] für den öffentlichen Schuldienst an gerechnet.

Kann jedoch ein Lehrer nachweisen, daß seine Vereidigung erst nach seinem Eintritte in den öffentlichen Schuldienst stattgefunden hat, so wird die Dienstzeit von letzterem Zeitpunkte an gerechnet.[4]

Ausf.-Best. Nr. 13—16 (unten S. 159 ff.).

[1] Ausf.-Best. 13—16. — Als Dienstzeit gilt auch die Zeit, während welcher mit Genehmigung der Schulaufsichtsbehörde vor der definitiven Anstellung fakultativer Turnunterricht an einer öffentlichen Schule ertheilt worden ist (O.V.G. v. 10./1. 1896 in C.Bl. S. 293 und Entsch. XXIX, S. 171) sowie die Zeit, während welcher der Lehrer eine Hülfslehrerstelle bekleidet hat. (M.E. v. 20./8. 1886 C.Bl. S. 796.) — Die Zeit der Amtssuspension ist als Dienstzeit anzurechnen (R.G. 22./10. 1888 in C.Bl. 1889 S. 195). — Für Dienstzeit in Privatschulen gilt L.B.G. § 11 (oben S. 45). — Ueber Berechnung der Dienstzeit bei Wiederanstellung eines disziplinarisch entlassenen Lehrers, vgl. § 19 der V. v. 11./6. 1849 (G.S. S. 271), § 16 d. Ges. v. 21./7. 1852 (das. S. 465), M.E. v. 23./10. 1886 und 18./8. 1887 (Cl.B. 1887 S. 244 und 659).

[2] Vgl. L.B.G. § 10, insbes. auch Abs. 7 das. (oben S. 42) und M.E. v. 6./6. 1896 (C.Bl. S. 516).

[3] Lehrer und Lehrerinnen haben den Diensteid bei der ersten Anstellung im Schuldienst in der Form der V. v. 6./5. 1867 (G.S. S. 715) zu leisten. Vgl. auch Art. 23 Abs. 2 Pr. Verf. und M.E. 6./10. 1873 (C.Bl. S. 668).

[4] Vgl. auch Anm. 4 zu L.B.G. § 10 (oben S. 44).

§. 6.

Bei Berechnung der Dienstzeit kommt auch die Zeit in Anrechnung, während welcher ein Lehrer

1) im Dienste des Preußischen Staates, des Norddeutschen Bundes oder des Deutschen Reiches[1] sich befunden hat, oder

2) als anstellungsberechtigte ehemalige Militärpersonen nur vorläufig oder auf Probe im Civildienste des Preußischen Staates, des Norddeutschen Bundes oder des Deutschen Reiches beschäftigt worden ist, oder

3) in den von Preußen neu erworbenen Landestheilen im öffentlichen Schuldienste oder im unmittelbaren Dienste der damaligen Landesherrschaft sich befunden hat.

Ausgeschlossen bleibt die Anrechnung derjenigen Dienstzeit, während welcher die Zeit und Kräfte eines Lehrers durch die ihm übertragenen Geschäfte nur nebenbei in Anspruch genommen gewesen sind.

[1] Dienst in Elsaß-Lothringen ist Reichsdienst, also anzurechnen. M.E. 10./4. 1883 Nr. 9 (M.Bl. S. 54).

§. 7.

Der Dienstzeit im Schulamte wird die Zeit des aktiven Militärdienstes hinzugerechnet.

Ausf.-Best. Nr. 14 (unten S. 159).

§. 8.

Die Dienstzeit, welche vor den Beginn des einundzwanzigsten Lebensjahres fällt, bleibt außer Berechnung.

Nur die in die Dauer eines Krieges fallende und bei einem mobilen oder Ersatztruppentheile abgeleistete Militärdienstzeit kommt ohne Rücksicht auf das Lebensalter zur Anrechnung.

Als Kriegszeit gilt in dieser Beziehung die Zeit

vom Tage einer angeordneten Mobilmachung, auf welche ein Krieg folgt, bis zum Tage der Demobilmachung.

§. 9.

Für jeden Feldzug, an welchem ein Lehrer im Preußischen oder im Reichsheere, oder in der Preußischen oder Kaiserlichen Marine derart Theil genommen hat, daß er wirklich vor den Feind gekommen oder in dienstlicher Stellung den mobilen Truppen in das Feld gefolgt ist, wird demselben zu der wirklichen Dienstzeit Ein Jahr zugerechnet.

Ob eine militärische Unternehmung in dieser Beziehung als ein Feldzug anzusehen ist und inwiefern bei Kriegen von längerer Dauer mehrere Kriegsjahre in Anrechnung kommen sollen, dafür ist die nach §. 23 des Reichsgesetzes vom 27. Juni 1871 (Reichs-Gesetzbl. S. 275) in jedem Falle ergehende Bestimmung des Kaisers maßgebend.[1]

Für die Vergangenheit bewendet es bei den hierüber durch Königliche Erlasse gegebenen Vorschriften.

[1] Vgl. insbesondere bezügl. des Feldzuges gegen Dänemark V. v. 18./12. 1864 (J.M.Bl. 1865 S. 10), gegen Oesterreich V. v. 6./11. 1866 (das. 1871 S. 150), gegen Frankreich V. v. 16./5. 1871 (M.Bl. S. 159).

§. 10.

Die Zeit

a) eines Festungsarrestes von einjähriger und längerer Dauer,

b) der Kriegsgefangenschaft[1]

kann nur unter besonderen Umständen mit Königlicher Genehmigung angerechnet werden.

[1] Bezügl. der 1870/71 in französ. Kriegsgefangenschaft Gerathenen, vgl. V. v. 18./5. 1871 (M.Bl. S. 159).

§. 11.

(In der Fassung des Gesetzes, betr. die Abänderung des §. 11 des Gesetzes über die Pensionirung der Lehrer und Lehrerinnen an den öffentlichen Volksschulen, vom 26. April 1890 (G S. S. 89).[1])

Mit Genehmigung des Unterrichtsministers kann zukünftig nach Maßgabe der Bestimmungen in den §§. 5 bis 9 auch die Zeit angerechnet werden, während welcher ein Lehrer außerhalb Preußens im Schuldienste oder im In- oder Auslande im Kirchendienste gestanden, oder als Lehrer oder Erzieher an einer Taubstummen-, Blinden-, Idioten-, Waisen-, Rettungs- oder ähnlichen Anstalt im Dienste einer Gemeinde oder eines sonstigen kommunalen Verbandes, oder im Dienste einer Stiftungsanstalt der bezeichneten Art sich befunden hat.[2]

Ausf.-Best. Nr. 17 u. 18 (unten S. 161).

[1] Nach der früheren Fassung konnten Anträge auf Anrechnung nur dann berücksichtigt werden, wenn bei der Anstellung die Anrechnung der Zeit vom Unterrichtsminister zugesagt war. Dies führte zu Härten, wenn derartige Anträge nicht rechtzeitig gestellt waren. Deshalb wurde durch bezogenes Gesetz diese zeitliche Beschränkung für die Entscheidung aufgehoben.

[2] Ausf.-Best. Nr. 18 und M.E. 30./5. 1892 (C.Bl. S. 657). Die Entscheidung erfolgt erst bei Eintritt des Pensionsfalles. M.E. 9./4. 1897 (C.Bl. S. 375).

§. 12.

Hat der Inhaber eines vereinigten Kirchen- und Schulamtes bei der Versetzung in den Ruhestand eine Pension aus kirchlichen Mitteln zu beanspruchen,[1] so wird der Betrag derselben auf die nach den Vorschriften dieses Gesetzes zu gewährende Pension angerechnet.

Ausf.-Best. Nr. 12 (unten S. 159).

[1] Vgl. Ges. v. $\frac{15./3.\ 1880}{30./3.\ 1892}$ (G.S. S. $\frac{216}{85}$), § 15 Ziff. 4 d. Ges. v. $\frac{26./1.\ 1880}{16./3.\ 1892}$ (K.G. u. V.Bl. S. 87).

§. 13.

Die Bestimmung darüber, ob und zu welchem Zeitpunkte dem Antrage eines Lehrers auf Versetzung in den Ruhestand stattzugeben ist, erfolgt durch die Schulaufsichtsbehörde.[1]

[1] Vorher ist der Magistrat bezw. die städt. Schuldeputation zu hören. M.E. v. 6./5. 1887 (C.Bl. S. 538). Gegen die Entscheidung der Schulaufsichtsbehörde findet Beschwerde an den Unterrichtsminister statt. — Durch das Inkrafttreten des Gesetzes v. 26./5. 1887 (oben S. 121) ist eine Aenderung des für die Pensionirung der Volksschullehrer durch das Pensionsgesetz vorgeschriebenen Verfahrens nicht herbeigeführt. M.E. v. 24./8. 1887 (C.Bl. S. 658).

§. 14.

Die Entscheidung darüber, ob und welche Pension

einem Lehrer bei seiner Versetzung in den Ruhestand zusteht, erfolgt durch die Schulaufsichtsbehörde.[1]

[1] Vorher ist der Magistrat bezw. die städt. Schuldeputation zu hören. M.E. v. 6./5. 1887 (C.Bl. S. 588). — Rechtsweg: § 15.

§. 15.

Die Beschreitung des Rechtsweges gegen diese Entscheidung (§. 14) steht dem Lehrer, sowie den zur Unterhaltung der Schule Verpflichteten offen;[1] doch muß die Entscheidung des Oberpräsidenten[2] der Klage vorangehen und letztere sodann, bei Verlust des Klagerechts, innerhalb sechs Monaten, nachdem diese Entscheidung den Beschwerdeführern bekannt gemacht worden ist, erhoben werden. Der Verlust des Klagerechts tritt auch dann ein, wenn von den Betheiligten gegen die Entscheidung der Schulaufsichtsbehörde über den Anspruch auf Pension nicht binnen gleicher Frist die Beschwerde an den Oberpräsidenten[3] erhoben ist.

[1] Gegen die Schulaufsichtsbehörde kann sich die Klage nicht richten. (R.G. XXIII, S. 261); sie ist vielmehr gegen „die Ruhegehaltskasse des Regierungsbezirks zu N., vertreten durch deren Kassenanwalt" zu erheben. (R.G. XXXVIII, S. 279.) — Vgl. analog § 25 L.B.G (oben S. 65).

[2] Früher Unterrichtsminister; abgeändert durch § 17 R.K.G. (unten S. 179).

[3] Analog § 28 der Beamtenpensionsnovelle v. 30./4. 1884 (G.S. S. 126). — Der Beschwerde- und Rechtsweg steht auch dem Kassenanwalte offen. Bis zur

endgültigen Erledigung der Beschwerde und Klage werden die Ruhegehälter nach Maßgabe der Festsetzung der Schulaufsichtsbehörde vorschußweise an die Bezugsberechtigten gezahlt. (§ 17 R.K.G. unten S. 179.)

§. 16.

Die Versetzung in den Ruhestand tritt, sofern nicht auf den Antrag oder mit ausdrücklicher Zustimmung des Lehrers ein früherer Zeitpunkt festgesetzt wird, mit dem Ablaufe desjenigen Vierteljahres ein, welches auf den Monat folgt, in welchem dem Lehrer die Entscheidung der Schulaufsichtsbehörde über seine Versetzung in den Ruhestand und die Höhe der ihm etwa zustehenden Pension bekannt gemacht worden ist.[1]

Ausf.-Best. Nr. 19 u. 20 (unten S. 162).

[1] Die Verfügung wegen Versetzung in den Ruhestand und wegen Festsetzung der zu gewährenden Pension ist auch dem Magistrate bezw. dem Schulvorstande zuzustellen. M.E. v. 6./5. 1887 (C.Bl. S. 533).

§. 17.

Die Pensionen werden monatlich im Voraus gezahlt.[1] [2]

[1] Die Lehrer haben keinen Anspruch auf portofreie Zusendung der Pension M.E. v. 8./5. 1895 (C.Bl. S. 595). — Ist der Fälligkeitstag ein Sonn- oder Festtag, so sind die Bezüge schon am letztvorhergehenden Werktage zu zahlen. M.E. v. 9./5. 1896 (C.Bl. S. 514).

[2] Wegen des rechtl. Charakters der Pension vgl. Anm. 1 zu § 21 L.B.G. (oben S. 58).

§. 18.

Das Recht auf den Bezug der Pension kann weder abgetreten noch verpfändet werden.[1–2]

[1] Hiernach giebt es also keinen übertragbaren Theil des Ruhegehalts (§ 400 B.G.B. und § 81 E.G. z. B.G.B.); deshalb ist auch Aufrechnung (§ 394 B.G.B.) gegen dasselbe und Nießbrauchbestellung (§ 1069 das.) an demselben unzulässig. Vgl. im übrigen Anm. 1—8 zu § 21 L.B.G. (oben S. 58 ff.).

[2] Pfändbarkeit: wie beim Diensteinkommen (Anm. 4 zu § 21 L.B.G. oben S. 59).

§. 19.

Das Recht auf den Bezug der Pension ruht:

1) wenn ein Pensionär das Deutsche Indigenat verliert, bis zur etwaigen Wiedererlangung desselben,[1]
2) wenn und so lange ein Pensionär im Reichs- oder Staatsdienste, im Dienste einer Gemeinde oder eines sonstigen kommunalen Verbandes, im öffentlichen Schuldienste oder im Kirchendienste[2] ein Diensteinkommen bezieht, insoweit der Betrag dieses neuen Diensteinkommens unter Hinzurechnung der Pension den Betrag des von dem Lehrer vor der Pensionirung bezogenen pensionsfähigen Diensteinkommens übersteigt.

Ausf.-Best. Nr. 21—23 (unten S. 162 u. 163).

[1] Vgl. Art. 3 R.V. und §§ 1 ff. des Ges. v. 1./6. 1870 (R.G.Bl. S. 355).

[2] Es bezieht sich dies nur auf den Preußischen Staatsdienst, Dienst in einer Preußischen Gemeinde &c.

§. 20.

Ein pensionirter Lehrer, welcher in eine an sich zur Pension berechtigende Stellung im öffentlichen Volksschuldienste wieder eingetreten ist, erwirbt für den Fall des Zurücktretens in den Ruhestand den Anspruch auf Gewährung einer neuen Pension nur dann, wenn die neue Dienstzeit wenigstens ein Jahr betragen hat.

Bei der Pensionirung aus der neuen Stelle ist dem Lehrer eine Pension von $^1/_{60}$ seines neuen pensionsfähigen Diensteinkommens für jedes nach der früheren Pensionirung zurückgelegte Dienstjahr zu gewähren.

Insoweit der Betrag der neuen Pension und der früher bewilligten Pension zusammen $^{45}/_{60}$ des höchsten Diensteinkommens, von welchem eine dieser Pensionen berechnet ist, übersteigen würde, fällt das Recht auf den Bezug der früher bewilligten Pension hinweg.

Ausf.-Best. Nr. 24 (unten S. 163).

§. 21.

Die Einziehung, Kürzung oder Wiedergewährung der Pension auf Grund der Bestimmungen in den §§. 19 und 20 tritt mit dem Beginn des Monats ein, welcher auf das eine solche Veränderung nach sich ziehende Ereigniß folgt.

Im Falle vorübergehender Beschäftigung im Reichs- oder Staatsdienste, im Dienste einer Gemeinde oder eines sonstigen kommunalen Verbandes, im öffentlichen Schuldienste oder im Kirchendienste gegen Tagegelder oder eine anderweitige Entschädigung wird die Pension für die ersten sechs Monate dieser Beschäftigung unverkürzt, dagegen vom siebenten Monat ab nur zu dem nach den vorstehenden Bestimmungen zulässigen Betrage gewährt.

Ausf.-Best. Nr. 25 (unten S. 164).

§. 22.

Ist die nach Maßgabe dieses Gesetzes bemessene Pension geringer als die Pension, welche dem Lehrer hätte gewährt werden müssen, wenn er am 31. März 1886 nach den bis dahin für ihn geltenden Bestimmungen pensionirt worden wäre, so wird diese Pension an Stelle der ersteren bewilligt.

Eine Pension nach Maßgabe der bis zum 31. März 1886 für ihn geltenden Bestimmungen ist dem Lehrer auch dann zu gewähren, wenn demselben zur Zeit der Versetzung in den Ruhestand nach den früheren Bestimmungen ein Anspruch auf Pension zugestanden haben würde, nach den Bestimmungen des gegenwärtigen Gesetzes jedoch nicht.[1]

Die zur Zeit des Inkrafttretens dieses Gesetzes im Gebiete des vormaligen Herzogthums Nassau, der vormaligen freien Stadt Frankfurt und in Hohenzollern-Hechingen angestellten Lehrer sind berechtigt, zu verlangen, nach den bis dahin für sie geltenden Bestimmungen pensionirt zu werden.

Ausf.-Best. Nr. 26 (unten S. 164).

[1] Hierbei ist das Stelleneinkommen zu Grunde zu legen, welches dem Lehrer am 31. März 1886 zustand, nicht dasjenige, welches er zur Zeit der späteren Pensionirung bezog. M.E. v. 29./9. 1896 (C.Bl. S. 709).

§. 23.

Zusicherungen, welche in Bezug auf dereinstige Bewilligung von Pensionen an einzelne Lehrer oder Kategorien von Lehrern durch den König oder einen der Minister, oder durch eine Provinzialbehörde, oder mit deren Genehmigung gemacht worden sind, bleiben in Kraft.

§. 24.

Die vorstehenden Bestimmungen finden auch auf die an den in §. 1 bezeichneten Schulen definitiv angestellten Lehrerinnen Anwendung.

§. 25.[1]

Hinterläßt ein pensionirter Lehrer eine Wittwe oder eheliche Nachkommen,[2] so gebührt den Hinterbliebenen die Pension des Verstorbenen noch für den auf den Sterbemonat folgenden Monat.[3, 4]

Der gleiche Anspruch steht den ehelichen Nachkommen einer im Wittwenstande[5] verstorbenen Lehrerin zu.

An wen die Zahlung erfolgt, bestimmt die Schulaufsichtsbehörde.

Die Zahlung der Pension für den auf den Sterbemonat folgenden Monat kann[6] auf Verfügung dieser Behörde auch dann stattfinden, wenn der Verstorbene Eltern, Geschwister, Geschwisterkinder oder Pflegekinder, deren Ernährer er gewesen ist, in Bedürftigkeit hinterläßt, oder wenn der Nachlaß nicht ausreicht, um die Kosten der letzten Krankheit und der Beerdigung zu decken.

[1] Vgl. § 23 L.B.G. (oben S. 63).

[2] Kinder, Enkel, Urenkel.

[3] Dies bezieht sich auch auf diejenigen Unterstützungen, welche auf Grund des § 16 Ziff. 2 des Disz.Ges. v. 21./7. 1852 den entlassenen Lehrern, gleichviel ob auf Lebenszeit oder nur auf gewisse Jahre zuerkannt worden sind. M.E. 30./5. 1891 (C.Bl. S. 566).

[4] Pfändbarkeit, Uebertragbarkeit, Aufrechnung: wie bei Diensteinkommen. Vgl. Anm. 3—6 zu § 21 L.B.G. (oben S. 59).

[5] Vgl Anm. 3 zu § 23 L.B.G. (oben S. 64).

[6] Vgl. Anm. 4 das.

§. 26.[1]

Die Pension wird bis zur Höhe von Sechshundert Mark aus der Staatskasse, über diesen Betrag hinaus von den sonstigen bisher zur Aufbringung der Pension des Lehrers Verpflichteten sofern solche nicht vorhanden sind, von den bisher zur Unterhaltung des Lehrers während der Dienstzeit Verpflichteten gezahlt. Die auf besonderen Rechtstiteln beruhenden Verpflichtungen[2] Dritter bleiben bestehen.[3]

Das Stelleneinkommen darf zur Aufbringung der nach diesem Gesetz zu zahlenden Pensionsbeträge nur insoweit als dies bisher bereits statthaft war und nur soweit herangezogen werden, daß es nicht unter ¾ seiner Höhe und unter das Mindestgehalt sinkt.[4]

Die in Gemäßheit des §. 22 Absatz 3 nach den in dem vormaligen Herzogthum Nassau und der vormaligen freien Stadt Frankfurt geltenden Vorschriften berechneten Pensionen fallen der Staatskasse nur insoweit zur Last, als sie die unter Zugrundelegung dieses Gesetzes zu bemessenden Beträge nicht übersteigen.

Ausf.-Best. Abs. 3, 4, 5 und Nr. 23 (unten S. 158, 168).

[1] Zur gemeinsamen Bestreitung des durch den Staatsbeitrag nicht gedeckten Theiles der Ruhegehälter ist jetzt nach dem Gesetz vom 23./7. 1898 (unten S. 176) für jeden Regierungsbezirk eine Ruhegehaltskasse gebildet, aus welcher fortan die den Schulunterhaltungspflichtigen obliegende Zahlung zu leisten ist. Gegen diese ist auch eine event. Klage zu richten. (Anm. 1 zu § 15 oben S. 148.)

[2] Es sind dies nur solche Verpflichtungen, welche sich auf die Pensionszahlung — nicht solche, welche sich auf das Diensteinkommen — beziehen. O.V.G. XXIX, S. 168.

[3] Analog Art. 25 Pr.Verf., vgl. auch M.E. 30./12. 1886 (C.Bl. 1887 S. 388).

[4] § 15 R.K.G. (unten S. 179).

Artikel II.

Die Pensionen der Lehrer und Lehrerinnen, welche aus einer der im Artikel I §. 1 genannten Schulstellen vor dem Inkrafttreten dieses Gesetzes in den Ruhestand versetzt sind, werden bis zu dem Betrage von Sechshundert Mark auf die Staatskasse übernommen.[1]

Ausf.-Best. Abs. 5 u. Nr. 28 (unten S. 154 u. 164).

[1] Der Anspruch gegenüber dem Staate auf Uebernahme der Pension bis zu 600 Mk. auf die Staatskasse steht nur dem Schulunterhaltungspflichtigen, nicht dem Pensionär zu. (M.E. 14./2. 88: C.Bl. S. 408.)

Artikel III.

Dieses Gesetz tritt mit dem 1. April 1886 in Kraft.

Mit dem gedachten Zeitpunkte treten alle dem gegenwärtigen Gesetze entgegenstehenden Bestimmungen, sie mögen in allgemeinen Landes- und Provinzialgesetzen und Verordnungen oder in besonderen Gesetzen und Verordnungen enthalten sein, außer Kraft.[1]

[1] Vgl. Zusammenstellung in Anl. Nr. 111 zu Sten. Ber. des Abg.-Hauses.

Artikel IV.

Mit der Ausführung dieses Gesetzes werden der Unterrichtsminister und der Finanzminister beauftragt.[1]

[1] Ausf.-Best. v. 2./3. 1886 (unten S. 153 ff.).

Urkundlich unter Unserer Höchsteigenhändigen Unterschrift und beigedrucktem Königlichen Insiegel.

Gegeben Bad Ems, den 6. Juli 1885.

(L. S.) Wilhelm.

Fürst v. Bismarck. v. Puttkamer. Lucius. Friedberg. v. Boetticher. v. Goßler. v. Scholz. Gr. v. Hatzfeld. Bronsart v. Schellendorff.

Anhang 1.

Ausführungsbestimmung zum Lehrerpensionsgesetz vom 2. März 1886.

(C.Bl. S. 387 ff.)

Mit dem 1. April d. Js. tritt das Gesetz vom 6. Juli v. Js., betreffend die Pensionirung der Lehrer und Lehrerinnen an den öffentlichen Volksschulen (Ges.-Samml. S. 298) in Kraft.

Zur Ausführung desselben wird im Einverständniß mit der Königlichen Ober-Rechnungskammer über die das Kassen- und Rechnungswesen betreffenden Vorschriften Folgendes bestimmt.

Die gemäß Art. I § 26 und Art. II des Gesetzes der Staatskasse zur Last fallenden Beträge sind von den Königlichen Regierungen auf Ihre Hauptkassen, in Berlin von dem Königlichen Provinzial-Schulkollegium auf die Vereinigte Konsistorial-Militär- und Baukasse zur Zahlung anzuweisen. Die Verrechnung hat in den Rechnungen dieser Kassen von der geistlichen und Unterrichts-Verwaltung unter demjenigen Titel zu erfolgen, welcher durch den Staatshaushaltsetat bestimmt werden wird. In den Entwurf dieses Etats für 1. April 1886/87 ist hierzu unter Kap. 121 Tit. 29 ein Fonds mit der Bezeichnung „Zu Pensionen für Lehrer und Lehrerinnen an öffentlichen Volksschulen“ vorgesehen, während der bisher als Tit. 29 nachgewiesene Fonds mit der veränderten Bezeichnung: „Zu Unterstützungen für ausgeschiedene Elementar-Lehrer und Lehrerinnen" unter Kap. 121 Tit. 29 a in den Entwurf eingestellt ist.

Die auf den erstgedachten Fonds anzuweisenden Zahlungen sind bei demselben in den oben bezeichneten Rechnungen als Mehrausgaben zu verrechnen.

Der Zahlungsanweisung in Betreff der nach Art. II des Gesetzes auf die Staatskasse zu übernehmenden Pensionsbeträge ist eine Nachweisung nach dem anliegenden Muster A. beizufügen.

Der Zahlungsanweisung über einen jeden auf Grund des Art. I § 26 aus der Staatskasse zu zahlenden Betrag ist eine entsprechend zu justifizirende Nachweisung nach dem Muster B. beizufügen.

Bei Ueberweisungen der aus der Staatskasse zu zahlenden Pensionsbeträge, welche in Folge Verziehens der Empfangsberechtigten erforderlich werden, ist nach den für die Ueberweisung der Civilpensionen der unmittelbaren Staatsbeamten geltenden Vorschriften zu verfahren. Auch für das Verfahren bei Einziehung, Kürzung und Wiedergewährung der Pension (§§ 19, 20, 21 a. a. O.) haben die für Civilpensionen der unmittelbaren Staatsbeamten geltenden Vorschriften entsprechende Anwendung zu finden.

Bei Ausführung der einzelnen Bestimmungen des Gesetzes sind die im Anschluß an die bestehenden Civil-Pensionsgesetze gegebenen allgemeinen Anordnungen zur entsprechenden Anwendung zu bringen. Es sind insbesondere folgende Grundsätze zu beachten.

1. Oeffentliche Volksschulen im Sinne des Gesetzes vom 6. Juli 1885 sind diejenigen Schulen, zu deren Benutzung einerseits für Eltern und deren Vertreter, die nicht anderweitig dafür gesorgt haben, daß die Kinder den für die öffentlichen Volksschulen vorgeschriebenen Unterricht erhalten, ein gesetzlicher Zwang

(der gesetzliche Schulzwang) besteht, und zu deren Errichtung und Unterhaltung andererseits für Schulgemeinden, Schulsozietäten, Schulverbände, bürgerliche Gemeinden 2c. — je nach der Verschiedenheit der gesetzlichen Vorschriften in den einzelnen Landestheilen — eine allgemeine gesetzliche Verpflichtung besteht.

Dadurch, daß die oberen Klassen einer Volksschule mit Genehmigung der Schulaufsichtsbehörde nach dem Lehrplane der Mittelschule arbeiten, oder daß mit der Volksschule einzelne besondere Klassen verbunden sind, welche bezwecken, den diese Klassen besuchenden Schülern eine über das Ziel der Volksschule hinausgehende höhere Bildung zu geben, ist eine solche Schule, was die Anwendung des Gesetzes vom 6. Juli 1885 auf die Pensionsverhältnisse der Lehrer und Lehrerinnen betrifft, als aus der Kategorie der öffentlichen Volksschulen ausgeschieden nicht anzusehen.

Dagegen sind diejenigen neben den wirklichen Volksschulen eines Orts bestehenden öffentlichen Schulen, welche, obwohl nicht zu den eigentlichen höheren oder Gelehrtenschulen (Gymnasien, Realgymnasien 2c.) gehörend doch ihrer gesammten Organisation oder ihrem ganzen Endzwecke nach ihren Zöglingen eine über die Aufgabe und das Ziel der obligatorischen Volksschule hinausgehende höhere Bildung zu geben erstreben, als öffentliche Volksschulen nicht anzusehen.

Es gehören demnach zur Kategorie der öffentlichen Volksschulen im Sinne des Gesetzes vom 6. Juli 1885 insbesondere nicht:

a) die Vorschulen und sonstigen, meist Rektoratsschulen genannten Schulen, welche die Bestimmung haben, ihre Schüler für die Aufnahme in die unteren, beziehungsweise in die mittleren Klassen von höheren Lehranstalten (Gymnasien, Realgymnasien 2c.) vorzubereiten;

b) die nach dem Lehrplane vom 15. Oktober 1872 (Centralbl. f. d. ges. Unterrichtsverw. 1872 S. 598 ff.) eingerichteten **Mittelschulen**;

c) die **höheren Mädchenschulen**.

Im Uebrigen ist es für die Entscheidung der Frage, ob eine Schule zur Kategorie der öffentlichen Volksschulen oder zur Kategorie der über der Stufe derselben stehenden Unterrichtsanstalten gehört, ohne Einfluß, welche Bezeichnung dieselbe führt, welche Art von Prüfung zum Lehramte die an derselben beschäftigten Lehrer abgelegt, und welche Art von Befähigung zum Lehramte die letzteren erworben haben.

2. Es ist zunächst Sache der Königlichen Regierung, Ihrerseits in jedem einzelnen Falle sorgfältig zu prüfen und zu entscheiden, ob eine Schule zu den öffentlichen Volksschulen im Sinne des Gesetzes gehört oder nicht.

In zweifelhaften Fällen ist die Entscheidung des Unterrichts-Ministers einzuholen.

3. Nur **definitiv angestellte** Lehrer und Lehrerinnen haben einen Anspruch auf Pension.

4. Nach **§ 1 Abs. 1** des **Gesetzes** ist ein Anspruch auf Pension nur dann begründet, wenn der Lehrer in Folge eines körperlichen Gebrechens oder wegen Schwäche seiner körperlichen oder geistigen Kräfte zur Erfüllung seiner Amtspflichten dauernd unfähig ist und deshalb in den Ruhestand versetzt wird.

Dem Antrage eines Lehrers, welcher das 65. Lebensjahr noch nicht vollendet hat, darf deshalb nur dann entsprochen werden, wenn die Königliche Regierung denselben nach pflichtmäßigem Ermessen wegen eines körperlichen Gebrechens oder wegen Schwäche seiner körperlichen oder geistigen Kräfte zur Erfüllung seiner Amtspflichten für dauernd unfähig erachtet, und der Lehrer den Antrag bedingungslos gestellt hat.

In die Verfügung, durch welche ein Lehrer, der das

65. Lebensjahr noch nicht vollendet hat, unter Gewährung von Pension in den Ruhestand versetzt wird, sowie in die Zahlungsanweisung, betreffend die aus der Staatskasse zu zahlende Pension (§ 26), ist die ausdrückliche Erklärung aufzunehmen, daß die Versetzung in den Ruhestand „wegen Dienstunfähigkeit“ geschieht.

5. Während der Dauer einer gegen einen Lehrer eingeleiteten strafrechtlichen oder Disziplinar-Untersuchung ist dem Antrage desselben auf Pensionirung nicht Folge zu geben.

6. Auf Grund des **§ 1 Abs. 2** des Gesetzes tritt die Pensionsberechtigung eines Lehrers bei kürzerer als zehnjähriger Dienstdauer nur dann ein, wenn derselbe die Krankheit, Verwundung oder sonstige Beschädigung, welche seine Dienstunfähigkeit herbeigeführt hat, sich bei Ausübung des öffentlichen Schuldienstes in Preußen oder aus Veranlassung desselben zugezogen hat. Ist dagegen z. B. die Dienstunfähigkeit die nachträglich hervorgetretene Folge einer in Veranlassung früheren Militärdienstes entstandenen Krankheit, so findet die Vorschrift keine Anwendung.

7. Der **§ 1 Abs. 3** giebt nur den Lehrern die Befugniß, zu verlangen, daß sie nach Vollendung des 65. Lebensjahres auch ohne den Nachweis der Dienstunfähigkeit mit Pension in den Ruhestand versetzt werden.

Eine dem § 30 Abs. 1 des Gesetzes vom 31. März 1882 (Ges.-Samml. S. 133), betreffend die Abänderung des Pensionsgesetzes vom 27. März 1872, entsprechende Bestimmung ist in das Gesetz vom 6. Juni 1885 nicht aufgenommen worden. Die Königliche Regierung kann deshalb einen Lehrer, auch wenn derselbe das 65. Lebensjahr zurückgelegt hat, ohne seinen Antrag nur wegen Dienstunfähigkeit und nur unter Beachtung der Vorschriften über die zwangsweise Pensionirung von Lehrern in den Ruhestand versetzen.

8. Ist einem im Disziplinarverfahren zur Dienstentlassung verurtheilten Lehrer nach der Entscheidung der Disziplinarbehörde ein Theil des gesetzlichen Pensionsbetrages als Unterstützung zu gewähren (§ 16 Nr. 2 des Disziplinargesetzes vom 21. Juli 1852, Ges.-Samml. S. 465.), so findet die Abrundung auf volle Mark nur für den zahlbaren Theilbetrag der gesetzlichen Pension, nicht dagegen für diejenige Pension statt, von welcher der Theilbetrag zu berechnen ist.

9. Die Königliche Regierung hat dafür Sorge zu tragen, daß bei jeder Neuanstellung eines Lehrers sowie bei jeder Ueberweisung einer anderen Stelle an einen Lehrer das gesammte pensionsanrechnungsfähige Diensteinkommen desselben in einer bestimmten Geldsumme festgesetzt, und zu diesem Behufe der auf das Gesammtdiensteinkommen anzurechnende Geldwerth der freien Wohnung und Feuerung, sowie der Naturalien und des Ertrages der Dienstländereien festgestellt wird, wobei hinsichtlich der Naturalien und des Ertrages der Dienstländereien eintretenden Falls die Vorschrift des § 45 des Zuständigkeitsgesetzes vom 1. August 1883 Anwendung findet.

Bezüglich der bereits angestellten Lehrer ist die vorgedachte Festsetzung, soweit es seither noch nicht geschehen, thunlichst bald überall zu bewirken.*)

10. Als Etatsjahr im Sinne des **§ 4 Abs. 4** des Gesetzes ist das Etatsjahr der betreffenden Schule zu verstehen.

11. Der **§ 4 Abs. 5** betrifft ebenso wie der § 12 des Gesetzes nur diejenigen Fälle, in welchen eine wirkliche Vereinigung von Schul- und Kirchenamt stattfindet, nicht aber diejenigen, in welchen einem Lehrer ein Kirchenamt nur als ein Nebenamt übertragen ist.

---

*) Vgl. M.-E. v. 24./11. 1886 und 24./10. 1892 (unten S. 169 bis 170).

12. Bei der Pensionirung des Inhabers eines vereinigten Kirchen- und Schulamtes ist gemäß § 4 Abs. 5 des Gesetzes der Pensionsberechnung das Diensteinkommen der vereinigten Stelle als ein einheitliches Stelleneinkommen zu Grunde zu legen, so daß die Sechzigtheile von dem einheitlichen Stelleneinkommen zu berechnen sind. Die so berechnete Pension wird gemäß § 26 des Gesetzes bis zur Höhe von 600 Mk. aus der Staatskasse, über diesen Betrag hinaus von den dort genannten Verpflichteten gezahlt.

Hat jedoch der Inhaber eines vereinigten Kirchen- und Schulamtes bei der Versetzung in den Ruhestand eine Pension aus kirchlichen Mitteln zu beanspruchen, liegt also ein Fall des § 12 des Gesetzes vor, so ist zwar die Pension zunächst gleichfalls von dem Diensteinkommen der vereinigten Stelle als einem einheitlichen Stelleneinkommen zu berechnen. Auf die so berechnete Pension wird aber der Betrag derjenigen Pension, welche der Pensionär aus kirchlichen Mitteln zu beanspruchen hat, in Anrechnung gebracht. Erst der Ueberrest wird gemäß § 26 des Gesetzes bis zur Höhe von 600 Mk. aus der Staatskasse, über diesen Betrag hinaus von den dort genannten Verpflichteten gezahlt.

13. Als Dienstzeit gilt auch die Zeit der Adjuvantur und der provisorischen Anstellung, sowie diejenige Zeit, während welcher einem anstellungsfähigen Schulamtskandidaten seitens der Schulaufsichtsbehörde auch nur die kommissarische Verwaltung einer vakanten Schulstelle oder die Vertretung eines beurlaubten oder sonst behinderten Lehrers übertragen war.

14. Bei der Berechnung der Dienstzeit eines Lehrers, welcher in Folge strafgerichtlichen Urtheils oder eines Disziplinar-Erkenntnisses sein früheres Amt verloren hatte, ist, wenn derselbe nach erfolgter Wiederanstellung

im öffentlichen Volksschuldienste aus dem neuen Amte ausscheidet, die vor dem Verluste des früheren Amtes im Civildienste zurückgelegte Dienstzeit nicht anzurechnen, während die Anrechnung der Zeit eines Militärdienstes stattzufinden hat. Die unfreiwillige Dienstentlassung eines noch nicht definitiv angestellten Lehrers gemäß § 88 des Gesetzes vom 21. Juli 1852 (Ges.-Samml. S. 465) hat den Verlust des Anspruchs auf Anrechnung der früheren Dienstzeit bei Feststellung des Pensionsanspruchs eines Lehrers, welcher aus einem ihm wieder verliehenen Amte in den Ruhestand versetzt wird, auch dann nicht zur Folge, wenn die Dienstentlassung zur Strafe angeordnet war.

15. Ist ein Lehrer durch Disziplinar-Entscheidung unter Bewilligung eines Theiles der gesetzlichen Pension als Unterstützung verurtheilt worden (§ 16 Nr. 2 des Disziplinar-Gesetzes vom 21. Juli 1852), so ist für die Festsetzung der Pension die Dienstzeit, sofern die Dienstentlassung von der Königlichen Regierung ausgesprochen und Berufung nicht eingelegt ist, bis einschließlich desjenigen Tages zu berechnen, mit welchem die Frist zur Anmeldung der Berufung abläuft. Sofern dagegen die Dienstentlassung unter Bestätigung oder Abänderung der Entscheidung der Königlichen Regierung endgültig durch Entscheidung des Königlichen Staats-Ministeriums ausgesprochen ist, ist die Dienstzeit bis einschließlich des Tages der Bekanntmachung der letzteren Entscheidung zu berechnen.

16. Im Uebrigen sind bei der Berechnung der Dienstzeit die in der Anlage zu dem Cirkular vom 10. April 1888 zusammengestellten Grundsätze (Min.Bl. f. d. innere Verw. 1888 S. 54 ff.), insoweit nicht das Gesetz vom 6. Juli 1885 hinsichtlich der Lehrer Vorschriften enthält, welche von den Vorschriften des Pensionsgesetzes für die unmittelbaren Staatsbeamten abweichen, zur entsprechenden Anwendung zu bringen.

17. Da von dem Unterrichtsminister eine Zusicherung der Anrechnung der Zeit, während welcher ein Lehrer sich in einem Dienste der im § 11 genannten Art befunden hat, gemäß Abs. 1 daselbst zukünftig nur bei der Anstellung ertheilt werden kann, so hat die Königliche Regierung eintretenden Falls vor der Anstellung die Zusicherung in Antrag zu bringen und nicht eher zur Anstellung zu schreiten, als bis auf den Antrag Entscheidung erfolgt ist.

In gleicher Weise ist hinsichtlich der zur Zeit des Inkrafttretens des Gesetzes bereits definitiv angestellten Lehrer eintretenden Falls die Genehmigung zur Anrechnung der im ersten Absatz des § 11 genannten Zeit bei dem Unterrichts-Minister vor der Versetzung in den Ruhestand nachzusuchen.

18. Die Anrechnung einer Dienstzeit der im § 11 genannten Art bei der dereinstigen Pensionirung bildet die Ausnahme. Sie wird im Allgemeinen nur dann gerechtfertigt sein, wenn es sich darum handelt, eine noch längere Zeit rüstige und besonders tüchtige Kraft für den öffentlichen Volksschuldienst zu gewinnen. Es ist deshalb bei Anträgen auf dereinstige Anrechnung solcher Zeit das dienstliche Interesse an der Gewinnung des Lehrers unter Angabe seines Lebensalters und seiner persönlichen Verhältnisse näher zu erörtern. Ferner ist genau die Zeit anzugeben, welche in Anrechnung gebracht werden soll, wie der anzustellende Lehrer in seinem früheren Amte sowohl hinsichtlich seines Gehaltes als auch seiner Pensionsverhältnisse gestellt gewesen ist, und wie sich seine Gehalts- und Pensionsverhältnisse in seinem neuen Amte gestalten.

In entsprechender Weise sind die Anträge betreffs derjenigen Lehrer zu begründen, welche zur Zeit des Inkrafttretens des Gesetzes bereits definitiv angestellt sind. Bei denselben ist insbesondere auch über deren

Vermögensverhältnisse sowie darüber Bericht zu erstatten, auf wie hoch sich die Pension mit Anrechnung und auf wie hoch sie sich ohne Anrechnung der betreffenden Zeit belaufen würde.

19. Vor der Versetzung in den Ruhestand ist mit dem Lehrer, sofern nicht in seinem Antrage auf Pensionirung schon ein bestimmter Zeitpunkt für deren Eintritt nachgesucht ist, über diesen Zeitpunkt thunlichst eine ausdrückliche Vereinbarung herbeizuführen.

Der Zeitpunkt für die Versetzung eines Lehrers in den Ruhestand ist, wenn nicht besondere dienstliche Rücksichten eine abweichende Anordnung erfordern, immer auf das Ende eines Monats zu bestimmen.

20. Die rechtlichen Folgen einer Disziplinar-Entscheidung, durch welche ein Lehrer zur Dienstentlassung unter Bewilligung eines Theiles der gesetzlichen Pension als Unterstützung verurtheilt ist (§ 16 Nr. 2 des Disziplinargesetzes vom 21. Juli 1852, Ges.-Samml. S. 465), treten für die Einstellung der Gehaltszahlung und die demnächstige Gewährung der Unterstützung, sofern die Dienstentlassung von der Königlichen Regierung ausgesprochen und Berufung nicht eingelegt ist, mit dem Beginn desjenigen Monats ein, welcher auf den Monat folgt, in welchem die Frist zur Anmeldung der Berufung abgelaufen ist. Sofern dagegen die Dienstentlassung unter Bestätigung oder Abänderung der Entscheidung der Königlichen Regierung endgültig durch Entscheidung des Königlichen Staatsministeriums ausgesprochen ist, treten die oben genannten Folgen mit dem Beginn desjenigen Monats ein, welcher auf den Monat folgt, in welchem dem Lehrer die letztere Entscheidung bekannt gemacht ist (vergl. Cirkular-Verfügung vom 27. Februar 1865, Min.-Bl. f. d. innere Verw. S. 149).

21. Unter dem Staatsdienst in **Nr. 2 des** § 19 ist

lediglich der Preußische Staatsdienst zu verstehen. Ebenso gilt als Dienst in einer Gemeinde oder einem sonstigen kommunalen Verbande, als öffentlicher Schuldienst oder Kirchendienst nur der Dienst in einer preußischen Gemeinde 2c.

22. In den Fällen des § 19 Nr. 2 hat die Behörde, welche die Wiederbeschäftigung des Pensionärs gegen Entgelt verfügt, derjenigen Behörde, von welcher der Pensionär in den Ruhestand versetzt worden ist, eine Mittheilung über die Art der Verwendung desselben, den Zeitpunkt, von welchem ab ihm das neue Diensteinkommen gewährt wird, die Höhe dieses Einkommens, sowie darüber zugehen zu lassen, ob die dauernde Beschäftigung bei befriedigender Dienstführung beabsichtigt wird, oder ob es sich nur um eine vorübergehende Beschäftigung handelt, endlich solche Mittheilungen bei einer Veränderung in den für die Kürzung oder Einziehung der Pension maßgebenden Verhältnissen in entsprechender Weise zu ergänzen.

Ebenso hat die Behörde, welche die Wiederbeschäftigung des Pensionärs gegen Entgelt verfügt hat, bei seiner Pensionirung aus der neuen Stelle wegen Wiedergewährung der früheren Pension mit der Behörde, welche die erste Pensionirung verfügt hatte, in Verbindung zu treten.

23. Die Kürzung der Pension in Folge der Wiederbeschäftigung kommt in erster Linie auf die Beiträge der bisher zur Aufbringung bezw. zur Unterhaltung des Lehrers Verpflichteten und erst in zweiter Linie auf den Beitrag aus der Staatskasse (§ 26) in Anrechnung.

24. Bei der Pensionirung aus der neuen Stelle (§ 20 des Gesetzes) ist die früher bewilligte Pension, soweit sie in Folge der Wiederanstellung überhaupt gekürzt war, abgesehen von dem Falle des § 20 Absatz 3 in gleicher Weise und von denselben Verpflichteten auf-

zubringen, von welchen sie bis zu ihrer Kürzung aufzubringen war. Zur Aufbringung der früher bewilligten Pension ist insbesondere auch der Beitrag aus der Staatskasse in derselben Höhe zu zahlen, in welcher er vor der Kürzung der Pension gezahlt war.

Nur die etwaige neue Pension ist von denjenigen aufzubringen, welchen die Kosten der Pensionirung aus der neuen Stelle obliegen. Falls die früher bewilligte Pension und mithin der Beitrag aus der Staatskasse zur Aufbringung derselben die Summe von 600 Mark nicht erreicht hat, oder bei Anwendung der Vorschrift des § 20 Absatz 8 des Gesetzes unter diesen Betrag ermäßigt wird, so ist auch die neue Pension soweit aus der Staatskasse zu zahlen. Der Gesammtbeitrag aus der Staatskasse zur Aufbringung der früher bewilligten und der neuen Pension darf die Summe von 600 Mark nicht übersteigen.

25. Hinsichtlich des Begriffs der vorübergehenden Beschäftigung sind die in dem Erlaß vom 19. August 1880 (Min.B. f. d. innere Verw. S. 261) aufgestellten Grundsätze zur entsprechenden Anwendung zu bringen.

26. Der § 22 des Gesetzes enthält lediglich Uebergangsbestimmungen für diejenigen Lehrer, welche zur Zeit des Inkrafttretens des Gesetzes bereits definitiv angestellt waren.

27. Auch die bei der Strafe der Dienstentlassung im Wege des förmlichen Disziplinarverfahrens gemäß § 16 Nr. 2 des Gesetzes vom 21. Juli 1852 (Ges.-S. S. 465) als Theil des gesetzlichen Pensionsbetrages auf Lebenszeit oder auf gewisse Jahre gewährte Unterstützung ist bis zur Höhe von 600 Mark aus der Staatskasse zu zahlen.

28. Für die Uebernahme der Pensionen auf die Staatskasse gemäß Art. II des Gesetzes ist hinsichtlich der Frage, ob ein Lehrer aus einer der im Art. I § 1

genannten Schulstellen in den Ruhestand versetzt ist, der Charakter der Schule entscheidend, wie er war, als der Lehrer in den Ruhestand versetzt wurde.

Berlin, den 2. März 1886.

Der Minister der geistlichen, Unterrichts- und Medizinal-Angelegenheiten.
von Goßler.

Der Finanz-Minister.
Im Auftrage: v. Lenz.

Muster A.

Regierungsbezirk ....

Nachweisung

derjenigen pensionirten Lehrer und Lehrerinnen, welche vor dem 1. April 1886 aus Stellen an öffentlichen Volksschulen in den Ruhestand versetzt worden sind, der Pensionsbezüge derselben und derjenigen Pensionsbeträge, welche gemäß Art. II. des Gesetzes vom 6. Juli 1885, betreffend die Pensionirung der Lehrer und Lehrerinnen an den öffentlichen Volksschulen vom 1. April 1886 ab auf die Staatskasse zu übernehmen sind.

Laufende Nr.	Vor- und Zuname der Pensionäre.	Der Pensionär war zuletzt angestellt an einer öffentlichen Volksschule zu:		Zeitpunkt, mit welchem die Pensionirung eingetreten ist.	Gegenwärtiger Wohn- oder Aufenthaltsort des Pensionärs.		Der von der Schulaufsichtsbehörde festgesetzte oder genehmigte Betrag der Pension.		Von der Pension (Spalte 8) sind vom 1. April 1886 ab auf die Staats-Kasse (Kap. 121. Tit 29.) zu übernehmen.		Bemerkungen.
		Ort.	Kreis.		Ort.	Kreis.	M	Pf	M	Pf	
1.	2.	3.	4.	5.	6.	7.	8.		9.		10.

N

der für den Lehrer (die Lehrerin) N. N. (vollständiger Name des zu pensionire

Zu- und Vornamen des zu pensionirenden Lehrers bezw. der Lehrerin.	Letzte Dienststellung im öffentlichen Volksschuldienste.	Wohnort.	Lebensalter geboren am		Pensionsfähige Dienstzeit im Militär und Begründung der bezüglichen Angaben.		im Civil		zusammen		Pe… Fixirte Bezüge in Geld.		Fr… Woh… und … rung Mie… und … run… Ent… dig…
			Jahre	Mon.	Jahre	Mon.	Jahre	Mon.	Jahre	Mon.	ℳ	₰	ℳ
1.	2.	3.	4.		5		6.		7.		8.		9
(Beispiel.) Abel, Joh. Gottlieb	Lehrer an der städtischen Volksschule für Knaben in P…	P…	56	$8\frac{15}{30}$	2	9	34	$8\frac{11}{30}$	37	$5\frac{11}{30}$	829	50	200
			(geboren am		**Begründung der Angabe in Spalte 5—6.** a. **Militärdienstzeit.** 2c. b. **Civildienstzeit.** 2c.								

Zur Beachtung.

Zu Spalte 4. Der Geburtstag ist regelmäßig mit anzugeben.

Zu Spalte 5—7. Die Begründung der Angaben der pensionsfähigen Dienstzeit muß in allen Fälle kurze, aber vollständige Darstellung der dienstlichen Laufbahn enthalten, so daß beurtheilt werden ob die Dienstzeit im Ganzen und für die einzelnen Abschnitte der Dienstlaufbahn den Vorschrifte Pensionsgesetzes entsprechend zum Ansatz gekommen ist. Bezüglich der Militär-Dienstzeit genügt, dieselbe nicht unterbrochen worden ist, die Angabe der Tage des Diensteintritts und des Dienstaus mit dem Hinzufügen: „ohne Unterbrechung". Ist die Militär-Dienstzeit aber unterbrochen worde bedarf es näherer, die berechnete Dienstzeit begründender Angaben über den Verlauf derselben.

Die Anrechnung von Kriegsjahren ist durch Bezeichnung der betreffenden Feldzüge 2c. zu begrü (Vergl. Nr. 10—13 der ministeriellen Vorschriften, Min.Bl. f. d. i. V. 1883 S. 56.)

In Fällen, wo die Zeit eines Festungsarrestes von einjähriger oder längerer Dauer, oder der K gefangenschaft zur Anrechnung kommen soll, bedarf es Allerhöchster Genehmigung (§ 10. des Pen gesetzes vom 6. Juli 1885).

Bezüglich der Civildienstzeit bedarf es der Angabe des Tages der Ableistung des Diensteides, e des Eintritts in den öffentlichen Schuldienst, wenn dieser vor oder nach jenem Zeitpunkte stattgef hat. (§. 5. des Pensionsgesetzes vom 6. Juli 1885.) Ist die Civildienstzeit im öffentlichen Schuld bis zur Pensionirung niemals unterbrochen worden, so genügt die fernere Angabe: „ohne Unterbre bis zum . . . . " (Tag des Dienstaustritts).

Wenn dagegen die Dienstzeit unterbrochen worden ist, so müssen die Gründe der Unterbrec sowie die Tage des Austritts aus dem Dienst und des Wiedereintritts speziell angegeben werden.

ung

s bezw. der Lehrerin) an der öffentlichen Volksschule zu X. zu zahlenden Pension.

Diensteinkommen.													
	Sonstige Dienst-Emolumente.		Staatliche Dienstalters-Zulage.	Zusammen.		Bezeichnung der Rechnung, in welcher die staatliche Dienstalterszulage verausgabt wird.	Die Pension ist von dem Betrage in Spalte 13 zu berechnen mit Sechzigsteln	Betrag der jährlichen Pension.	Von dem Betrage der Pension in Spalte 16 sind aus der Staats-Kasse zu zahlen.	Zeitpunkt, von welchem ab die Pensionszahlung beginnt.	Jahresbetrag der von dem Pensionär erdienten auf die Civilpension anzurechnenden Militär-Invaliden-Pension.	Bemerkungen.
₰	ℳ	₰	ℳ	ℳ	₰			ℳ	ℳ			
	11.		12.	13.		14.	15.	16.	17.	18.	19.	20.
0	250	50	180	1580	—	Zahlungs-Nachweisung der Kreiskasse zu N . . . . für 1886/87.	42	1107 (genau 1106,35 nach §. 3. des Pensionsgesetzes abgerundet.	600	1. Mai 1886.	72	Die Invaliden-Pension ist aus dem allgemeinen Pensionsfonds des deutschen Reichs zu erstatten.

Ist die Dienstentlassung in Folge eines strafrechtlichen oder Disziplinar-Verfahrens eingetreten, so muß dies gleichfalls angegeben und durch Beibringung einer beglaubigten Abschrift des Tenors des rechtskräftigen Erkenntnisses begründet werden.

Im Allgemeinen ist noch zu beachten, daß die vor den Beginn des 21. Lebensjahres fallende Dienstzeit, soweit dieselbe nicht anrechnungsfähig ist, in den Ansätzen der Spalten 5 und 6 außer Betracht bleibt. Etwaige Kriegsjahre kommen in Spalte 5 und 6 zum Ansatz, je nachdem der Betreffende als Soldat bezw. Militärbeamter oder als Civilbeamter an dem Feldzuge Theil genommen hat. Soll eine nicht im öffentlichen Schuldienste verbrachte Zeit auf die pensionsfähige Dienstzeit in Anrechnung kommen, so bedarf dies in jedem Falle spezieller Erläuterung und Begründung.

Spalte 11 wird auf die Vorschriften im vierten Absatze des §. 4 des Pensionsgesetzes vom 6. Juli 1885 hingewiesen. Etwaige Fraktionsberechnungen sind der Pensionsnachweisung beizufügen.

Spalte 19—20. Die Angabe, ob eine Militär-Invaliden-Pension erdient ist, darf in keinem Falle fehlen, wenn eine Militärdienstzeit anzurechnen ist. Ist eine Invaliden-Pension nicht erdient, so muß dies in Spalte 19 durch den Vermerk: „nicht erdient“ ausdrücklich festgestellt werden.

In Spalte 20 ist zu bemerken, aus welchem Reichsfonds die Invalidenpension zu erstatten ist.

Allgemeinen. Für die Vollständigkeit und Richtigkeit aller in den Pensions-Nachweisungen enthaltenen Angaben bleibt die die Pension anweisende Behörde verantwortlich.

Die Nachweisung ist von derselben mit dem Atteste zu versehen: „Die Richtigkeit vorstehender Angaben wird bescheinigt,“ und dieses Attest ist vorschriftsmäßig zu vollziehen.

Anhang 2.

Abänderung der Ausführungsbestimmungen zu dem Gesetze vom 6. Juli 1885, betreffend die Pensionirung der Lehrer und Lehrerinnen an den öffentlichen Volksschulen.

(C.Bl. 1887 S. 388 ff.).

Berlin, den 24. November 1886.

Behufs Herbeiführung einer Arbeitserleichterung für die zur Ausführung der Anweisung vom 2. März d. J. (Centralblatt für die Unterrichtsverwaltung Seite 387) berufenen Behörden hat sich eine Abänderung des zweiten Absatzes der Ziffer 9 daselbst als wünschenswerth herausgestellt.

Derselbe erhält folgende Fassung:

Bezüglich der bereits angestellten Lehrer kann von der vorgedachten Festsetzung, soweit sie noch nicht erfolgt ist, so lange Abstand genommen werden, als nicht seitens der zur Aufbringung des Diensteinkommens der Lehrer Verpflichteten oder seitens der Lehrer selbst besondere, auf Festsetzung des pensionsfähigen Diensteinkommens gerichtete Anträge bei der Königlichen Regierung gestellt werden, jedoch mit der Maßgabe, daß bezüglich der vor 1. April d. J. nur einstweilig (provisorisch) angestellte Lehrer die gedachte Festsetzung in allen Fällen bei deren definitiver Anstellung zugleich mit der letzteren zu bewirken ist.

Der Minister der geistlichen 2c. Angelegenheiten.
von Goßler.

Der Finanzminister.
In Vertretung: Meinecke.

An sämmtliche Königliche Regierungen und an das Königliche Provinzialschulkollegium zu Berlin.

Anhang 3.

Festsetzung des pensionsfähigen Diensteinkommens der Lehrer und Lehrerinnen an den öffentlichen Volksschulen.

(C.Bl. 1892 S. 843.)

Berlin, den 24. Oktober 1892.

Durch den Runderlaß vom 24. November 1886 — M. d. g. A. — U. III b Nr. 7280 2. Ang., Fin.=Min. I Nr. 16115 — (Centralblatt für 1897 S. 383) ist unter Abänderung der Vorschrift des Absatzes 2 Ziffer 9 der Anweisung vom 2. März 1886 — M. d. g. A. — U. III b 5167, Fin.=Min. I Nr. 818 — (Centralblatt für 1886 S. 387) zur Ausführung des Lehrerpensionsgesetzes vom 6. Juli 1885 in Betreff der Festsetzung des pensionsanrechnungsfähigen Diensteinkommens der Lehrer und Lehrerinnen an den öffentlichen Volksschulen bestimmt worden, daß bezüglich der damals fest angestellten Lehrer von der angeordneten Festsetzung des Diensteinkommens, soweit sie seither noch nicht erfolgt sei, so lange Abstand genommen werden könne, als nicht seitens der zur Aufbringung des Diensteinkommens der Lehrer Verpflichteten oder seitens der Lehrer selbst besondere, auf Festsetzung des pensionsfähigen Diensteinkommens gerichtliche Anträge bei der Königlichen Regierung gestellt werden.

Aus vielfachen Beschwerden ist zu ersehen, daß die in dem Erlasse vom 2. März 1886 vorgesehene Feststellung in sehr weitem Umfange unterlassen worden ist.

Unter Aufhebung des oben gedachten Runderlasses vom 24. November 1886 bestimmen wir daher, daß fortan die Vorschriften unter Ziffer 9 Abs. 1 und 2 der Anweisung vom 2. März 1886, sowie des Runderlasses vom 24. November 1886 — M. d. g. A. — U. III b Nr. 7280 I Ang., Fin.-Min. I Nr. 16115 — (Centralblatt für 1887 S. 384) bei jeder sich darbietenden Gelegenheit, insbesondere bei Besoldungsregulirungen zur Ausführung kommen und die Festsetzung des Diensteinkommens auch bezüglich der bereits angestellten Lehrer und Lehrerinnen, soweit es seither noch nicht geschehen, thunlichst bald, spätestens aber in 3 Jahren überall bewirkt wird.

An sämmtliche Königliche Regierungen.

Abschrift erhält das Königliche Provinzialschulkollegium zur Kenntniß und gleichmäßigen Beachtung.

Der Finanzminister:
J. V.: Meinecke.

Der Minister der geistlichen Angelegenheiten.
J. A.: Kügler.

An das Königliche Provinzialschulkollegium hier.
Fin.-Min. I 14987.
Min. d. g. A. U III b 2766.

Anhang 4.

Vorschriften über das Verfahren bei der zwangsweisen Versetzung von Lehrern und Lehrerinnen an Volksschulen in den Ruhestand vom 5. September 1888.

(C.Bl. S. 765.)

Unter Aufhebung der Cirkularerlasse vom 9. Dezember 1848 — U. 17549 — (Centralbl. 1864 S. 866) und vom 30. November 1881 – U. III b 7145 — Centralbl. 1881 S. 688) bestimme ich hierdurch, daß in Fällen der zwangsweisen Versetzung von Lehrern und Lehrerinnen an Volksschulen in den Ruhestand fortan nach den folgenden Vorschriften zu verfahren ist:

1. Ein an einer Volksschule definitiv angestellter Lehrer, welcher durch Blindheit, Taubheit oder ein sonstiges körperliches Gebrechen oder wegen Schwäche seiner körperlichen oder geistigen Kräfte zu der Erfüllung seiner Amtspflichten dauernd unfähig ist, soll in den Ruhestand versetzt werden.

2. Sucht der Lehrer in einem solchen Falle seine Versetzung in den Ruhestand nicht nach, so wird ihm oder seinem nöthigenfalls hierzu besonders zu bestellenden Pfleger von der vorgesetzten Schulaufsichtsbehörde (Regierung, beziehungsweise im Stadtkreise Berlin Provinzial-Schulkollegium) unter Angabe des zu gewährenden Pensionsbetrages und der Gründe der Pensionirung eröffnet, daß der Fall seiner Versetzung in den Ruhestand vorliege.

3. Innerhalb sechs Wochen nach einer solchen Eröffnung (Nr. 2) kann der Lehrer seine Einwendungen bei der Schulaufsichtsbehörde anbringen.

Ist dieses geschehen, so beschließt die Schulaufsichtsbehörde, ob dem Verfahren Fortgang zu geben sei.

In diesem Falle hat der damit von der Schulaufsichtsbehörde zu beauftragende Beamte die streitigen Thatsachen zu erörtern — das Gutachten von Sachverständigen einzuholen, die etwa sonst zur Aufklärung dienenden Beweise zu beschaffen 2c. erforderlichen Falles Zeugen zu vernehmen — und zum Schlusse den in den Ruhestand zu versetzenden Lehrer oder dessen Pfleger über das Ergebniß der Ermittelungen mit seiner Erklärung und seinem Antrage zu hören.

Auf Grund der geschlossenen Verhandlungen trifft die Schulaufsichtsbehörde, wenn sie nach dem Ergebnisse der Ermittelungen die dauernde Dienstunfähigkeit des Lehrers für dargethan erachtet, durch Kollegial-Beschluß, welcher mit Gründen versehen sein muß, Bestimmung darüber,

daß und zu welchem Zeitpunkte der Lehrer in den Ruhestand zu versetzen ist,

gleichzeitig aber gemäß den Vorschriften des Pensionsgesetzes vom 6. Juli 1885 (Gesetz-Samml. S. 298) Entscheidung darüber,

welche Pension dem Lehrer bei seiner Versetzung in den Ruhestand zusteht (zu vergl. Nr. 6 dieses Erlasses).

Der Abfassung eines Plenarbeschlusses bedarf es nicht.

Eine Ausfertigung des Beschlusses ist dem Lehrer oder dessen Pfleger zuzustellen.

Gegen diesen Beschluß steht dem Lehrer, insoweit sich der Beschluß auf die Bestimmung erstreckt,

daß und zu welchem Zeitpunkte der Lehrer in den Ruhestand zu versetzen ist,

die Beschwerde an den Oberpräsidenten*) binnen einer Frist von vier Wochen nach Empfang des Beschlusses zu.

*) Vgl. § 17 des Ruhegehaltskassengesetzes u. M.E. vom 4./8. 93 (C.Bl. S. 727) — früher Beschwerde an den Unterrichtsminister.

Des Beschwerderechtes ungeachtet kann der Lehrer von der Schulaufsichtsbehörde sofort der weiteren Amtsverwaltung vorläufig enthoben werden. Unberührt durch die vorstehenden Vorschriften bleibt die Bestimmung des § 15 des Pensionsgesetzes vom 6. Juli 1885.

4. Dem Lehrer, dessen Versetzung in den Ruhestand verfügt ist, wird das volle Gehalt noch bis zum Ablaufe desjenigen Vierteljahres fortgezahlt, welches auf den Monat folgt, in dem ihm die schließliche Verfügung über die Versetzung in den Ruhestand mitgetheilt worden ist.

5. Wenn der Lehrer gegen die ihm gemachte Eröffnung (Nr. 2) innerhalb 6 Wochen keine Einwendungen erhoben hat, so wird in derselben Weise verfügt, als wenn er seine Pensionirung selbst nachgesucht hätte.

Die Zahlung des vollen Gehaltes dauert bis zu dem unter Nr. 4 bestimmten Zeitpunkte (zu vergl. § 16 des Pensionsgesetzes vom 6. Juli 1885).

6. Ist ein Lehrer vor dem Zeitpunkte, mit welchem die Pensionsberechtigung für ihn eingetreten sein würde, dienstunfähig geworden, so kann er gemäß § 95 Absatz 2 des Gesetzes, betreffend die Dienstvergehen der nicht richterlichen Beamten, die Versetzung derselben auf eine andere Stelle oder in den Ruhestand, vom 21. Juli 1852 (Gesetz-Sammlung S. 465), gegen seinen Willen nur unter Beobachtung derjenigen Formen, welche für das förmliche Disziplinarverfahren vorgeschrieben sind, in den Ruhestand versetzt werden.

Wird es jedoch für angemessen befunden, dem Lehrer eine Pension zu dem Betrage zu bewilligen, welcher ihm bei Erreichung des vorgedachten Zeitpunktes zustehen würde, so kann die Pensionirung desselben nach den Vorschriften unter Nr. 1 bis 5 erfolgen.

Es sind hierbei die Vorschriften der §§ 1 bis 4 in Verbindung mit den §§ 22 und 23 des Pensionsgesetzes vom 6. Juli 1885 zu beachten.

7. Die vorstehenden Vorschriften finden gleichmäßig Anwendung auf die zwangsweise Versetzung von definitiv angestellten Lehrerinnen an Volksschulen in den Ruhestand.

8. Alle zur Zeit etwa bereits eingeleiteten Verhandlungen wegen zwangsweiser Versetzung von Lehrern und Lehrerinnen in den Ruhestand sind in das durch diesen Erlaß vorgeschriebene Verfahren überzuleiten und in demselben zum Abschlusse zu bringen.

9. Lehrer und Lehrerinnen an Volksschulen, welche nicht definitiv, sondern auf Widerruf (einstweilig, provisorisch rc.) angestellt sind, können, wenn sie durch ein körperliches Gebrechen oder wegen Schwäche ihrer körperlichen oder geistigen Kräfte zu der Erfüllung ihrer Amtspflichten dauernd unfähig sind, gemäß der Vorschrift des § 83 des Gesetzes vom 21. Juli 1852 (Gesetz-Samml. S. 465) von der Schulaufsichtsbehörde entlassen werden.

Dieser Erlaß ist durch das Amtsblatt zu veröffentlichen.

Der Minister der geistlichen rc. Angelegenheiten.

In Vertretung: Nasse.

An sämmtliche Königliche Regierungen und das Königliche Provinzialschulkollegium hier.

U III b 7741.

Anhang 5.

Gesetz, betreffend Ruhegehaltskassen für die Lehrer und Lehrerinnen an den öffentlichen Volksschulen. Vom 23. Juli 1893.

(Ges.-Samml. S. 194.)

Wir Wilhelm, von Gottes Gnaden König von Preußen rc. verordnen mit Zustimmung beider Häuser des Landtags für den Umfang der Monarchie, was folgt:

Die Vorschriften des Artikels I §§ 4, 15, 26 des Gesetzes, betreffend die Pensionirung der Lehrer und Lehrerinnen an den öffentlichen Volksschulen, vom 6. Juli 1885 (Gesetz-Samml. S. 298) werden durch nachstehende Bestimmungen ergänzt:

§. 1.

Behufs gemeinsamer Bestreitung des durch den Staatsbeitrag nicht gedeckten Theils der Ruhegehälter der Lehrer und Lehrerinnen an den öffentlichen Volksschulen vom 1. Juli 1898 ab wird für die zur Aufbringung verpflichteten Schulverbände (Schulsozietäten, Gemeinden, Gutsbezirke) in jedem Regierungsbezirk eine Ruhegehaltskasse gebildet.

§. 2.

Die Verwaltung der Kasse erfolgt durch die Bezirksregierung. Die Kassengeschäfte werden durch die Regierungshauptkasse und durch die ihr unterstellten Kassen unentgeltlich besorgt.

§. 3.

Die Interessen der Schulunterhaltungspflichtigen an der Kasse sind von einem am Sitze der Bezirksregierung wohnenden Kassenanwalt nach Vorschrift dieses Gesetzes wahrzunehmen. Der Kassenanwalt wird von dem Provinzialausschuß, in der Provinz Hessen-Nassau und in den Hohenzollernschen Landen von dem Landesausschuß, für je sechs Rechnungsjahre gewählt.

§. 4.

Der Kassenanwalt erhält eine angemessene Entschädigung, deren Betrag von dem Provinzialausschuß, in der Provinz Hessen-Nassau und in den Hohenzollernschen Landen von dem Landesausschuß, festgesetzt und aus der Kasse bestritten wird.

§. 5.

Die den Schulverbänden (Schulsozietäten, Gemeinden, Gutsbezirken) zur Last fallenden Ruhegehälter werden von der Kasse an die Bezugsberechtigten gezahlt.

§. 6.

Für jedes mit dem 1. April beginnende Rechnungsjahr wird der Bedarf der Kasse nach dem Stande der im §. 5 gedachten Ruhegehälter am 1. Oktober des Vorjahres unter Hinzurechnung der voraussichtlichen Verwaltungskosten berechnet.

§. 7.

Den Maßstab für die Vertheilung des Bedarfs auf die Schulverbände (Schulsozietäten, Gemeinden, Gutsbezirke) bildet die Jahressumme des ruhegehaltsberechtigten Diensteinkommens der Lehrer und Lehrerinnen an den öffentlichen Volksschulen des Kassenbezirks am 1. Oktober des Vorjahres. Von diesem Diensteinkommen bleibt für jede Stelle ein Betrag bis zu achthundert Mark außer Berechnung. Bei unbesetzten Stellen sind Dienstalterszulagen nicht in Anrechnung zu bringen.

Die für jeden Schulverband (Schulsozietät, Gemeinde, Gutsbezirk) sich ergebende Gesammtsumme des Diensteinkommens wird im Vertheilungsplane nach unten auf Hunderte von Mark abgerundet.

§. 8.

Für die Berechnung des Werthes der freien Wohnung

und Feuerung, sowie der ihrer Natur nach steigenden und fallenden Dienstbezüge ist die Festsetzung der Schulaufsichtsbehörde nach Anhörung des Kreisausschusses beziehungsweise in Stadtkreisen des Gemeindevorstandes maßgebend. Diese Festsetzung gilt bezüglich des Werthes der freien Wohnung und Feuerung auch für die Berechnung des Ruhegehalts.

§. 9.

Der Vertheilungsplan wird von der Bezirksregierung entworfen und mit den der Aufstellung zu Grunde gelegten Unterlagen dem Kassenanwalte mitgetheilt. Der letztere kann innerhalb einer Frist von vier Wochen bei der Bezirksregierung Erinnerungen gegen den Vertheilungsplan geltend machen und, soweit er damit nicht durchdringt, binnen weiteren zwei Wochen, vom Tage des Empfangs der ablehnenden Entscheidung an gerechnet, durch Beschwerde bei dem Oberpräsidenten verfolgen.

§. 10.

Der solchergestalt festgestellte Vertheilungsplan ist von der Bezirksregierung durch das Amtsblatt bekannt zu machen.

§. 11.

Die in dem Vertheilungsplane festgestellten Beiträge werden von den Schulverbänden (Schulsozietäten, Gemeinden, Gutsbezirken) in vierteljährlichen Vorauszahlungen eingezogen oder bei der Zahlung der nach den Gesetzen vom $\frac{\text{14. Juni 1888}}{\text{31. März 1889}}$, betreffend die Erleichterung der Volksschullasten (Gesetz-Samml. S. 240, 64), an die Verbände zu zahlenden Staatsbeiträge in Abrechnung gebracht.

§. 12.

Innerhalb einer Frist von vier Wochen nach der Bekanntmachung des Vertheilungsplanes (§. 10) steht den Schulverbänden (Schulsozietäten, Gemeinden, Gutsbezirken) die Klage im Verwaltungsstreitverfahren auf Abänderung des Plans gegen die Bezirksregierung zu. Die Klage hat keine aufschiebende Wirkung.

Zuständig für die Entscheidung in erster Instanz ist der Bezirksausschuß.

§. 13.

Nachträgliche Aenderungen des Vertheilungsplanes werden bei der nächsten Vertheilung berücksichtigt.

§. 14.

Ueberschüsse oder Fehlbeträge eines Rechnungsjahres sind bei der Bemessung des Bedarfs für das auf den Jahresabschluß der Kasse folgende Jahr in Abgang oder Zugang zu bringen.

§. 15.

Für die Aufbringung des Beitrags der Schulverbände (Schulsozietäten, Gemeinden, Gutsbezirke) finden die Bestimmungen des Artikels I §. 26 des Gesetzes, betreffend die Pensionirung der Lehrer und Lehrerinnen an den öffentlichen Volksschulen, vom 6. Juli 1885(Gesetz-Samml. S. 298) über die Aufbringung des Ruhegehalts Anwendung; jedoch darf das Stelleneinkommen zur Aufbringung des Ruhegehalts oder des Beitrags vom 1. Juli 1893 ab nicht herangezogen werden.

§. 16.

Der Stadtkreis Berlin und das Fürstenthum Hohenzollern-Hechingen werden einer Ruhegehaltskasse nicht angeschlossen.

§. 17.

Von jeder Ruhegehaltsfestsetzung ist dem Kassenanwalte Kenntniß zu geben. Auf sein Verlangen ist ihm behufs Prüfung der Festsetzung Einsicht in die der letzteren zu Grunde gelegten Rechnungsunterlagen zu gewähren.

Der durch Artikel I §. 15 des Gesetzes, betreffend die Pensionirung der Lehrer und Lehrerinnen an den öffentlichen Volksschulen, vom 6. Juli 1885 (Gesetz-Samml. S. 298) den zur Unterhaltung der Schule Verpflichteten gegebene Beschwerde- und Rechtsweg gegen die Festsetzung des Ruhegehalts steht auch dem Kassenanwalt offen.

In den Fällen des §. 15 a. a. O. steht die Entscheidung an Stelle des Unterrichtsministers dem Oberpräsidenten zu.

Bis zur endgültigen Erledigung der Beschwerden oder Klagen werden die Ruhegehälter nach Maßgabe der Festsetzung der Schulaufsichtsbehörde vorschußweise an die Bezugsberechtigten gezahlt.

§. 18.

Königlicher Verordnung bleibt vorbehalten der Erlaß von Vorschriften über:

1) die Einrichtung besonderer Ruhegehaltskassen für die Stolberg'schen Grafschaften oder über den Anschluß der letzteren an die Kasse eines anderen Bezirks,
2) die Umgestaltung der für die Lehrer des ehemaligen Herzogthums Nassau auf Grund des Gesetzes vom 18. Februar 1851 (V.-Bl. S. 41) bestehenden Pensionskasse,
3) den Anschluß der übrigen zum Regierungsbezirk Wiesbaden gehörigen Gebietstheile an die unter 2 bezeichnete Pensionskasse.

Bis zum Erlasse der unter 2 vorgesehenen Königlichen Verordnung bleibt die Einrichtung einer Ruhegehaltskasse für den Regierungsbezirk Wiesbaden ausgesetzt.

§. 19.

Der Unterrichts-Minister und der Finanz-Minister sind mit der Ausführung dieses Gesetzes beauftragt.

Urkundlich unter Unserer Höchsteigenhändigen Unterschrift und beigedrucktem Königlichen Insiegel.

Gegeben Saßnitz, den 23. Juli 1893.

(L. S.) Wilhelm.

Gr. zu Eulenburg. v. Boetticher. v Schelling. Frhr. v. Berlepsch. Gr. v. Caprivi. Miquel. v. Kaltenborn. v. Heyden. Thielen. Bosse.

Anhang 6.

Ausführung des Gesetzes vom 23. Juli 1893, betreffend Ruhegehaltskassen für die Lehrer und Lehrerinnen an den öffentlichen Volksschulen.

(C.Bl. S. 658.)

Berlin, den 29. Juli 1893.

Nachdem das Gesetz, betreffend Ruhegehaltskassen für die Lehrer und Lehrerinnen an den öffentlichen Volksschulen, unter dem 23. Juli d. Js. die Allerhöchste Sanktion erhalten hat, bestimmen wir zur Ausführung desselben Folgendes:

1. Die Vorschriften des Gesetzes finden ausschließlich Anwendung auf das Ruhegehalt der Lehrer und Lehrerinnen an den öffentlichen Volksschulen, d. h. an denjenigen öffentlichen Schulen, welche zur Erfüllung der allgemeinen Schulpflicht dienen. (Art. I § 1 des Pensionsgesetzes vom 6. Juli 1885).

2. Die Ruhegehaltskasse führt die Bezeichnung „Ruhegehaltskasse für die Lehrer und Lehrerinnen an den öffentlichen Volksschulen des Regierungsbezirks N. N.“.

Bestimmungen über die Einrichtung besonderer Ruhegehaltskasse für die Stolbrg'schen Grafschaften oder ihre Einbeziehung in die Bezirkskassen (§ 10 Nr. 1 des Gesetzes) bleiben vorbehalten.

3. Wegen der Wahl des Kassenanwalts (§ 3) und Festsetzung der demselben zu gewährenden Entschädigung (§ 4) ist bei dem Provinzialausschuß, in dem Regierungsbezirk Cassel und in den Hohenzollernschen Landen bei dem Landesausschuß ein bezüglicher Antrag zu stellen. Die Königliche Regierung wolle, wenngleich das Gesetz den gedachten Behörden die freie Entschließung über die Wahl des Kassenanwalts und über die Höhe der Entschädigung giebt, demselben auf Wunsch geeignete Personen namhaft machen und jedenfalls das für die Bemessung der Entschädigung in Betracht kommende Material über die voraussichtliche Arbeitsbelastung des Kassenanwalts mittheilen.

4. Die Ruhegehälter sind vom 1. Juli d. Js. ab in voller Höhe von den Ruhegehaltskassen an die Empfangsberechtigten zu zahlen. Es sind daher sowohl die Staatsbeiträge zu den Ruhegehältern, als auch die im Wege der Umlage von den Schulverbänden einzuziehenden Beiträge vom 1. Juli d. Js. ab an die Ruhegehaltskassen abzuführen. Die seit dem 1. Juli d. Js. ab etwa seitens der Staatskasse, der Gemeinden und der Ruhegehaltsabgabepflichtigen bereits geleisteten Zahlungen sind denselben aus der Ruhegehaltskasse unter entsprechender Kürzung des an den Ruhegehaltsberechtigten zu zahlenden Betrages zu erstatten.

5. Da das Gesetz vom 1. Juli 1893 in Wirksamkeit getreten ist, so ist der erste Vertheilungsplan des Bedarfs der Ruhegehaltskassen nicht für das Etatsjahr 1. April 1893/94, wie dies in Aussicht genommen war, sondern für die Zeit vom 1. Juli 1893 bis Ende März 1894 aufzustellen.

6. Die in Gemäßheit des Erlasses des mitunterzeichneten Ministers der geistlichen 2c. Angelegenheiten vom 6. Juni d. Js. U. III D. 1241 aufzustellenden Nach-

weisungen des Werths der freien Wohnung und Feuerung, sowie der ihrer Natur nach steigenden und fallenden Dienstbezüge sind nunmehr den Kreisausschüssen bezw. in Stadtkreisen den Gemeindevorständen unter Mittheilung des zur Beurtheilung erforderlichen Materials zur Aeußerung vorzulegen.

7. Das Stelleneinkommen darf nach § 15 a. a. O. vom 1. Juli 1898 ab zur Aufbringung des Ruhegehalts oder des Beitrags nicht herangezogen werden. Die Einstellung der betreffenden Zahlungen sowie die Erstattung des bereits Geleisteten ist anzuordnen.

Diese Vorschrift gilt übrigens wie die, das Pensionsgesetz vom 6. Juli 1885 abändernden Vorschriften der §§ 8 und 17 für den Umfang der Monarchie.

Wegen der Zurückziehung der zu den Lehrerbesoldungen auf die Lebensdauer der in den Ruhestand getretenen Lehrer aus Kapitel 121 Titel 34 des Staatshaushaltsetats bewilligten Beihülfen verweise ich, der Minister der geistlichen 2c. Angelegenheiten, auf meinen Erlaß vom 28. Juni d. Js. U. III E. 3031.

Die Königliche Regierung beauftragen wir, hiernach zur Ausführung des Gesetzes das Weitere schleunigst zu veranlassen.

Nähere Bestimmungen hinsichtlich der Rechnungsführung bleiben vorbehalten.

Der Finanzminister.
Miquel.

Der Minister der geistlichen 2c. Angelegenheiten.
Bosse.

An
sämmtliche Königliche Regierungen mit Ausschluß von Wiesbaden.

Fin.Min. I 10764.

M. d. g. A. U. III D. 1581.

Anhang 7.

Errichtung von Ruhegehaltskassen für die Lehrer und Lehrerinnen an öffentlichen Volksschulen.

(C.Bl. S. 732.)

Berlin, den 14. September 1893.

Im Anschlusse an unsern Erlaß vom 28. Juli d. Js. — Fin.-Min. I Nr. 10764, Min. d. g. Ang. U. III D. Nr. 1531 — (Centrbl. S. 658) bestimmen wir im Einvernehmen der Königlichen Ober-Rechnungskammer, daß die Ruhegehaltskassen für die Lehrer und Lehrerinnen an den öffentlichen Volksschulen als Nebenfonds der Regierungshauptkassen einzurichten sind.

Die Abführung der auf Grund des § 26 des Gesetzes vom 6. Juli 1885, betreffend die Pensionirung der Lehrer und Lehrerinnen an den öffentlichen Volksschulen (G.S. S. 298) bis zur Höhe von jährlich 600 Mark aus der Staatskasse zu zahlenden Pensionen an die Ruhegehaltskassen, sowie die Zahlung der vollen gesetzlichen Ruhegehälter der Lehrer und Lehrerinnen an die Empfangsberechtigten und die Verrechnung der gezahlten Beträge durch diese Kassen bedingen eine Aenderung in der bisherigen Justifizirung der Rechnungen der Regierungshauptkassen von der geistlichen und Unterrichtsverwaltung. Da die Empfängerquittungen über die vollen Ruhegehälter nach dem Inkrafttreten der in Rede stehenden Einrichtung zu den Rechnungen der Regierungshauptkassen, betreffend den Nebenfonds der Ruhegehaltskassen, gehören, so ist die in den Rechnungen von der geistlichen und Unterrichtsverwaltung bei dem Fonds „Zu Pensionen für Lehrer und Lehrerinnen an öffentlichen Volksschulen“ nachgewiesene Gesammtausgabe an Staatsbeiträgen der bezeichneten Art von diesem

Zeitpunkte ab mit einer Bescheinigung des Regierungs-Kassenraths zu belegen, aus welcher hervorgehen muß, daß

a) diese Gesammtausgabe in der Rechnung der Ruhegehaltskasse für das Jahr 18— in Einnahme gekommen ist,

b) sämmtliche Quittungen der Empfangsberechtigten über die in der Rechnung in Ausgabe gestellten Staatsbeiträge sich bei der Rechnung der Ruhegehaltskasse des Regierungs-Bezirks für das Etatsjahr 18— befinden und mit den erforderlichen Lebensattesten versehen sind,

c) von den Empfangsberechtigten zu b nur die nachgenannten in dem Zeitraume, innerhalb dessen Pension für sie aus der Staatskasse gezahlt worden, an weiterem Diensteinkommen in Folge einer Anstellung oder Beschäftigung im Reichs- oder Staatsdienste, im Dienste einer Gemeinde oder eines sonstigen kommunalen Verbandes, im öffentlichen Schuldienste oder im Kirchendienste bezogen haben:

. . . .

. . . .

Der zur vorstehenden Bescheinigung am Schlusse offen gelassene leere Raum ist, falls ein Bezug von weiterem Diensteinkommen nicht vorliegt, mit dem Worte „Niemand" auszufüllen. Andernfalls sind an dieser Stelle die betreffenden namhaft zu machen und sodann die Art der neuen Anstellung oder Beschäftigung eines Jeden (einer Jeden), sowie das von ihnen bezogene weitere Diensteinkommen näher anzugeben, unter Bezeichnung der Kasse, aus welcher dasselbe gezahlt ist.

Ungeachtet der vorgedachten Bescheinigungen sind in den Rechnungen von der geistlichen und Unterrichtsverwaltung bei dem Fonds „Zu Pensionen für Lehrer und Lehrerinnen an öffentlichen Volksschulen" nach wie vor die einzelnen Emgfänger und der für jeden derselben gezahlte Betrag aufzuführen, sowie die über jeden Betrag ergangene Zahlungsanweisung und aufgestellte Nachweisung gemäß dem Ministerial-Erlasse vom 2. März 1886 — M. d. g. A. U. III b, 5167, Fin.-Min. I 813 — (Centrbl. für 1886, S. 387) als Beläge den Rechnungen beizugeben.

Der Finanzminister.
J. A.: Grandke.

Der Minister der geistlichen ꝛc. Angelegenheiten.
J. A.: von Bremen.

An
sämmtliche Königliche Regierungen mit Ausschluß von Wiesbaden.

Fin. M. I 13618.
Min. d. g. A. U. III D. 1858.

C.

Gesetz,

betreffend die Fürsorge für Wittwen und Waisen der Lehrer an den öffentlichen Volksschulen.

Vom 4. Dezember 1899.

(G.S. S. 587.)

Einleitende Bemerkungen.

(Auszug aus der Begründung.)

Die ersten Anfänge von Unterstützungskassen für Hinterbliebene der Schullehrer finden sich schon im Anfang des vorigen Jahrhunderts. So bildete sich bereits im Jahre 1709 in Neuhaldensleben bei Magdeburg eine freiwillige Vereinigung von 61 Lehrern umliegender Ortschaften zur Unterstützung ihrer nachgelassenen Familien. Es folgten andere Vereine, die ihre Entstehung theils einzelnen wohlgesinnten Männern, theils der Wirksamkeit kirchlicher und weltlicher Operationen verdankten. Die seit 1691 allgemein angeordneten Synodal-Prediger-Wittwen- und Waisenkassen scheinen auch zu diesen ältesten Lehrer-Wittwen- und Waisenkassen Anregung und Vorbild gegeben zu haben.

Ein anderer Weg der Aushülfe wurde geboten durch die Errichtung der Allgemeinen Wittwen-Verpflegungsanstalt, zu welcher der Zutritt ursprünglich auch den Elementarlehrern offen stand. Aber von dieser Aushülfe konnte nur wenig Gebrauch gemacht werden, da die Beiträge für das dürftige Einkommen der meisten Elementarlehrer viel zu hoch waren. Eine durchgreifende Abhülfe konnte in dieser Weise nicht erzielt, es mußten andere Wege gesucht werden.

Seit 1820 wurde das Ziel einer allgemeinen Abhülfe bestimmter in das Auge gefaßt und planmäßig verfolgt, indem die Staatsregierung darauf ausging, unter staatlicher Aufsicht Schullehrer-Wittwen- und Waisen-Unterstützungskassen für größere Bezirke (in der Regel für Regierungsbezirke) zu errichten und die Betheiligten zwangsweise zum Beitritt zu diesen Kassen zu verpflichten. Die erste dieser nach dem neuen System gebildeten Kassen war die des Regierungsbezirks Potsdam, welche am 1. Januar 1820 ins Leben trat. Bis zum Jahre 1840 waren — von drei Regierungsbezirken abgesehen — derartige Kassen im ganzen damaligen Umfange der Monarchie eingerichtet. Alle diese Kassen standen unter der Verwaltung der Bezirksregierung, sie waren mit eigenen Statuten versehen und hatten die Eigenschaft von juristischen Personen. Ihre

Einnahmen bestanden damals — bis zum Jahre 1870 — aus Antrittsgeldern, Jahresbeiträgen und einmaligen besonderen Beiträgen (bei Gelegenheit der Gehaltsverbesserungen, Wiederverheirathung u. s. w.) der Mitglieder, in Zinsen eines staatsseitig gewährten Stammkapitals von etwa 1000 Thalern und den angesammelten Kapitalien, aus den Erträgen von Kirchenkollekten und aus sonstigen außerordentlichen Zuwendungen und Einnahmen. In Beziehung auf die Beitragspflicht galt der Grundsatz, daß jeder öffentliche Elementarlehrer, welcher innerhalb des Bezirks eine Anstellung erhielt, zum Beitritt verpflichtet war, ohne Unterschied ob er verheirathet war oder nicht. Im Uebrigen bestanden große Verschiedenheiten: die Antrittsgelder schwankten zwischen 2 und 8 Thalern, die jährlichen Beiträge zwischen $1^1/_3$ und $3^1/_6$ Thalern, die Wittwenpensionen im Jahre 1868 zwischen 12 und 45 Thalern. Einzelne Kassen gewährten auch ein Begräbnißgeld, drei Kassen gestatteten eine Mehrversicherung.

Die hiernach völlig unzureichende Dotation der Wittwen und Waisen veranlaßten die Staatsregierung im Jahre 1868 eine **Reform der Kassen** ins Auge zu fassen. Diese führte zu dem „**Gesetz betr. die Erweiterung, Umwandlung und Neuerrichtung von Wittwen- und Waisenkassen für Elementarlehrer**“ vom 22. Dezember 1869 (G.S. 1870 S. 1).

§. 1 dieses Gesetzes ordnete an, daß die Statuten

der bestehenden Kassen einer Revision zu unterwerfen seien; diese sollte insbesondere die Erhöhung der Pension vom 1. Januar 1871 ab mit jährlich mindestens 50 Thalern bezwecken. (§. 2.) Um diesen Zweck zu erreichen, sollten nach §. 3 die jährlichen Beiträge von jeder in dem Bereich der Kasse befindlichen öffentlichen Lehrerstelle sowie von denjenigen Kassenmitgliedern, welche keine Lehrerstelle inne haben, bis auf den Betrag von 5 Thalern gesteigert, von allen Elementarlehrern bei ihrer definitiven Anstellung ein Antrittsgeld bis zum Betrage von 8 Thalern und von den Kassenmitgliedern bei Gehaltsverbesserungen ein einmaliger Betrag von 25% des Jahresbetrages derselben gefordert werden.

Soweit die öffentlichen Elementarlehrer in Frage kommen, legte das Gesetz damit die Fürsorge für die Wittwen und Waisen nicht mehr den einzelnen Lehrern als Mitgliedern bestimmter Kassen auf, sondern entnahm die Beiträge aus dem Einkommen der Stellen ohne Rücksichtnahme auf deren Besetzung oder Nichtbesetzung. Durch diese Maßregel war das Einkommen der Lehrerstellen um die Beiträge bis zu 15 Mark jährlich gekürzt, so daß vom Standpunkte des Rechts aus nicht mehr Beiträge bestimmter Lehrer in die Kassen zur Zahlung von Pensionen oder zur Ansammlung von Kapitalien gelangen, sondern die Kassen zu Sammelstellen für die auf das Einkommen aller Lehrerstellen zum Besten der Wittwen und Waisen des Lehrerstandes gelegte Abgabe wurden (vergl. Bericht der Kommission des Abgeordnetenhauses vom 17. Januar 1881; Drucksache Nr. 141 S. 9).

Der §. 4 des Gesetzes verpflichtet die Gemeinden 2c. einen jährlichen Beitrag von 4 Thalern für jede Lehrerstelle zu der Lehrer-Wittwen- und Waisenkasse des Bezirks zu zahlen, welchem sie angehören. Gelang es auch mit Hinzunahme dieser Beiträge nicht, die im §. 2 festgesetzten Minimalsätze der Pension zu erreichen, so war — nach §. 5 des Gesetzes — der erforderliche Zuschuß aus der Staatskasse zu leisten.

Auf Grund dieses Gesetzes wurden die Statuten der bestehenden Kasse umgestaltet, neue Kassen, wo solche noch nicht bestanden, eingerichtet und kleinere ältere Kassen vielfach aufgehoben und mit einander verschmolzen.

Man ging dabei davon aus, nicht nur alle öffentlichen Elementarlehrer in den Bereich der Kassen zu ziehen, sondern auch den Begriff derselben möglichst weit zu fassen. In Folge dessen wurden auch die Lehrer an den mittlern Schulen (Mädchenschulen, Bürgerschulen 2c.), die nur provisorisch angestellten Lehrer, die von anderweiten öffentlichen Anstalten, Stiftungen u. s. w., namentlich Straf- und Arbeitsanstalten, Taubstummen- und Blindenanstalten beschäftigte Lehrer dem Wirkungskreis der Kassen überwiesen. Lehrer, die ihr Amt freiwillig niederlegten oder in andere Stellen des Lehrerstandes übergingen, konnten durch Weiterzahlung eines den Stellen- und Gemeindebeiträgen gleichkommenden Betrages aus eigenen Mitteln sich die persönliche Mitgliedschaft der Kasse erhalten.

Die Pension für die Wittwen und Waisen betrug mindestens 150 Mark jährlich. Waren neben der Wittwe Waisen vorhanden, so erhielten in der Regel die Wittwen die eine Hälfte, die Waisen die andere Hälfte. War nur eine Wittwe da, so erhielt diese die vollen 150 Mark. Waren nur Waisen da, so bekamen diese die 150 Mark nach Köpfen, der Antheil der nach Erreichung eines bestimmten Lebensalters Ausscheidenden wuchs den Verbleibenden zu.

Die Entwickelung der Kassen in dem auf diese Reform folgenden Jahrzehnt war eine sehr verschiedene. Die Gründe lagen theils in dem verschiedenen Alter der Kassen und der dadurch bedingten Höhe der Kapitalien, theils in dem verschiedenen Verhältniß der Anzahl der Wittwen zu derjenigen der Lehrerstellen. Ferner war die Höhe der Stellenbeiträge nach dem Statut eine sehr verschiedene. Schließlich wurde dieses Mißverhältniß noch dadurch gesteigert, daß der große wirthschaftliche Aufschwung der siebziger Jahre die Erwerbsverhältnisse von Grund aus geändert hatte. Die Staatsregierung erachtete deshalb eine allgemeine Erhöhung des Mindestsatzes der Pensionen auf den Betrag von

200 Mark für nothwendig. Die dazu erforderlichen Mittel sollten insbesondere durch Erhöhung der Stellenbeiträge auf die gesetzlichen Höchstbeträge (§. 3 b. Ges. v. 22./12. 1869) und der Gemeindebeiträge auf 15 Mark gewonnen werden.

Im Hause der Abgeordneten (Drucksachen Nr. 42) wurde indeß eine weitere Erhöhung des Mindestsatzes der Pensionen auf 250 Mark für wünschenswerth, andererseits eine Steigerung der Gemeindebeiträge mit Rücksicht auf die damalige Lage der Gemeindefinanzen für unerwünscht erachtet (Bericht der Unterrichtskommission, Drucksachen Nr. 141).

Die Staatsregierung gab diesen Wünschen nach und so erging das Gesetz vom 24. Februar 1881 (G.S. S. 41), dessen §. 1 den Mindestsatz der Pensionen auf 250 Mark festsetzte. Gleichzeitig ordnete die Ausführungsinstruktion vom 22. März 1881 die Erhöhung der Stellenbeiträge auf die Höchstsätze des §. 3 l. c. an.

Diese letztere Maßregel war nicht von langem Bestande. Durch Gesetz vom 19. Juni 1889 (G.S. S. 131) wurden die jährlichen Beiträge sowie die Antritts- und Gehaltsverbesserungsgelder, welche von den Lehrern an öffentlichen Schulen einschließlich den Kassen als Mitglieder angehörenden der Elementarlehrer an nicht staatlichen Gymnasien, Bürgermittelschulen u. s. w. statutenmäßig zu zahlen waren, außer Hebung gesetzt.

Damit waren im Wesentlichen die Kassen zu

öffentlichen Fürsorgeanstalten geworden, welche lediglich auf das einmal angesammelte Vermögen, auf Beiträge öffentlicher Verbände und in subsidium auf Zuschüsse des Staates basirt sind.

Schon bei der Berathung des oben erwähnten Gesetzes wurde darauf hingewiesen, daß die Pensionen der Wittwen und Waisen des Elementarlehrers hauptsächlich da nicht ausreichten, wo neben der Wittwe Kinder vorhanden sind. Den Kassen eine diesbezügliche Erhöhung der Reliktengelder aufzuerlegen, hätte im Wesentlichen nur zu einer gesteigerten Inanspruchnahme der Garantie des Staates für diese Kassen geführt. Es erschien daher zweckmäßiger, einstweilen bis zu einer organischen Regelung der Fürsorge für die Relikten den höheren Aufwand unmittelbar auf die Staatskasse zu übernehmen. So erging denn das Gesetz vom 27. Juni 1890 (G.S. S. 211). Nach §. 1 desselben erhielten die hinterbliebenen Kinder eines Lehrers, welcher zur Zeit seines Todes an einer öffentlichen Volksschule definitiv angestellt oder aus dem Dienst an derselben mit lebenslänglicher Pension in den Ruhestand versetzt war, aus der Staatskasse Waisengeld. Dasselbe betrug:

1. für Kinder, deren Mutter lebte und zum Bezuge von Wittwengeld aus der Elementarlehrerwittwenkasse berechtigt war, jährlich 50 Mark für jedes Kind; — 2. für Kinder, deren Mutter nicht mehr lebte oder zum Bezuge von Wittwen-

geld nicht berechtigt war, jährlich 84 Mark für jedes Kind.

Durch dieses Gesetz war für die Hinterbliebenen derjenigen Elementarlehrer, welche nicht zu den öffentlichen Volksschullehrern gehörten, welche bis dahin aber ebenfalls einer Elementarlehrerwittwenkasse angehörten, nicht gesorgt. Für diese Kategorie der Lehrer wurde vielmehr durch das Gesetz vom 11. Juni 1894 (G.S. S. 109) anderweite Abhülfe geschaffen. Auf dessen unten S. 272 ff. abgedruckten Inhalt wird hier Bezug genommen. Es soll hier nur darauf hingewiesen werden, daß nach seinem Erlaß die Elementarlehrerwittwenkasse fürderhin, von vereinzelten Ausnahmen abgesehen, lediglich der Fürsorge für die Hinterbliebenen der öffentlichen Volksschullehrer dienten. Sie gewährten denselben im Allgemeinen eine Pension von 250 Mark jährlich. Die Einnahmen bestanden aus Zinsen der Kapitalien, den Gemeindebeiträgen und dem Staatszuschuß.

Von dem Wirkungskreise der Kassen waren einzelne Städte auf Grund des §. 11 des Gesetzes vom 22. Dezember 1869 ausgenommen, weil sie anderweit genügend für die Hinterbliebenen ihrer Elementarlehrer gesorgt haben. Es waren dies die Städte Berlin, Stralsund, Greifswald, Hannover, Osnabrück, Kassel, Hanau, Frankfurt a./M.

Neben diesen Anstalten bestanden vielfach private Vereinigungen der Lehrer zur besseren Versorgung ihrer Hinterbliebenen, aber nur vereinzelte Einrichtungen des öffentlichen Rechts, welche diesem Zweck dienten. Die Anlage C zur Begründung führt im Ganzen 13 derartige Veranstaltungen auf: Stettin, Breslau, Magdeburg, Kreis Hohenstein, Nordhausen, Grafschaft Stolberg-Wernigerode, Linden, Hameln, Stade-Geestemünde, Buxtehude, Elberfeld, M.-Gladbach, Krefeld. Bei einzelnen derselben mag es indeß zweifelhaft erscheinen, ob sie als Anstalten des öffentlichen Rechts anzusehen sind.

Im Wesentlichen waren hiernach die Wittwen und Waisen der Volksschullehrer, soweit nicht — wie z. B. in den oben genannten Städten — besondere Verhältnisse bestanden, auf die Kassenpension von 250 Mark und die staatlichen Waisengelder von 50 Mark für Halbwaisen bezw. 84 Mark für Vollwaisen angewiesen.

Diese Pension konnte nach den heutigen Verhältnissen als für alle Fälle ausreichend nicht mehr angesehen werden. Hatte man es in dem Lehrerbesoldungsgesetz vom 3. März 1897 für nöthig erachtet, den Mindestsatz der Lehrerbesoldungen auch unter den einfachsten Umständen mit zunehmendem Dienstalter auf 1800 Mark jährlich neben freier Wohnung steigen zu lassen, so stand damit eine Pension von 250 Mark, die noch nicht $^1/_6$ des nach dem Inkrafttreten des Lehrerbesoldungsgesetzes auf durchschnittlich 1600 Mark anzunehmenden Ruhegehalts der Volksschullehrer beträgt, in keinem Verhältniß. Bei allen Staatsbeamten war das Verhältniß bisher 1/3. Neuerdings hat man es sogar für nöthig gehalten, es auf 2/5 zu erhöhen. Ebenso stand es bei den Lehrern der mittleren Schulen, welche zum großen Theil aus dem Stande der Volksschullehrer hervorgegangen sind. Dazu kam, daß überhaupt die Gewährung der gleichen Pension für die Hinterbliebenen aller Volksschullehrer, mochten Stellung, Einkommen und örtliche Lebenshaltung noch so verschieden sein, den zeitigen Bedürfnissen nicht mehr entsprach. Die Verhältnisse drängten daher auf eine Regelung, wie sie für die unmittelbaren Staatsbeamten seit 1882 und für die übrigen Lehrer seitdem getroffen worden waren.

Bereits in der Sitzung vom 26. März 1889 beschloß das Haus der Abgeordneten:

„Die Königliche Staatsregierung aufzufordern, in der nächsten Session einen Gesetzentwurf vorzulegen, durch welchen die Pensions-Verhältnisse der Relikten der Elementarlehrer in Analogie der Verhältnisse der unmittelbaren Staatsbeamten neu geregelt werden, jedoch mit der Maßgabe,

daß das wohlerworbene Recht auf die jetzt bestehende Minimalpension — 250 Mk. — sowie die Zugehörigkeit zu besonderen Unterstützungskassen gewahrt,

daß hierbei eine Neubelastung der Gemeinden möglichst vermieden und daß den später den Kassen beitretenden Lehrern durch eigene angemessene Betheiligung der Fortbezug einer höheren Minimalpension ermöglicht wird."

Auch später wurde noch wiederholt im Abgeordnetenhause, zuletzt gelegentlich der Etatsberathung im Jahre 1898, das Verlangen nach einer anderweiten gesetzlichen Regelung der Lehrerrelikten-Fürsorge zum Ausdruck gebracht.

So legte denn die Kgl. Staats-Regierung dem Landtage im Januar 1899 den „Entwurf eines Gesetzes, betreffend die Fürsorge für die Wittwen und Waisen der Lehrer an öffentlichen Volksschulen" vor, welcher nach einigen die Vertheilung der Mehraufwendungen auf Staat und Unterhaltungspflichtige betreffenden Abänderungen (§§ 14, 15) angenommen und sodann nach Allerhöchster Vollziehung in der Gesetzsammlung von 1899 unter Nr. 42 veröffentlicht wurde.

Die wesentlichen Veränderungen des neuen Rechtszustandes gegenüber dem bisherigen sind folgende:

1. Die Wittwen- und Waisenpension war bisher, von einzelnen Ausnahmen abgesehen, auf einen festen Betrag bemessen: in Zukunft richtet sich ihre Höhe nach dem Ruhegehaltsanspruch des Lehrers.

2. Wittwen- und Waisengeld wurden bisher gewährt, gleichviel ob der Lehrer endgültig

oder vorläufig angestellt war, ob er zehn Jahre oder kürzere Zeit im Dienste war und demgemäß einen Ruhegehaltsanspruch hatte oder nicht. In Zukunft ist der Anspruch auf Wittwen- und Waisengeld davon abhängig, daß der Mann bezw. Vater einen Ruhegehaltsanspruch erworben hatte.

3. Der Mindestsatz des Wittwengeldes (der in der Regel auch der Höchstsatz war) betrug bisher 250 Mark, in Zukunft soll der Mindestsatz wie bei den Hinterbliebenen unmittelbarer Staatsbeamter 216 Mark betragen.

4. Der Mindestsatz des Waisengeldes für Halbwaisen betrug bisher 50 Mark, in Zukunft beträgt er 43⅕ Mark. Das Waisengeld für Vollwaisen betrug, je nachdem eine, zwei oder drei und mehr Waisen vorhanden waren: 250 Mark bei einer, 125 Mark bei zweien, 84 Mark bei drei und mehr Waisen; in Zukunft beträgt der Mindestsatz 72 Mark für jede Waise, im Uebrigen richtet sich die Höhe der Waisengelder nach der Pension des Vaters, bezw. nach dem Wittwengeld der Mutter.

Hiernach kann unter Umständen eine Verschlechterung der Lage der Wittwen und Waisen eintreten. Dies konnte aber gegenüber der wesentlichen Besserstellung von mehr als ⅞ der Wittwen und Waisen nicht in Betracht kommen. Soweit erforderlich muß hier mit dem staatlichen Unterstützungsfonds geholfen werden, die bei der wesentlichen Verbesserung des überwiegenden Theiles der Wittwen und Waisen auch eher für diese Fälle, soweit sie dringlicher Natur sind, verwendbar werden. Ueberdies sieht der §. 17 des Gesetzes ein Wahlrecht vor, welches nach Lage des besonderen einzelnen Falles die jetzt angestellten oder pensionirten Lehrer bezw. deren Hinterbliebenen gegen Schaden schützt.

Wir Wilhelm, von Gottes Gnaden König von Preußen ꝛc. verordnen mit Zustimmung beider Häuser des Landtags für den Umfang der Monarchie bis zum Erlaß eines Gesetzes über die Unterhaltung der öffentlichen Volksschulen,[1] was folgt:[2]

[1] Vgl. oben S. 31 vor § 1 und S. 182 Art. I.

[2] Das Gesetz schließt sich hinsichtlich der Regelung der Reliktenversorgung eng an das Gesetz vom 20. Mai 1882 betr. die Fürsorge für die Wittwen und Waisen der unmittelbaren Staatsbeamten in der demselben durch die Gesetze vom 28. März 1888 (G.S. S. 48) und 1. Juni 1897 (G.S. S. 169) gegebenen Fassung an (vgl. unten S. 259 ff.). Insbesondere entsprechen die §§ 1, 3—13 des vorliegenden Gesetzes im Wesentlichen den §§ 7—18 Abs. 1, 14—20 jenes Gesetzes. Desgleichen entspricht § 2 Nr. 2 des Gesetzes den § 1 Nr. 2 jenes Gesetzes, § 2 Nr. 3 dem § 13 Abs. 2, § 2 Nr. 4 dem § 5 Nr. 2. Der § 2 Nr. 1 ist durch die Natur der Sache gegeben. B.

§. 1.

Die Wittwe[1] und die hinterbliebenen ehelichen[2] oder durch nachgefolgte Ehe legitimirten[3] Kinder eines Lehrers, welcher zur Zeit seines nach dem Inkrafttreten dieses Gesetzes erfolgten Todes entweder an einer öffentlichen Volksschule[4] angestellt war und Anspruch auf lebenslängliches[5] Ruhegehalt im Falle der Versetzung in den Ruhestand erworben hatte, oder aus dem Dienste an einer öffentlichen Volksschule[4] mit lebenslänglichem[5] Ruhegehalt in den Ruhestand versetzt war, erhalten Wittwen- und Waisengeld.[6] [7] [8]

Ausf.-Best. II 1b u. III (unten S. 227 u. 229).

[1] Ist die Ehe eines Lehrers durch Scheidung aufgelöst, so hat die vormalige Ehefrau nach dem Tode des Lehrers auf Wittwengeld keinen Anspruch.

[2] Auch die Kinder aus einer nichtigen Ehe, sofern nicht beide Ehegatten die Nichtigkeit der Ehe bei der Eheschließung gekannt haben. § 1699 Abs. 1 B.G.B. und Anm. 3 zu § 4 (unten S. 204). Desgl. die Adoptivkinder § 1757 l. c. — Stiefkinder erhalten kein Waisengeld. K. B.

[3] Vgl. §§ 1719—1722 B.G.B.

[4] Begriff: Anm. 1 zu § 1 L.B.G. (oben S. 32).

[5] Ist das Ruhegehalt nur auf bestimmte Zeit bewilligt (§ 1 Abs. 4 L.P.G. oben S. 138), so ist Reliktengeld nicht zu gewähren.

[6] Das Gesetz hat keine rückwirkende Kraft. Für die Relikten der vor dem 1. April 1900 verstorbenen Lehrer ist zur Unterstützung in Fällen besonderer Bedürftigkeit im Staatshaushaltsetat für 1900 eine Summe von 150 000 Mk. eingestellt. Vgl. M. E. v. 24./1. 1900 (unten S. 224).

[7] Der Anspruch auf Wittwen- und Waisengeld geht nicht verloren, wenn nach dem Tode des Lehrers sich herausstellt, daß er strafbare Handlungen im Amte begangen hat. R.G. XXXVIII, 321.

[8] Die Wittwen- und Waisengelder sind auf die auf Grund des Haftpflichtgesetzes zu zahlende Entschädigung in Anrechnung zu bringen. R.G. XV, 114.

§. 2.

Keinen Anspruch auf Wittwen- und Waisengeld auf Grund dieses Gesetzes haben:[1]

1. diejenigen Wittwen und Waisen, welchen ein Anspruch auf Wittwen- und Waisengeld auf Grund des Gesetzes vom 20. Mai 1882, betreffend die Fürsorge für die Wittwen und Waisen der unmittelbaren Staatsbeamten[2] (Gesetz-Samml. S. 298) zusteht;
2. die Wittwen und Waisen derjenigen Lehrer, welche zur Zeit ihres Todes oder ihrer Versetzung in den Ruhestand nur nebenamtlich im öffentlichen Volksschuldienst angestellt waren;
3. die Wittwe und die hinterbliebenen Kinder aus der Ehe eines in den Ruhestand getretenen Lehrers, welche erst nach seiner Versetzung in den Ruhestand geschlossen ist;
4. die Wittwe und die Kinder eines mit Belassung eines Theiles des gesetzlichen Ruhegehalts aus dem Dienste entlassenen Lehrers.

[1] Nr. 2—4 entsprechen den §§ 1 Nr. 2, 5 Nr. 2, 18 Abs. 2 des Ges. v. 20./5. 82 (unten S. 259 ff).
[2] Unten S. 259 ff.

§. 3.

Das Wittwengeld besteht in vierzig vom Hundert desjenigen Ruhegehalts, zu welchem der Verstorbene berechtigt gewesen ist oder berechtigt gewesen sein würde, wenn er am Todestag in den Ruhestand versetzt worden wäre.[1]

Das Wittwengeld soll jedoch, vorbehaltlich der im §. 5 verordneten Beschränkung[2] mindestens 216

Mark jährlich betragen und 2000 Mark nicht übersteigen.[3]

Ausf.-Best. II 1a u. c (unten S. 227).

[1] Vgl. § 2 L.P.G. (oben S. 184). — Eine Abrundung des Wittwengeldes auf volle Mark findet nicht statt. Wittwengeld-Tabelle unten hinter dem Sachregister.

[2] Bei Anwendung der Beschränkung des § 5 (unten S. 205) ist das Wittwengeld erforderlichenfalls unter den Betrag von 216 Mark herabzusetzen.

[3] Vgl. § 8 d. Ges. v. 20./5. 82 (unten S. 259).

§. 4.

Das Waisengeld beträgt:[1]

1. für Kinder, deren Mutter[2] lebt und zur Zeit des Todes des Lehrers zum Bezuge von Wittwengeld berechtigt war, ein Fünftel des Wittwengeldes für jedes Kind;
2. für Kinder, deren Mutter[2] nicht mehr lebt oder zur Zeit des Todes des Lehrers zum Bezuge von Wittwengeld nicht berechtigt war,[3] ein Drittel des Wittwengeldes für jedes Kind.[4]

Ausf.-Best. II 1a u. c (unten S. 227).

[1] Eine Abrundung des Waisengeldes auf volle Mark findet nicht statt (vgl. Anm. 1 zu § 3 oben S. 204).

[2] Das höhere Waisengeld (Nr. 2) ist auch in dem Falle zu gewähren, wenn eine zum Bezuge von Wittwengeld berechtigte Stiefmutter vorhanden sein sollte, welche für die Pflege und Erziehung des Kindes sorgt (vgl. auch M. E. v. 15./7. 93: C.Bl. 1894 S. 297).

[3] Vgl. § 8 (unten S. 207). Ist die Ehe für nichtig erklärt oder mit Erfolg angefochten

(§§ 1323 ff., 1843 B.G.B.), so ist die Mutter zum Bezuge von Wittwengeld nicht berechtigt, während die aus dieser Ehe stammenden Kinder unter Umständen Waisengeld beziehen. Vgl. Anm. 2 zu § 1 (oben S. 202).

[4]) Vgl. § 9 d. Ges. v. 20./5. 82 (unten S. 260).

§. 5.

Wittwen- und Waisengeld dürfen weder einzeln noch zusammen den Betrag des Ruhegehalts übersteigen, zu welchem der Verstorbene berechtigt gewesen ist oder berechtigt gewesen sein würde, wenn er am Todestag in den Ruhestand versetzt wäre.

Bei Anwendung dieser Beschränkung werden das Wittwen- und das Waisengeld verhältnißmäßig gekürzt.[1] [2]

Ausf.-Best. II 1e (unten S. 228).

[1] Bei Anwendung des § 5 können an sich das Wittwengeld auch **unter** den Mindest-Betrag von 216 Mk. — § 3 Abs. 2 — herabgesetzt werden; praktisch ist dies aber nicht möglich, da das Mindestlehrergehalt 900 Mk. beträgt und die geringste hierfür zu gewährende Pension sich bereits auf 225 Mk. stellt.

[2] Vgl. § 10 d. Ges. v. 20./5. 82 (unten S. 260).

§. 6.

Bei dem Ausscheiden eines Wittwen- oder Waisengeldberechtigten[1] erhöht sich das Wittwen- und Waisengeld der verbleibenden Berechtigten von dem nächstfolgenden Monat an insoweit, als sie sich noch nicht im vollen Genusse der ihnen nach den §§. 3 bis 5 gebührenden Bezüge befinden.[2] [3]

Ausf.-Best. II 1d (unten S. 227).

[1] Nach § 17 sind folgende Fälle des Ausscheidens eines Wittwen- und Waisengeldberechtigten möglich:

a) Tod der Wittwe,
b) Wiederverheirathung derselben,
c) Ausschreiten einer Waise durch Heirath, Ueberschreiten des 18. Lebensjahres oder Tod.

In sämmtlichen Fällen soll das den verbleibenden Berechtigten zustehende Wittwen- und Waisengeld auf den in den §§ 3—5 bestimmten Satz bezw. verhältnißmäßig bis zu dem Betrage des von dem verstorbenen Lehrer erdienten Ruhegehalts erhöht werden, wenn es vorher in Folge der im § 5 getroffenen Bestimmung eine Herabsetzung erlitten hat.

In dem Falle zu a wird sich außerdem das Waisengeld der etwa vorhandenen bezugsberechtigten Kinder von $^1/_5$ auf $^1/_3$ des in § 3 bestimmten Wittwengeldes steigern.

[2] Die Entscheidung trifft die in § 13 bestimmte Behörde (unten S. 210).

[3] Vgl. § 11 d. Ges. v. 20./5. 82 (unten S. 260).

§. 7.

War die Wittwe mehr als 15 Jahre jünger als der Verstorbene, so wird das nach Maßgabe der §§. 3 und 5 berechnete Wittwengeld für jedes angefangene Jahr des Altersunterschieds über 15 bis einschließlich 25 Jahre um $^1/_{20}$ gekürzt.

Auf den nach §. 4 zu berechnenden Betrag des Waisengeldes sind diese Kürzungen des Wittwengeldes ohne Einfluß.

Nach fünfjähriger Dauer der Ehe wird für jedes angefangene Jahr ihrer weiteren Dauer dem gekürzten Betrag $^1/_{20}$ des nach Maßgabe der §§. 3 und 5 zu berechnenden Wittwengeldes so lange hinzugesetzt, bis der volle Betrag wieder erreicht ist.[1]

Ausf.-Best. II 3 (unten S. 228).

[1] Vgl. § 12 d. Ges. v. 20./5. 82 (unten S. 260).

§. 8.

Keinen Anspruch auf Wittwengeld hat die Wittwe, wenn die Ehe mit dem verstorbenen Lehrer innerhalb dreier Monate vor seinem Ableben geschlossen und die Eheschließung zu dem Zwecke erfolgt ist, um der Wittwe den Bezug des Wittwengeldes zu verschaffen.[1]

[1] Vgl. § 18 Abs. 2 d. Ges. v. 20./5. 82 (unten S. 261). — Den Beweis hat der Schulunterhaltungspflichtige zu führen.

§. 9.

Stirbt einer der im §. 1 bezeichneten Lehrer, welchem, wenn er am Todestag in den Ruhestand versetzt wäre, auf Grund des Artikel I § 1 Abs. 4 des Gesetzes, betreffend die Pensionirung der Lehrer und Lehrerinnen an den öffentlichen Volksschulen, vom 6. Juli 1885[1] (Gesetz-Samml. S. 298) ein Ruhegehalt hätte bewilligt werden können, so kann der Wittwe und den Waisen desselben vom Unterrichtsminister in Gemeinschaft mit dem Finanzminister Wittwen- und Waisengeld bewilligt werden.

Stirbt einer der im §. 1 bezeichneten Lehrer, welchem nach Artikel I §§. 10 und 11 des Gesetzes, betreffend die Pensionirung der Lehrer und Lehrerinnen an den öffentlichen Volksschulen, vom 6. Juli 1885[2] (Gesetz-Samml. 1885 S. 298, Gesetz-Samml. 1890 S. 89) im Falle seiner Versetzung in den Ruhestand die Anrechnung gewisser Zeiten auf die in Betracht kommende Dienstzeit hätte bewilligt werden können, so ist der Unterrichtsminister befugt, eine solche Anrechnung auch bei Festsetzung des Wittwen- und Waisengeldes anzuordnen.[3]

[1] Oben S. 183.

[2] Oben S. 140 u. 141.

[3] Vgl. § 14 d. Ges. v. 20./5. 82 (unten S. 261).

§. 10.

Die Zahlung des Wittwen- und Waisengeldes beginnt mit dem Ablaufe der Gnadenzeit,[1] die Zahlung des in dem §. 4 Ziffer 2 bestimmten Waisengeldes nicht vor dem Beginne desjenigen Monats, welcher auf den Zeitpunkt des Eintritts der dort bezeichneten Voraussetzung folgt.[2]

Das Wittwen- und Waisengeld wird monatlich im Voraus gezahlt. An wen die Zahlung gültig zu leisten ist, bestimmt die Schulaufsichtsbehörde.[3] [4]

Ausf.-Best. II 2, 3 (unten S. 228).

[1] War der verstorbene Lehrer noch im Dienst, so erfolgt die Zahlung nach Ablauf des auf den Sterbemonat folgenden Vierteljahrs (§ 23 Abs. 1 L.B.G. oben S. 63), war er bereits pensionirt, nach Ablauf des auf den Sterbemonat folgenden Monats (Art. I § 25 Abs. 1 L.P.G. oben S. 148).

[2] Vgl. § 15 d. Ges. v. 20./5. 82 (unten S. 262).

[3] Sofern nicht besondere Bedenken vorliegen, sind die Wittwengelder an die Wittwe, die Waisengelder, wenn die Mutter noch lebt und für die Pflege und Erziehung der Kinder sorgt, an die Mutter, andernfalls an den Vormund der Kinder zu zahlen.

[4] Vgl. § 16 d. Ges. v. 20./5. 82 (unten S. 262).

§. 11.

Der Anspruch auf Wittwen- und Waisengeld kann mit rechtlicher Wirkung weder abgetreten noch verpfändet oder sonst übertragen werden.[1–4]

[1] Vgl. Anm. 1 zu § 18 L.P.G. (oben S. 145).

[2] Pfändbarkeit: § 850 Abs. 1 Ziff. 7 u. Abs. 2 C.P.O.; § 46 Ziff. 6 d. V. über das Verw.-Zwangsverfahren v. 15./11. 99 (G.S. S. 545).

[3] Vgl. § 17 d. Ges. v. 20./5. 82 (vgl. S. 262).

[4] Rechtl. Charakter oben S. 58.

§. 12.

Das Recht auf den Bezug des Wittwen- und Waisengeldes erlischt:

1. für jeden Berechtigten mit Ablauf des Monats, in welchem er sich verheirathet oder stirbt;
2. für jede Waise außerdem mit Ablauf des Monats, in welchem sie das achtzehnte Lebensjahr vollendet.

Das Recht auf den Bezug des Wittwen- und Waisengeldes ruht, wenn der Berechtigte die Deutsche Staatsangehörigkeit verliert,[1] bis zur etwaigen Wiedererlangung derselben.

[1] Vgl. Anm. 1 zu § 19 L.P.G. (oben S. 145).

§. 13.

Die Entscheidung darüber, ob und welches Wittwen- und Waisengeld den Wittwen und Waisen eines Lehrers zusteht, erfolgt durch die Schulaufsichtsbehörde.[1] Gegen die Entscheidung der Schulaufsichtsbehörde findet die Beschwerde[2] an den Oberpräsidenten statt, welcher endgültig entscheidet.

Die Beschreitung des Rechtswegs gegen diese Entscheidung steht den Betheiligten offen, doch muß die Entscheidung des Oberpräsidenten der Klage vorhergehen und letztere sodann bei Verlust des Klagerechts innerhalb sechs Monaten, nachdem den Betheiligten die Entscheidung des Oberpräsidenten bekannt gemacht worden, erhoben werden.[3]

Der Verlust des Klagerechts tritt auch dann ein, wenn von den Betheiligten gegen die Entscheidung der Schulaufsichtsbehörde über den Anspruch auf Wittwen- und Waisengeld nicht binnen gleicher Frist die Beschwerde an den Oberpräsidenten erhoben ist.

Für die Hohenzollernschen Lande entscheidet an Stelle des Oberpräsidenten der Unterrichtsminister.

Ausf.-Best. II 1 u. 3 (unten S. 227 ff.).

[1] Zur Entscheidung zuständig ist die Schulaufsichtsbehörde desjenigen Bezirks, in welchem der Lehrer zur Zeit seines Todes oder seiner Versetzung in den Ruhestand an einer öffentlichen Volksschule angestellt war.

[2] Frist: 6 Monate, sofern Klage erhoben werden soll (Abs. 3).

[3] Die Klage ist zu richten „gegen die Volksschullehrer-Wittwen- und Waisenkasse des Regierungsbezirks N. N.

vertreten durch deren Kassenanwalt." (R.G. XXXVIII S. 279.) Im Falle ein Schulverband von dem Recht des § 15 Abs. 2 (Nichtanschluß an die Bezirkskasse) Gebrauch gemacht hat, ist die Klage gegen die Schulunterhaltungspflichtigen zu richten.

§. 14.

Das Wittwengeld wird bis zur Höhe von 420 Mark, das Waisengeld für Halbwaisen (§. 4 Nr. 1) bis zur Höhe von 84 Mark, für Vollwaisen (§. 4 Nr. 2) bis zur Höhe von 140 Mark jährlich aus der Staatskasse gezahlt.[1]

Diese Vorschrift findet auf die Hinterbliebenen derjenigen Lehrer keine Anwendung, welche zur Zeit ihres Todes oder ihrer Versetzung in den Ruhestand an einer öffentlichen Volksschule der Stadt Berlin angestellt waren.

Zur Aufbringung des nicht durch Staatsbeitrag gedeckten Wittwen- und Waisengeldes sind die zur Aufbringung des nicht durch Staatsbeitrag gedeckten Theiles des Ruhegehalts des Lehrers (der Ruhegehaltskassenbeiträge), im Fürstenthum Hohenzollern-Hechingen die bisher zur Unterhaltung des Lehrers während der Dienstzeit auf der letzten Schulstelle Verpflichteten[2] verbunden.

Ausf.-Best. XI (unten S. 248).

[1] Im Gesetzentwurf war der Staatsbeitrag bei Wittwengeld bis auf 240 Mark, bei Waisengeld bis auf 48 (Halbwaisen) bezw. 80 Mark (Vollwaisen) normirt. Die Kommission des Abgeordnetenhauses beschloß, dem Staate $^3/_4$ der Aufwendung aufzuerlegen. Die

Staatsregierung widersprach der Quotisirung, worauf eine Einigung auf den festen Beitrag von 420 bezw. 84 bezw. 140 Mk. erfolgte. — Der Wittwengeld-Beitrag von 420 Mk. entspricht bei höchster Pension einem Diensteinkommen von 1400 Mk.

[2] Es sind dies nach Art I § 26 L.P.G. (oben S. 149) „die sonstigen bisher zur Aufbringung der Pension des Lehrers Verpflichteten, sofern solche nicht vorhanden sind, die bisher zur Unterhaltung des Lehrers während der Dienstzeit Verpflichteten.“ „Die auf besonderen Rechtstiteln beruhenden Verpflichtungen Dritter bleiben bestehen.“ Im Fürstenthum Hohenzollern-Hechingen zahlte der Staat bisher zu dem Wittwengehalt je 100 Gulden. Der Rest wurde von der Wittwenkasse aufgebracht. Dies Verhältniß soll im Allgemeinen auch in Zukunft bestehen bleiben. Der Staat zahlt bis zur Höhe von 420 Mk., den Rest trägt die neue Kasse. Da aber der Staat dort die ganzen Ruhegehälter der Lehrer zahlt, war es nothwendig, dies klar zu stellen. B.

§. 15.

Behufs gemeinsamer Bestreitung des durch den Staatsbeitrag nicht gedeckten Theiles der Wittwen- und Waisengelder werden die zur Aufbringung verpflichteten Schulverbände (Schulsozietäten, Gemeinden, Gutsbezirke) in jedem Regierungsbezirke zu Bezirks-Wittwen- und Waisenkassen verbunden.[1]

Sind für die Mitglieder eines Schulverbandes, welcher keine widerrufliche Staatsbeihülfe zur Unterhaltung der öffentlichen Volksschulen bezieht, mehr als 25 Schulstellen[2] vorhanden, so ist der Schulverband einer Bezirks-Wittwen- und Waisenkasse nicht anzuschließen, wenn er dies innerhalb sechs

Wochen nach dem Inkrafttreten des gegenwärtigen Gesetzes[3] bei der Bezirksregierung beantragt. Wird einem hiernach der Bezirkskasse nicht angeschlossenen Schulverbande später auf seinen Antrag eine widerrufliche Staatsbeihülfe gewährt, so wird von der Bezirksregierung der Anschluß desselben an die Kasse von dem nächsten mit dem 1. April beginnenden Rechnungsjahr ab angeordnet. Der Austritt eines der Kasse angeschlossenen Schulverbandes ist unstatthaft.

Während der Dauer des auf Antrag eines Schulverbandes erfolgten Ausschlusses desselben aus der Kasse findet die Vorschrift des §. 14 Abs. 1 auf die Hinterbliebenen derjenigen Lehrer keine Anwendung, welche zur Zeit ihres Todes oder ihrer Versetzung in den Ruhestand an einer Volksschule dieses Schulverbandes angestellt waren.[4]

Den Maßstab für die Vertheilung des Kassenbedarfs auf die Schulverbände (Schulsozietäten, Gemeinden, Gutsbezirke) bildet die Jahressumme des ruhegehaltsberechtigten Diensteinkommens der zur Kasse gehörigen Lehrerstellen am 1. Oktober des Vorjahrs. Von diesem Diensteinkommen bleibt für jede Stelle ein Betrag bis zu 1200[5] Mark außer Berechnung. Bei unbesetzten Stellen sind Dienstalterszulagen nicht in Anrechnung zu bringen. Die für jeden Schulverband (Schulsozietät, Gemeinde, Gutsbezirk) sich ergebende Gesammtsumme des Diensteinkommens wird im Vertheilungsplane nach unten auf Hunderte von Mark abgerundet. Der Vertheilungsplan gilt ohne Rücksicht auf die inzwischen eingetretenen Veränderungen jedesmal für drei[5] Rechnungsjahre.

Im Uebrigen finden auf die Einrichtung und Verwaltung der Kassen die §§. 2 bis 6, 8 bis 14 und 17 des Gesetzes, betreffend Ruhegehaltskassen für die Lehrer und Lehrerinnen an den öffentlichen Volksschulen, vom 23. Juli 1893 (Gesetz-Samml. S. 194) sinngemäße Anwendung.[6]

Ausf.-Best. IX u. X (unten S. 288 ff.).

[1] Die Kassen führen den Namen: „Volksschullehrer-Wittwen- u. Waisenkasse des Regierungsbezirkes N. N."

[2] D. h. allein an öffentlichen Volksschulen und am Tage des Inkrafttretens des Gesetzes.

[3] Also bis einschl. den 12. Mai 1900.

[4] Es ist also kein Staatsbeitrag zu zahlen. Erfolgt späterhin ein Anschluß des Schulverbandes an die Kasse, so sind die nach dem Gesetze zu zahlenden Wittwen- und Waisengelder von dem Tage des Anschlusses ab auf die Kasse zu übernehmen. Von demselben Zeitpunkte ab sind alsdann Staatsbeiträge zu zahlen.

[5] Nach dem R.K.G. bleibt der Vertheilungsplan 1 Jahr in Kraft. Dort bleiben auch nur 800 M. außer Berechnung.

[6] Vgl. R.K.G. oben S. 175, sowie Ausf.Best. nnter X unten S. 240 f.

§. 16.

Kein Lehrer einer öffentlichen Volksschule ist fortan verpflichtet, einer die Fürsorge für die Hinterbliebenen bezweckenden Veranstaltung beizutreten, oder, sofern er einer solchen auf Grund einer ihm dahin auferlegten Verpflichtung beigetreten ist, in derselben zu verbleiben.[1]

Scheidet er auf Grund dieses Gesetzes aus der Veranstaltung aus, so verliert er alle Ansprüche an dieselbe ohne Entschädigung.

Haben einzelne Schulverbände besondere Veranstaltungen getroffen, durch welche unter Aufwendung von Mitteln der Schulverbände den Hinterbliebenen der Lehrer an öffentlichen Volksschulen an Stelle der, oder neben den ihnen nach den Gesetzen vom 22. Dezember 1869 (Gesetz-Samml. 1870 S. 1), 24. Februar 1881 (Gesetz-Samml. S. 41) und 27. Juni 1890 (Gesetz-Samml. S. 211)[2] zustehenden Bezügen besondere Vortheile zugesichert sind, so sind die Schulverbände berechtigt, zu verlangen, daß diese Vortheile zu Gunsten einer Ermäßigung ihrer eigenen Aufwendungen insoweit gekürzt werden, als die den Hinterbliebenen nach dem gegenwärtigen Gesetze zustehenden Wittwen- und Waisengelder die ihnen nach der seitherigen Gesetzgebung zustehenden Bezüge übersteigen. Eine Kürzung findet nicht statt, soweit diese Vortheile als Entgelt für diejenigen Beiträge anzusehen sind, welche von den Lehrern zu diesen Veranstaltungen nach dem Inkrafttreten dieses Gesetzes fortgeleistet werden.[3] Bei Streitigkeiten der Betheiligten über die Höhe der hiernach den Hinterbliebenen zustehenden Vortheile trifft die Bezirksregierung eine im

Verwaltungswege vollstreckbare einstweilige Entscheidung. Gegen diese Entscheidung steht den Betheiligten binnen sechs Wochen die Beschwerde an den Oberpräsidenten, in den Hohenzollernschen Landen an den Unterrichtsminister zu.

Gegen die Entscheidung des Oberpräsidenten oder des Unterrichtsministers steht den Betheiligten innerhalb einer weiteren Ausschlußfrist von sechs Wochen die Beschreitung des Rechtswegs offen.

Ausf.-Best. V, VI, VII (unten S. 288 ff.).

[1] Ein Bedürfniß zu einer weitergehenden öffentlich-rechtlichen Fürsorge für die Hinterbliebenen der Lehrer kann nach der nunmehrigen gesetzlichen Regelung nicht mehr anerkannt werden. Damit fällt jeder Zwang zum Beitritt einer dahingehenden Veranstaltung fort. B. — Hinsichtlich des Beitrittszwanges bei denjenigen Kassen, die bisher neben der Wittwenfürsorge noch andere Zwecke, z. B. als Sterbekassen verfolgt haben, wird demnächst von den Organen der Schulverwaltung eine Auseinandersetzung in die Wege zu leiten sein. K. B.

[2] Vgl. oben Einleitung, insbesondere S. 189 ff., 193 u. 194. An Stelle des Anschlusses an die Bezirkskasse haben:

Berlin, Stralsund, Greifswald, Hannover, Osnabrück, Cassel, Hanau, Frankfurt a./M.,

neben den Bezirkskassen haben:

Stettin, Breslau, Magdeburg, Grafschaft Hohenstein, Stade, Geestemünde, Buxtehude, Elberfeld, M.-Gladbach, Krefeld, Nordhausen, Grafschaft Stolberg-Wernigerode, Linden, Hameln besondere Veranstaltungen für die Reliktenversorgung ihrer Lehrer getroffen.

[3] Es besteht kein Bedürfniß, daß die Zukunft die Wittwen- und Waisen neben den nach den Vorschriften dieses Gesetzes bemessenen Bezügen noch die Vortheile weiter genießen, welche ihnen durch besondere, aus der Unzulänglichkeit der derzeitigen Fürsorge für die Wittwen und Waisen hervorgegangenen Veranstaltungen einzelner Gemeinden zu Theil werden. Der dem (in der Praxis bewährten) § 8 des Gesetzes v. 11./6. 94 (unten S. 279) nachgebildeten Abs. 3 des vorliegenden Paragraphen sichert daher den Gemeinden das Recht, daß diese Vortheile vermindert werden, soweit die den Wittwen und Waisen durch das Gesetz zu Theil gewordene Verbesserung reicht. B.

Ueber die Art der Verrechnung vgl. das Beispiel in VII der Ausf.Best. (unten S. 285). Wurden früher neben dem Reliktengeld aus der Bezirkskasse noch 40% des erdienten Ruhegehalts als Reliktengeld gewährt, so bezieht die Wittwe nach der Berechnung des § 16 denselben Betrag wie früher; der Gemeinde fallen dagegen die früher von der Bezirkskasse zu zahlenden 250 Mk. zur Last. Betrugen zum Beispiel 40% des Ruhegehalts 1200 Mk. so erhält die Wittwe: 1200 (gesetzliches Reliktengeld) + 1200 (Reliktengeld aus der neben der Bezirkskasse bestehenden Veranstaltung) — [1200 (gesetzliches Reliktengeld) — 250 (Reliktengeld nach der seitherigen Gesetzgebung)] = 1200 + 1200 — 1200 + 250 = 1200 + 250 Mk.

§. 17.

Den Mitgliedern der Elementarlehrer-Wittwen- und Waisenkassen und den Mitgliedern der nach §. 11 des Gesetzes vom 22. Dezember 1869 (Gesetz-Samml. 1870 S. 1) an deren Stelle getretenen

Veranstaltungen[1] steht frei, binnen sechs Wochen nach dem Inkrafttreten dieses Gesetzes[2] bei der Bezirksregierung des Bezirkes, in welchem sie an einer öffentlichen Volksschule angestellt sind oder angestellt waren, die schriftliche Erklärung abzugeben, daß sie in der Kasse oder Veranstaltung verbleiben und auf die Vortheile dieses Gesetzes für ihre künftigen Hinterbliebenen verzichten. Erfolgt die Erklärung, so behalten ihre Hinterbliebenen alle Ansprüche an die Kasse oder Veranstaltung sowie alle nach besonderer gesetzlicher Vorschrift oder nach dem Gesetze vom 27. Juni 1890[3] (Gesetz-Samml. S. 211) ihnen zustehenden Ansprüche.[3]

Erfolgt eine solche Erklärung nicht, so scheiden sie aus der Kasse oder Veranstaltung aus und es erlischt auch der Anspruch ihrer Kinder auf Waisengeld aus dem Gesetze vom 27. Juni 1890[4] (Gesetz-Samml. S. 211) sowie derjenige ihrer Hinterbliebenen auf die ihnen sonst nach besonderer gesetzlicher Vorschrift zustehenden Bezüge.[5]

Ausf.-Best. IV (unten S. 230).

[1] Es sind dies nur die Veranstaltungen, welche an Stelle der Elementarlehrer-Wittwen- und Waisenkasse, nicht dagegen diejenige, welche neben den letzteren Kassen errichtet sind. (Vgl. Anm. 2 zu § 16.)

[2] Also bis einschl. 12. Mai 1900. Die Erklärungsfrist muß inne gehalten werden, auch wenn sich erst nach langen Jahren übersehen lassen wird, ob es für den betr. Lehrer vortheilhafter ist, in der bisherigen Kasse oder Veranstaltung zu verbleiben oder die gesetzlichen Vortheile anzunehmen. B. Die einmal abgegebene Er-

klärung ist unwiderruflich. Der Eingang der Erklärung ist seitens der Regierung zu bestätigen.

[3] Desgleichen behalten sie ihren vollen Anspruch gegenüber einer etwa bestehenden, von der Gemeinde geschaffenen besonderen Veranstaltung (§ 16) sowie Kürzung der aus letzterer zu zahlenden Bezüge findet nicht statt. Ferner besteht keine Verpflichtung des Staates zur Zahlung des im § 14 Abs. 1 festgesetzten Zuschusses.

[4] Vgl. oben S. 194.

[5] Selbstverständlich kann die Neuregelung nur diejenigen Wittwen und Waisen betreffen, deren Ehemänner und Väter nach dem 1. April 1900 gestorben sind. Für die bisherigen Wittwen und Waisen bleiben die alten Kassen bestehen; diesen Waisen werden auch die Waisengelder nach dem Gesetz vom 27. Juni 1890 aus der Staatskasse gezahlt. B. — Ist der Ehemann oder Vater während der Erklärungsfrist — 1. April bis 12. Mai 1900 — gestorben, ohne die Erklärung abgegeben zu haben, so tritt die gesetzliche Regelung der Reliktenfürsorge ein.

§. 18.

Mit dem Inkrafttreten dieses Gesetzes werden die Elementarlehrer-Wittwen- und Waisenkassen für jeden neuen Beitritt geschlossen.[1]

Sobald sämmtliche Verpflichtungen einer Elementarlehrer-Wittwen- und Waisenkasse erloschen sind, ist das etwa noch vorhandene Kapitalvermögen zur Deckung des Aufwandes der Schulverbände desjenigen Bezirkes zu verwenden, für dessen Schulverbände es angesammelt ist. Die Verwendung erfolgt zur Deckung der Belastung dieser

Schulverbände mit Ausgaben für Wittwen- und Waisengelder der Volksschullehrer.

Die nähere Ausführung dieser Vorschrift erfolgt durch den Unterrichtsminister in Gemeinschaft mit dem Finanzminister. Dieselben können auch schon vor dem im Abs. 1 bezeichneten Zeitpunkt eine der dort getroffenen Vorschrift entsprechende Verwendung von Mitteln der Kassen insoweit anordnen, als dies bei voller Sicherung einer Erfüllung der Verbindlichkeiten der Kassen möglich ist.

Ausf.-Best. XII (unten S. 249).

I Die Kassen bleiben bestehen:

a) für die bisherigen Wittwen und Waisen,
b) für die auf Grund ihrer Wahl bei der Kasse verbleibenden Lehrer (§ 17),
c) für die nicht dem Stande der öffentlichen Volksschullehrer angehörenden Kassenmitglieder.

Neue Aufnahmen — auch der unter c bezeichneten Personen — sind ab 1. April 1900 unzulässig.

§. 19.

Die nach §. 4 des Gesetzes vom 22. Dezember 1869[1] (Gesetz-Samml. 1870 S. 1) und nach §. 7 Nr. 3 des Gesetzes vom 8. April 1856, betreffend die Errichtung einer allgemeinen Schullehrer-Wittwenkasse für das Herzogthum Holstein[2] (Gesetz- und Ministerial-Blatt S. 116) den Gemeinden (Gutsbezirken 2c.) obliegenden Beiträge für Lehrerstellen an öffentlichen Volksschulen werden vom 1. April 1901 ab von Jahr zu Jahr um eine Mark jährlich herabgesetzt. Bei denjenigen Kassen, welche auch bei einer weitergehenden Herabsetzung dieser Beiträge voraussichtlich eines Staatszuschusses (§. 5 des Gesetzes vom 22. Dezember 1869, Gesetz-Samml. 1870 S. 1) zur Erfüllung ihrer Verpflichtungen nicht bedürfen, kann vom Unterrichtsminister in Gemeinschaft mit dem Finanzminister schon der frühere Fortfall der Gemeindebeiträge genehmigt werden, sobald mit Sicherheit anzunehmen ist, daß die bezeichnete Voraussetzung zutrifft.

Zur Deckung der den einzelnen Elementarlehrer-Wittwen- und Waisenkassen obliegenden Verbindlichkeiten sind vor einer Inanspruchnahme des im §. 5 des Gesetzes vom 22. Dezember 1869 (Gesetz-Samml. 1870 S. 1) bestimmten Staatszuschusses außer den sonstigen Einnahmen der betreffenden Kasse auch die angesammelten Kapitalien zu verwenden, soweit sie nicht stiftungsmäßig besonderen Zwecken dienen.[3] Sind die Kapitalien der Kasse vollständig verbraucht und stehen ihr auch sonstige Einnahmen nicht zu, so werden die der Kasse obliegenden Verbindlichkeiten unmittelbar aus der Staatskasse gedeckt.

Ausf.-Best. XII 4—6 (unten S. 251).

[1] Oben S. 189 ff.

[2] Hier wurden neben den nach § 4 des Ges. v. 22./XII. 69 zu zahlenden 12 Mk. noch weiter 20 Pf. für jedes (über eine bestimmte Zahl vorhandene) schulpflichtige Kind erhoben.

[3] Derartige s t i f t u n g s m ä ß i g für bestimmte Versorgungszwecke f e s t g e l e g t e K a p i t a l i e n giebt es nur

sehr wenige. Nach der der Begründung beigelegten Uebersicht bestehen solche Kapitalien bei der Kasse des Regierungsbezirks Königsberg (Steeger'sches Legat und Lanke'sches Vermächtniß), des Regierungsbezirks Frankfurt, der Provinz Schlesien (Feige'sche Stiftung, Schütz'sche Stiftung), des Regierungsbezirks Magdeburg (Stieger'sches Legat), des Herzogthums Schleswig, des Holstein-Lauenburg'schen Kreises und der Provinz Hannover.

§. 20.

Die Einführung des Gesetzes in die Stollbergschen Grafschaften bleibt Königlicher Verordnung vorbehalten.[1]

[1] Geschehen durch V. v. 1./4. 1900 (G.S. S. 108).

§. 21.

Alle diesem Gesetz entgegenstehenden Vorschriften,[1] insbesondere das Gesetz vom 27. Juni 1890 (Gesetz-Samml. S. 211), insoweit dessen Bestimmungen nicht entweder ausdrücklich aufrecht erhalten sind oder die schon zahlbaren Waisengelder betreffen, werden aufgehoben.

Das Gesetz tritt am 1. April 1900 in Kraft.

[1] Dahin gehören alle Bestimmungen allgemeiner Natur, durch welche den Hinterbliebenen der öffentlichen Volksschullehrer als solchen Kraft öffentlichen Rechts noch anderweite Bezüge seitens des Staates, der Gemeinden oder sonstigen Verpflichteten zugesichert sind. B.

Urkundlich unter Unserer Höchsteigenhändigen

Unterschrift und beigedrucktem Königlichen Insiegel.

Gegeben Neues Palais, den 4. Dezember 1899.

(L. S.) Wilhelm.

Fürst zu Hohenlohe. v. Miquel. Thielen. Frhr. v. Hammerstein. Schönstedt. Brefeld. v. Goßler. Gr. v. Posadowsky. Tirpitz. Studt. Frh. v. Rheinbaben.

Anhang 1.

Ministerial-Erlaß vom 24. Januar 1900.

An die Kgl. Regierungen.
U. III. D. 206.

In dem Entwurf zum Staatshaushaltsetat für 1900 wird ein neuer Fonds von 150000 Mk. mit folgender Begründung eingestellt werden:

„Durch das Gesetz, betreffend die Fürsorge für die Wittwen und Waisen der Lehrer an öffentlichen Volksschulen, wird die Lage der Wittwen und Waisen der nach dem 1. April 1900 sterbenden Lehrer an öffentlichen Volksschulen erheblich verbessert. Um auch für die nicht unter dieses Gesetz fallenden Wittwen und Waisen der vor jenem Termine verstorbenen Lehrer in Fällen besonderer Bedürftigkeit in erhöhtem Maße sorgen zu können, wird die Bereitstellung eines besonderen hierzu bestimmten Fonds als Ergänzung des Fonds Kap. 121 Tit. 42 vorgeschlagen."

Für die Bewilligungen aus dem neuen Fonds gelten folgende Grundzüge:

1. Unterstützungen sind nur in Fällen besonderer Hülfsbedürftigkeit zu gewähren. Eine solche ist nur dann anzuerkennen, wenn die Gesammtbezüge der Hinterbliebenen — einerlei aus welchen Quellen sie stammen — hinter dem Betrage zurückbleiben, der ihnen nach den Bestimmungen des Gesetzes vom 4. Dezember v. Js. zustehen würde.
2 Die Höhe der Zuwendung hat sich nach der Lage des einzelnen Falles zu richten. Als Höchstgrenze ist der unter Voraussetzung der Anwendung des

neuen Gesetzes den Hinterbliebenen zustehende Betrag derart zu Grunde zu legen, daß derselbe bei Zusammenrechnung sämmtlicher Einnahmen des Empfängers nicht überschritten wird.

3. Es besteht nicht die Absicht, die Bezüge aller durch das Gesetz vom 4. Dezember v. Js. nicht betroffenen Hinterbliebenen von Lehrern nach Maßgabe der neueren Bestimmungen von Amtswegen zu erhöhen, sondern es ist abzuwarten, inwieweit dieselben mit bezüglichen Anträgen hervortreten.

4. Bei solchen Empfängern jedoch, denen schon jetzt in Folge festgestellter besonderer Hülfsbedürftigkeit laufende Unterstützungen, Erziehungsbeihülfen u.s.w. aus dem Fonds Kap. 121 Tit. 42 des Staatshaushaltsetats gezahlt werden müssen, ist auch ohne besonderen Antrag zu prüfen, ob ein Bedürfniß zur Gewährung eines Zuschusses aus dem neuen Fonds vorliegt.

5. Alle Bewilligungen aus letzterem sind laufend und erfolgen unter Vorbehalt des Widerrufs bis auf Weiteres, Erziehungsbeihülfen bis längstens zum vollendeten achtzehnten Lebensjahre des betreffenden Kindes; Anweisungen auf den Fonds dürfen nur bis Ende März 1902 erlassen werden.

Ich beabsichtige, den Fonds auf die einzelnen Regierungen zur selbstständigen Verfügung nach Maßgabe des Bedürfnisses zu vertheilen. Die Königliche Regierung veranlasse ich deßhalb, die dort eingehenden Gesuche um Erhöhung der Wittwenpensionen und Waisengelder aus dem Fonds zu sammeln und mir durch Einreichung eines nach dem beifolgenden Schema aufgestellten Verzeichnisses erstmalig bis zum 15. April d. Js. den dortseitigen Bedarf anzuzeigen.

Dabei bemerke ich, wie davon auszugehen ist, daß die leistungsfähigen Schulverbände aus ihren Mitteln auch für das jetzt in Frage stehende Bedürfniß der Unterstützung von Hinterbliebenen der Lehrer, welche an den von ihnen zu unterhaltenden Schulen angestellt gewesen sind, Sorge tragen werden.

J. A.: Kügler.

Anhang 2.

Ausführungs-Bestimmungen zu dem Gesetz vom 4. Dezember 1899, betreffend die Fürsorge für die Wittwen und Waisen der Lehrer an öffentlichen Volksschulen.

Vom 20. Februar 1900 (C.Bl. S. 418).

(Fin.-M. Nr. I 1498. — M. d. g. A. U. III. D. 455).

Mit dem 1. April 1900 tritt das Gesetz vom 4. Dezember 1899, betreffend die Fürsorge für die Wittwen und Waisen der Lehrer an öffentlichen Volksschulen (Ges.S. S. 587), in Kraft. Die Einführung des Gesetzes in die Stollberg'schen Grafschaften bleibt jedoch zu Folge § 20 a. a. O. Königlicher Verordnung vorbehalten. Bei der Ausführung des Gesetzes ist folgendes zu beachten. Die das Rechnungswesen betreffenden Vorschriften werden im Einverständnisse mit der Königlichen Ober-Rechnungskammer getroffen.

Wirkungskreis des Gesetzes im Allgemeinen.

I. Oeffentliche Volksschulen im Sinne des Gesetzes vom 4. Dezember 1899 sind die öffentlichen Schulen, welche zur Erfüllung der allgemeinen Schulpflicht dienen (Art. I § 1 des Gesetzes, betreffend die Pensionirung der

Lehrer und Lehrerinnen an den öffentlichen Volksschulen vom 6. Juli 1885, § 1 des Gesetzes, betreffend das Diensteinkommen der Lehrer und Lehrerinnen an den öffentlichen Volksschulen vom 3. März 1897).

Festsetzung der Wittwen- und Waisengelder.

II. 1. Die Entscheidung darüber, ob und welches Wittwen- und Waisengeld den Wittwen und Waisen eines Lehrers zusteht (§ 18 des Gesetzes), hat durch die Schulbehörde desjenigen Bezirkes (die Königlichen Regierungen und das Königliche Provinzialschulkollegium in Berlin) zu erfolgen, in welchem der Lehrer zur Zeit seines Todes oder seiner Versetzung in den Ruhestand an einer öffentlichen Volksschule angestellt war. Von derselben Behörde ist auch die nach § 6 des Gesetzes eintretende Erhöhung bereits bewilligter Wittwen- und Waisengelder festzustellen.

Für die Festsetzung der Wittwen- und Waisengelder wird Folgendes bemerkt:

a) Eine Abrundung des Wittwen- und Waisengeldes auf volle Mark findet nicht statt.

b) Ist die Ehe eines Lehrers durch Scheidung aufgelöst, so hat die vormalige Ehefrau nach dem Tode des Lehrers auf Wittwengeld keinen Anspruch.

c) Das höhere Waisengeld — (§ 4 Nr. 2 des Gesetzes) — ($^1/_3$ des im § 3 bestimmten Wittwengeldes für jedes Kind) ist auch in dem Falle zu gewähren, wenn eine zum Bezuge von Wittwengeld berechtigte Stiefmutter vorhanden sein sollte, welche für die Pflege und Erziehung der Kinder sorgt.

d) Nach § 12 des Gesetzes sind folgende Fälle des Ausscheidens eines Wittwen- und Waisengeldberechtigten möglich:

α) Tod der Wittwe.

β) Wiederverheirathung der Wittwe.

γ) Ausscheiden einer Waise durch Heirath, Ueberschreitung des 18. Lebensjahres oder Tod.

In diesen sämmtlichen Fällen soll auf Grund der Bestimmung des § 6 das den verbleibenden Berechtigten zustehende Wittwen- und Waisengeld auf den in den §§ 3 bis 5 bestimmten Satz bezw. verhältnißmäßig bis zu dem Betrage des von dem verstorbenen Lehrer verdienten Ruhegehaltes erhöht werden, wenn es vorher in Folge der im § 5 getroffenen Bestimmung eine Herabsetzung erlitten hat.

In dem Falle zu *a* wird sich außerdem das Waisengeld der etwa vorhandenen bezugsberechtigten Kinder von 1/5 auf 1/3 des im § 3 bestimmten Wittwengeldes steigern.

c) Bei Anwendung des § 5 — vergl. dazu § 3 Abs. 2 — ist erforderlichen Falls das Wittwengeld auch unter den Mindestsatz von 216 herabzusetzen.

2. Dieselbe Behörde, welche die Wittwen- und Waisengelder festsetzt, hat auch gemäß § 10 Abs. 2 zu bestimmen, an wen die Zahlung gültig zu leisten ist. Dabei ist davon auszugehen, daß die Zahlung von einer gerichtlichen Feststellung der Empfangsberechtigten der Regel nach nicht abhängig gemacht werden soll. Sofern nicht besondere Bedenken vorliegen, sind also die Wittwengelder an die Wittwe, die Waisengelder, wenn die Mutter noch lebt und für die Pflege und Erziehung der Kinder sorgt, an die Mutter, andernfalls an den Vormund der Kinder, welcher durch gerichtliche Bestallung als solcher sich auszuweisen hat, zu zahlen.

3. Die zur Festsetzung der Wittwen- und Waisengelder erforderlichen Geburts-, Eheschließungs- und Sterbeurkunden sind von den Betheiligten durch standesamtliche eventl. pfarramtliche Bescheinigungen nachzuweisen. Von

der Beibringung der Geburtsurkunden der Eheleute kann jedoch in dem Falle abgesehen werden, wenn die Ehe nachweislich über 14 Jahre bestanden hat und somit eine Kürzung der Wittwengelder wegen des Altersunterschiedes der Eheleute (§ 7 des Gesetzes vom 4. Dezember 1899) ausgeschlossen ist. Es wird hierbei darauf hingewiesen, daß nach der Verfügung des Herrn Ministers des Innern vom 1. September 1898 (M.Bl. f. d. i. V. S. 251) die Standesbeamten in Angelegenheiten der Hinterbliebenen-Fürsorge an Stelle der in den §§ 15 und 16 des Personenstandsgesetzes vom 6. Februar 1875 (R.G.Bl. S. 23) für Beurkundungen vorgeschriebenen Auszüge aus den Standesamtsregistern kostenfrei Bescheinigungen in abgekürzter Form zu ertheilen haben, welche die entscheidenden Thatsachen und die maßgebenden Daten enthalten.

Kreis der Personen, welche von der Neuregelun betroffen werden.

III. Da das Gesetz vom 4. Dezember 1899 keine rück wirkende Kraft hat, so können die jetzt vorhandenen Witt wen und Waisen und die bis einschließlich den 31. März 1900 hinzutretenden Wittwen und Waisen von öffentlichen Volksschullehrern Rechte aus diesem Gesetze nicht geltend machen. Für deren Ansprüche auf Versorgung aus öffentlichen Kassen bleiben vielmehr die bisherigen Vorschriften maßgebend. Es ist jedoch beabsichtigt, diesen Wittwen und Waisen in Fällen von Hülfsbedürftigkeit, soweit die Fonds es gestatten, Unterstützungen zu gewähren, wenn die Gesammtbezüge der Hinterbliebenen — einerlei, aus welchen Quellen sie stammen — hinter dem Betrage zurückbleiben, der ihnen nach den Bestimmungen der §§ 1 bis 12 des Gesetzes vom 4. Dezember 1899 zustehen würde, falls ihre Ernährer den Zeitpunkt des Inkrafttretens dieses Gesetzes erlebt hätten. In dem Entwurf zum Staatshaushalts-Etat für 1900 ist deshalb eine größere Summe als bisher zu Unterstützungen für Wittwen und Waisen von

Elementarlehrern eingestellt worden. Wegen dieser Bewilligungen wird besondere Verfügung ergehen.*)

IV. 1. Den Mitgliedern der Elementarlehrer-Wittwen- und Waisenkasse und den Mitgliedern der nach § 11 des Gesetzes vom 22. Dez. 1869 (G.S. 1870, S. 1) an deren Stelle getretenen Veranstaltungen (vgl. Nr. IV 3) steht nach § 17 des Gesetzes frei, binnen 6 Wochen nach dem Inkrafttreten des Gesetzes, also bis einschließlich den 12. Mai 1900, bei der Bezirksregierung desjenigen Bezirkes, in welchem sie an einer öffentlichen Volksschule angestellt sind oder (zur Zeit ihrer Versetzung in den Ruhestand) angestellt waren, die schriftliche Erklärung abzugeben, daß sie in der Kasse oder Veranstaltung verbleiben und auf die Vorteile des Gesetzes vom 4. Dezember 1899 für ihre zukünftigen Hinterbliebenen verzichten. Die Erklärung ist unwiderruflich.

Die zu einer solchen Erklärung berechtigten, an den öffentlichen Volksschulen in Berlin angestellten oder zur Zeit ihrer Versetzung in den Ruhestand angestellt gewesenen Lehrer haben ihre etwaigen Erklärungen bei dem Königlichen Provinzial-Schulkollegium in Berlin abzugeben.

Die künftigen Hinterbliebenen derjenigen Lehrer, welche diese Erklärung abgeben, behalten nach den Bestimmungen des § 17 des Gesetzes vom 4. Dezember 1899 alle Ansprüche an die Elementarlehrer-Wittwen- und Waisenkassen, oder an die nach § 11 des Gesetzes vom 22. Dezbr. 1869 an deren Stelle getretenen Veranstaltungen sowie alle nach besonderen gesetzlichen Vorschriften (vgl. Nr. IV 4) oder nach dem Gesetze vom 27. Juni 1890 (G.S. S. 211) ihnen zustehenden Ansprüche.

Die betreffenden Lehrer bezw. pensionirten Lehrer müssen aber auch alle diejenigen Beiträge weiter zahlen, welche die in Betracht kommenden etwaigen statutarischen und gesetzlichen Bestimmungen vorschreiben.

---

*) Vgl. M.E v. 24./I. 1900 oben S. 224.

Es wird hierzu bemerkt, daß den Mitgliedern der Elementarlehrer-Wittwen- und Waisenkassen und den nach § 11 des Gesetzes vom 22. Dezember 1869 an deren Stelle getretenen Veranstaltungen ein Wahlrecht mit Rücksicht darauf gelassen ist, daß für die Betheiligten in einzelnen Fällen die alten Vorschriften vortheilhafter sind als die Bestimmungen des Gesetzes vom 4. Dezember 1899.

2. Alle diejenigen Mitglieder der Elementarlehrer-Wittwen- und Waisenkassen und der nach § 11 des Gesetzes vom 22. Dezember 1869 an deren Stelle getretenen Veranstaltungen, welche die ihnen nach § 17 des Gesetzes vom 4. Dezember 1899 freigestellte Erklärung nicht abgeben, sowie alle anderen im öffentlichen Volksschuldienste angestellten und alle nach dem Inkrafttreten des Gesetzes zur Anstellung gelangenden Lehrer haben für ihre künftigen Wittwen und Waisen Anspruch auf Versorgung nach den Bestimmungen der §§ 1 bis 12 des Gesetzes vom 4. Dezember 1899. Hierbei wird darauf hingewiesen, daß nach § 1 dieses Gesetzes nur diejenigen Wittwen und die hinterbliebenen ehelichen oder durch nachgefolgte Ehe legitimirten Kinder eines Lehrers Wittwen- und Waisengeld erhalten, der zur Zeit seines Todes entweder Anspruch auf lebenslängliches Ruhegehalt im Falle der Versetzung in den Ruhestand erworben hatte oder mit lebenslänglichem Ruhegehalt in den Ruhestand versetzt war.

Diese Lehrer können aus den alten Vorschriften, abgesehen von den Fällen des § 16 a. a. O. (vgl. unter Nr. V und Nr. VI) Vortheile für ihre künftigen Hinterbliebenen nicht mehr beanspruchen.

Insbesondere trifft dies auch für die Hinterbliebenen derjenigen Mitglieder der Elementarlehrer-Wittwen- und Waisenkassen und der nach § 11 des Gesetzes vom 22. Dezember 1869 an deren Stelle getretenen Veranstaltungen zu, welche während der Erklärungsfrist, also in der Zeit vom 1. April bis einschließlich 12. Mai 1900 versterben, ohne eine Erklärung auf Grund des § 17 des Gesetzes vom 4. Dezember 1899 abgegeben zu haben.

3. Besondere Veranstaltungen, welche auf Grund des § 11 des Gesetzes vom 22. Dezember 1869 getroffen sind, bestehen in den Städten Berlin, Stralsund, Greifswald, Hannover, Osnabrück, Kassel, Hanau und Frankfurt a. M.

4. Zu den in § 17 Abs. 1 des Gesetzes vom 4. Dezember 1899 erwähnten besonderen gesetzlichen Vorschriften gehören

die in das Statut der Elementarlehrer-Wittwen- und Waisenkasse des Regierungsbezirkes Wiesbaden übernommenen nassauischen Bestimmungen über die Gewährung von Wittwen- und Waisengeldern,

die in dem ehemaligen Herzogthum Schleswig noch geltenden Vorschriften aus dänischer Herrschaft über die Gewährung von Wittwendienstachteln (vgl. das Statut der Schleswig'schen Volksschullehrer-Wittwen- und Waisenkasse)

und

die in dem Herzogthum Lauenburg noch geltende Vorschrift der Landschulordnung für das Herzogthum Lauenburg vom 10. Oktober 1868 über die den Landschullehrerfrauen zu gewährenden Wohnungsgelder.

5. Nach Ablauf der sechswöchentlichen Erklärungsfrist ist den Gemeinden 2c., welche besondere Veranstaltungen zur Versorgung der Hinterbliebenen von Lehrern getroffen haben, von den betreffenden Königlichen Regierungen (von dem Königlichen Provinzial-Schulkollegium in Berlin) mitzutheilen, welche Lehrer oder pensionirten Lehrer bei diesen Veranstaltungen fernerhin verbleiben.

Eine gleiche Mittheilung haben die Königlichen Regierungen der Provinz Hannover dem Königlichen Provinzialschulkollegium in Hannover und die Königlichen

Regierungen in Liegnitz und Oppeln der Königlichen Regierung in Breslau Betreffs der bei den Elementarlehrer-Wittwen- und Waisenkassen der Provinzen Hannover und Schlesien verbleibenden Lehrer zu machen.

Die Königilche Regierung und das Königliche Provinzialschulkollegium in Berlin haben den Mitgliedern der Elementarlehrer-Wittwen- und Waisenkassen und der nach § 11 des Gesetzes vom 22. Dezember 1869 an deren Stelle getretenen Veranstaltungen, welche eine Erklärung auf Grund des § 17 des Gesetzes vom 4. Dezember 1899 abgeben, den Eingang ihrer Erklärung durch Verfügung zu bestätigen.

Besondere von Gemeinden 2c. getroffene Veranstaltungen, welche außerhalb des Rahmens der bisherigen gesetzlichen Fürsorge stehen.

V. Nach § 16 Abs. 1 des Gesetzes vom 4. Dezember 1899 soll kein Lehrer einer öffentlichen Volksschule fortan verpflichtet sein, einer die Fürsorge für die Hinterbliebenen bezweckenden Veranstaltung beizutreten, oder sofern er einer solchen auf Grund einer ihm dahin auferlegten Verpflichtung beigetreten ist, in derselben zu verbleiben. Scheidet er auf Grund dieses Gesetzes aus der Veranstaltung aus, so verliert er nach § 16 Abs. 2 des Gesetzes alle Ansprüche an dieselbe ohne Entschädigung.

Unter diese Bestimmungen fallen alle Einrichtungen des öffentlichen Rechtes, welche neben den auf Grund des Gesetzes vom 22. Dezember 1869 gebildeten Elementarlehrer-Wittwen- und Waisenkassen und den auf Grund des § 11 des Gesetzes vom 22. Dezember 1869 an deren Stelle von den Städten Berlin, Stralsund, Greifswald, Hannover, Osnabrück, Kassel, Hanau und Frankfurt a. M. getroffenen besonderen Veranstaltungen (vgl. Nr. IV 8) bestehen. Es kommen also lediglich diejenigen Kassen in Frage, zu deren Beitritt die Lehrer z. B. durch Statut, Berufungsurkunden 2c. verpflichtet worden sind. Auf diese Einrichtungen findet somit der § 17 des Gesetzes vom 4. Dezember 1899 keine Anwendung.

Das Verbleiben bei solchen Kassen und der Beitritt zu denselben ist somit in Zukunft den freien Entschließungen der Lehrer anheimgegeben.

Die Königlichen Regierungen und das Königliche Provinzialschulkollegium in Berlin werden zu erwägen haben, ob in Folge des Gesetzes vom 4. Dezember 1899 nicht eine Revision der Statuten dieser Kassen angezeigt erscheint oder nothwendig geworden ist. Eventuell ist auf eine solche hinzuwirken.

VI. Nach § 16 Abs. 3 sollen diejenigen einzelnen Schulverbände, welche besondere Veranstaltungen getroffen haben, durch die unter Aufwendung von Mitteln der Schulverbände den Hinterbliebenen der Lehrer an öffentlichen Volksschulen an Stelle der, oder neben den ihnen nach den Gesetzen vom 22. Dezember 1869 (G.S. 1870, S. 1), 24. Februar 1881 (G.S. S. 41) und 27. Juni 1890 (G.S. S. 211) zustehenden Bezüge besondere Vortheile zugesichert sind, berechtigt sein, zu verlangen, daß diese Vortheile zu Gunsten einer Ermäßigung ihrer eigenen Aufwendungen in so weit gekürzt werden, als die den Hinterbliebenen nach dem Gesetze vom 4. Dezember 1899 zustehenden Wittwen- und Waisengelder die ihnen nach der seitherigen Gesetzgebung zustehenden Bezüge übersteigen. Eine Kürzung soll jedoch nicht stattfinden, soweit diese Vortheile als Entgelt für diejenigen Beiträge anzusehen sind, welche von den Lehrern zu diesen Veranstaltungen nach dem Inkrafttreten dieses Gesetzes fortgeleistet werden.

VII. Die Lehrer sind nach dem Inkrafttreten des Gesetzes vom 4. Dezember 1899 zur Zahlung von Beiträgen zu solchen Veranstaltungen nicht mehr verpflichtet. Stellen sie auf Grund dieses Gesetzes die Zahlung derartiger Beiträge ein, so scheiden sie aus der Veranstaltung aus, sofern die Statuten nicht zu ihren Gunsten eine andere Festsetzung treffen. Solche besonderen Veranstaltungen sind übrigens nur in geringer Zahl getroffen; sie bestehen z. B. in den Städten Stettin, Breslau, Linden, Stade, Geestemünde, Elberfeld, M.-Gladbach und Krefeld (vgl. die Uebersicht C zur Begründung des Gesetzentwurfes — Seite 33 der Anlagen zu Nr. 23 der Drucksachen des Hauses der Abgeordneten von 1899 —). Folgendes Beispiel soll zur Erläuterung dieser gesetzlichen Vorschrift dienen.

Beispiel: Eine Stadt ist der Elementarlehrer-Wittwen- und Waisenkasse des Regierungsbezirkes angeschlossen, welche den Hinterbliebenen eines Lehrers eine jährliche Pension von 250 Mk. gewährt. Etwaige Waisen erhalten außerdem Waisengelder nach dem Gesetze vom 27. Juni 1890. Die Stadt gewährt unter Anrechnung dieser Bezüge aber

1. den Wittwen $^1/_5$ der Diensteinnahme des verstorbenen Mannes, höchstens jedoch 1800 Mk.,
2. den Vollwaisen je $^1/_{15}$ der Diensteinnahme des verstorbenen Vaters,
3. den Halbwaisen je $^1/_{20}$ der Diensteinnahme des verstorbenen Vaters.

Die Lehrer haben dafür 1% ihres den Betrag von 1250 Mk. übersteigenden Jahresdiensteinkommens als Beitrag in die Stadtkasse zu zahlen. Bei der Festsetzung der Höhe der Beiträge ist beispielshalber angenommen, daß 5% des Diensteinkommens der Lehrer zur Deckung der Aufwendungen für die Hinterbliebenen von Lehrern hinreichen. Berücksichtigt ist ferner, daß aus der Elementarlehrer-Wittwen- und Waisenkasse an die Hinterbliebenen der Lehrer 250 Mk., also $^1/_5$ von 1250 Mk., gezahlt werden.

Die Lehrer dieser Stadt sind zur Abgabe der im § 17 des Gesetzes vom 4. Dezember 1899 vorgesehenen Erklärung berechtigt, da sie zugleich Mitglieder einer nach dem Gesetze vom 22. Dezember 1869 eingerichteten Wittwen- und Waisenkasse sind.

Geben Lehrer dieser Stadt die Erklärung ab und zahlen ihre Beiträge zu der besonderen Veranstaltung der Stadt weiter, so bleibt es für ihre künftigen Hinterbliebenen ganz bei der bisherigen Versorgung.

Angenommen aber: Es stirbt ein Lehrer dieser Stadt, welcher diese Erklärung nicht abgegeben, seine Beiträge zu der besonderen Veranstaltung der Stadt nach dem in Kraft treten des Gesetzes vom 4. Dezember 1899 indeß weiter gezahlt hat. Er hinterläßt eine Wittwe und drei Halbwaisen. Da er an seinem Todestage ein Jahresdiensteinkommen von 2400 Mk. hatte, so hätten die Hinterbliebenen nach der besonderen Veranstaltung der Stadt Ansprüche auf folgende Bezüge gehabt:

die Wittwe $^1/_5$ von 2400 Mk. = . .	480 Mk.
die drei Halbwaisen $^3/_{20}$ von 2400 Mk. =	360 „
	Sa. 840 Mk.

Davon wären 250 Mk. aus der Elementarlehrer-Wittwen- und Waisenkasse und 3×50 Mk. = 150 Mk. durch Waisengelder nach dem Gesetze vom 27. Juni 1890, zusammen 400 Mk. gedeckt gewesen; die Vortheile aus der besonderen Veranstaltung der Stadt hätten somit 840 — 400 = 440 Mk. betragen. Hiervon sind als Entgelt für die von dem Lehrer bezahlten Beiträge — 1% der auf 5% berechneten Ausgabe — $^1/_5$ = 88 Mk., dagegen als besondere Vortheile, welche die Stadt durch eigene Aufwendungen gewährt, $^4/_5$ = 352 Mk. anzusehen.

Der Lehrer hätte, da er an seinem Todestage über 16 Dienstjahre gehabt hat, an Ruhegehalt eventl. $^{21}/_{60}$ von 2400 Mk. = 840 Mk. zu beziehen gehabt.

Nach den Bestimmungen des Gesetzes vom 4. Dezember 1899 hätten die Hinterbliebenen an Wittwen- beziehungsweise Waisengeldern zu beanspruchen:

die Wittwe $^{2}/_{5}$ von 840 Mk. = 336 Mk. — Pf.
die drei Halbwaisen je $^{1}/_{5}$ von
336 Mk. = 67 Mk. 20 Pf.
zusammen . . . . 201 „ 60 „

Sa. 537 Mk. 60 Pf.

Diese Wittwen- und Waisengelder übersteigen somit die den Hinterbliebenen nach der seitherigen Gesetzgebung zustehenden Bezüge um 537 Mk. 60 Pf. — 400 Mk. = 137 Mk. 60 Pf. In diesem Falle können dem zu Folge die den Hinterbliebenen aus der besonderen Veranstaltung der Stadt zustehenden Bezüge, da die Vortheile, welche als Entgelt für die von dem Lehrer gezahlten Beiträge anzusehen sind, nur 88 Mk. betragen, um 137 Mk. 60 Pf. — 88 Mk. = 49 Mk. 60 Pf. gekürzt werden.

Außer den Wittwen- und Waisengeldern nach Maßgabe des Gesetzes vom 4. Dezember 1899 würden den Hinterbliebenen des Lehrers somit von der Stadt 440 Mk. — 49 Mk. 60 Pf. = 890 Mk. 40 Pf. zu zahlen sein.

Aufbringung der zu zahlenden Wittwen- und Waisengelder.

VIII. Nach § 14 Abs. 3 des Gesetzes vom 4. Dezember 1899 sind die Wittwen- und Waisengelder, soweit sie nicht durch die Staatsbeiträge gedeckt werden, von den zur Aufbringung des nicht durch Staatsbeitrag gedeckten Theiles des Ruhegehaltes des Lehrers (der Ruhegehaltskassenbeiträge), im Fürstenthum Hohenzollern-Hechingen von den bisher zur Unterhaltung des Lehres während der Dienstzeit auf der letzten Schulstelle Verpflichteten aufzubringen (vgl. S. 19 der Begründung des Gesetzentwurfes).

In dem Gesetze die Verpflichtung der Schulunterhaltungspflichtigen in dem Fürstenthume Hohenzollern-Hechingen zur Aufbringung der Wittwen- und Waisengelder besonders auszusprechen, war nöthig, weil die

Ruhegehälter der Lehrer in diesem Landestheile auf Grund der Dienstpragmatik vom 11. Oktober 1848 (Hechinger Verordnungs- und Intelligenz-Blatt von 1848 S. 281) ganz vom Staate gezahlt werden. Hinsichtlich der Wittwengelder liegt eine gleiche Verpflichtung des Staates aber nicht vor, da das Wittwengeld in der Dienstpragmatik vom 11. Oktober 1843 für die Schullehrerwittwen auf den Satz von 100 Gulden = 171 Mk. 48 Pf. begrenzt ist. Seit dem Inkrafttreten des Gesetzes vom 24. Februar 1881 (G.S. S. 41) beziehen deshalb auch die Lehrerwittwen, damit sie eine Pension von jährlich 250 Mk. erreichen, neben dem vom Staate zu zahlenden Wittwengelde von 171 Mk. 43 Pf. aus der Elementarlehrer-Wittwen- und Waisenkasse des Fürstenthums Hohenzollern-Hechingen, zu welcher die Gemeinden und Gutsbezirke Beiträge leisten, den Betrag von 78 Mk. 57 Pf. Da nach dem Gesetze vom 4. Dez. 1899 das Wittwengeld bis zur Höhe von 420 Mk. aus der Staatskasse gezahlt wird, so wird dadurch der bisherigen Verpflichtung des Staates vollständig genügt. Die Vorschriften der Dienstpragmatik sind in dieser Beziehung durch den § 21 des Gesetzes vom 4. Dezember 1899 aufgehoben.

Einrichtung und Verwaltung der Bezirks-Wittwen- und Waisenkassen.

IX. 1. Nach § 15 Abs. 1 des Gesetzes vom 4. Dezember 1899 sind behufs gemeinsamer Bestreitung des durch den Staatsbeitrag nicht gedeckten Theiles der Wittwen- und Waisengelder die zur Aufbringung verpflichteten Schulverbände (Schulsozietäten, Gemeinden, Gutsbezirke) in jedem Regierungsbezirke zu Bezirks-Wittwen- und Waisenkassen zu vereinigen. (Es sind also auch die Schulverbände in dem Fürstenthume Hohenzollen-Hechingen in die für den Regierungsbezirk Sigmaringen zu bildende Kasse hineinzunehmen.)

Der § 15 Abs. 2 läßt indeß den Schulverbänden,

welche mehr als 25 Schulstellen (d. h. allein an öffentlichen Volksschulen und am Tage des Inkrafttretens des Gesetzes) unterhalten und welche keine widerruflichen Staatsbeihülfen zur Unterhaltung der öffentlichen Volksschulen beziehen, die Wahl, ob sie den Bezirks-Wittwen- und Waisenkassen angeschlossen werden wollen oder nicht. In letzterem Falle haben sie dies binnen sechs Wochen nach dem Inkrafttreten des Gesetzes, d. i. bis einschl. den 12. Mai 1900, bei der Bezirksregierung zu beantragen. Wird einem hiernach der Bezirkskasse nicht angeschlossenen Schulverbande später auf seinen Antrag eine widerrufliche Staatsbeihülfe zur Unterhaltung der öffentlichen Volksschulen bewilligt, so hat die Bezirksregierung den Anschluß desselben an die Kasse von dem nächsten mit dem 1. April beginnenden Rechnungsjahre ab anzuordnen.

Der Austritt eines der Kasse angeschlossenen Schulverbandes ist in keinem Falle gestattet.

2. In § 15 Abs. 3 des Gesetzes vom 4. Dezember 1899 ist bestimmt, daß während der Dauer des auf Antrag eines Schulverbandes erfolgten Ausschlusses desselben aus der Kasse zu den Wittwen- und Waisengeldern der Hinterbliebenen von Lehrern, welche zur Zeit ihres Todes oder ihrer Versetzung in den Ruhestand an einer öffentlichen Volksschule dieses Schulverbandes angestellt waren, keine Staatsbeiträge zu zahlen sind. Erfolgt späterhin ein Anschluß des Schulverbandes an die Kasse, so sind die nach dem Gesetze vom 4. Dezember 1899 zu zahlenden Wittwen- und Waisengelder von dem Tage des Anschlusses ab auf die Kasse zu übernehmen. Von demselben Zeitpunkte ab sind alsdann auch Staatsbeiträge zu zahlen.

Die Stadt Berlin ist kraft des Gesetzes von der Fürsorge des Staates für die Schulverbände (vergl. § 14 Absatz 2 des Gesetzes vom 4. Dezember 1899) ausgeschlossen. Staatsbeiträge sind somit stets nur zu den Wittwen- und Waisengeldern der Hinterbliebenen von denjenigen Lehrern zu zahlen, deren Stellen den Bezirks-Wittwen- und Waisenkassen angeschlossen sind.

X. Hinsichtlich der Bezirks-Wittwen- und Waisenkassen (§ 15 des Gesetzes vom 4. Dezember 1899) auf deren Einrichtung und Verwaltung die §§ 2 bis 6, 8 bis 14 und 17 des Gesetzes, betreffend Ruhegehaltskassen für die Lehrer und Lehrerinnen an den öffentlichen Volksschulen, vom 23. Juli 1893 (G.S. S. 194) sinngemäße Anwendung zu finden haben (vergl. § 15 Abs. 5 des Gesetzes vom 4. Dezember 1899), wird das Folgende bestimmt:

1. Die Kassen führen die Bezeichnung „Volksschullehrer-Wittwen- und Waisenkasse des Regierungsbezirkes N. N.“

   Die Kassen sind als Nebenfonds bei den Regierungs-Hauptkassen einzurichten.

2. Wegen der Wahl des Kassenanwaltes (vergl. § 8 des Gesetzes vom 23. Juli 1893) und Festsetzung der demselben zu gewährenden Entschädigung (§ 4 des Gesetzes vom 23. Juli 1893) ist bei dem Provinzialausschusse, in der Provinz Hessen-Nassau und in den Hohenzollernschen Landen bei dem Landesausschusse alsbald der erforderliche Antrag zu stellen. Die Regierungen wollen, wenngleich das Gesetz den gedachten Behörden die freie Entschließung über die Wahl des Kassenanwaltes und über die Höhe der Entschädigung giebt, denselben auf Wunsch geeignete Personen namhaft machen und ihnen jedenfalls das für die Bemessung der Entschädigung in Betracht kommende Material über die voraussichtliche Arbeitsbelastung des Kassenanwaltes mittheilen.

3. Die Wittwen- und Waisengelder sind in voller Höhe von den Volksschullehrer-Wittwen- und Waisenkassen zu zahlen, und zwar auch dann, wenn die Wittwen- und Waisengelder ganz durch die Staats-

beiträge Deckung finden (vergl. den Erlaß vom 16. August 1899 — F. M. I 10758) M. d. g. A. — U III D 2471 — Centralblatt für die Unterrichtsverwaltung S. 725). Es sind daher sowohl die Staatsbeiträge zu den Wittwen- und Waisengeldern — vergl. unter Nr. XI — als auch die im Wege der Umlage von den Schulverbänden einzuziehenden Beiträge an die Volksschullehrer-Wittwen- und Waisenkasse abzuführen. Die Beiträge sind von den Schulverbänden in vierteljährigen Raten im voraus einzuziehen oder bei der Zahlung der nach § 27 des Lehrerbesoldungsgesetzes vom 3. März 1897 (G.S. S. 25) an die Verbände zu zahlenden Staatsbeiträge in Abrechnung zu bringen (vergl. hierzu § 11 des Gesetzes vom 23. Juli 1893).

4. Die Königlichen Regierungen haben ihren Anweisungen zur Zahlung von Wittwen- und Waisengeldern Nachweisungen nach dem beigefügten Schema A, sowie ferner die dazu gehörigen Unterlagen (Geburts-, Verehelichungs- und Sterbebescheinigungen) beizufügen. Alle diese Schriftstücke haben als Rechnungsbeläge zu dienen.

5. Der erste Vertheilungsplan über die von den Schulverbänden zur Volksschullehrer-Wittwen- und Waisenkasse zu leistenden Beiträge ist alsbald nach dem 12. Mai 1900 aufzustellen, wenn feststeht, welche Schulverbände sich dieser Kasse nicht anschließen (vergl. oben Nr. IX).

Die Unterlagen für die Aufstellung der Vertheilungspläne stehen, was die Zahlen für den Vertheilungsmaßstab betrifft, den Königlichen Regierungen bereits in den Vertheilungsplänen für die Ruhegehaltskasse der Lehrer und Lehrerinnen für das Rechnungsjahr 1900 zur Verfügung. Nur für den Regierungsbezirk Wiesbaden und das Fürstenthum Hollenzollern-Hechingen, für welche Bezirke Ruhegehaltskassen nicht bestehen, müssen die Zahlen nach dem Stande am 1. Oktober 1890 anderweit beschafft werden (vergl. § 15 Abs. 4 des Gesetzes vom 4. Dezember 1899).

Es ist aber zu beachten, daß der Vertheilungsmaßstab für die Volksschullehrer-Wittwen- und Waisenkassen von demjenigen für die Ruhegehaltskassen in zwei Punkten abweicht.

Erstens: Bei den Ruhegehaltskassen kommt das Diensteinkommen der Lehrer- und Lehrerinnenstellen in Betracht, bei den Volksschullehrer-Wittwen- und Waisenkassen dagegen nur dasjenige der Lehrerstellen.

Zweitens: Bei den Ruhegehaltskassen bleibt von dem Diensteinkommen für jede Stelle ein Betrag von 800 Mk. außer Berechnung, bei den Volksschullehrer-Wittwen- und Waisenkassen dagegen ein solcher von 1200 Mk.

Die für jeden Schulverband sich ergebende Gesammtsumme des Diensteinkommens ist in den Vertheilungsplänen, wie bei den Ruhegehaltskassen, nach unten auf Hunderte von Mark abzurunden (§ 15 Abs. 4 des Gesetzes vom 4. Dezember 1899).

Wegen des für die einzelnen Lehrerstellen in Ansatz zu bringenden Diensteinkommens wird außerdem zur Beachtung auf die Erlasse vom 9. Mai 1898 — U III D 288 II — Centralbl. f. d. Unterr.-Verw. S. 469) und vom 10 Februar 1899 — U III D 184 — (Centr.-Bl. f. d. Unterr.-Verw. S. 888) hingewiesen. Hinsichtlich der Feststellung des Bedarfes der Volksschullehrer-Wittwen- und Waisenkassen ist zunächst darauf hinzuweisen, daß die Vertheilungspläne dieser Kassen nicht, wie diejenigen der Ruhegehaltskassen, nur für ein Jahr, sondern ohne Rücksicht auf die eintretenden Veränderungen jedesmal für drei Rechnungsjahre gelten (§ 15 Absatz 4 des Gesetzes). In jedem der drei Jahre sind daher von den Schulverbänden gleich hohe Jahresbeiträge zu erheben. Es hat das zur Folge, daß die Kassen in den ersten zwei Jahren mit Ueberschüssen arbeiten werden, die alsdann im dritten Jahre Verwendung finden.

Die Bestimmung des § 6 des Gesetzes vom 23. Juli 1893, daß der Bedarf der Kasse nach dem Stande vom 1. Oktober des Vorjahres zu berechnen ist, erhält für die Volksschullehrer-Wittwen- und Waisenkassen, die einen Bestand von Wittwen und Waisen nicht übernehmen, selbstverständlich erst Bedeutung, wenn die Kassen auf dem sogenannten Beharrungsstandpunkt angelangt sein werden (vergl. S. 21 der Begründung des Gesetzentwurfes). Einstweilen muß der Bedarf nach der Wahrscheinlichkeit berechnet werden.

Zu den Verwaltungskosten der Volksschullehrer-Wittwen- und Waisenkassen im Sinne des § 6 des Gesetzes vom 23. Juli 1893 gehört nur die Entschädigung des Kassenanwaltes. Alle anderen bei der Verwaltung entstehenden Kosten sind gemäß § 2 a. a. O. aus dem Bureaubedürfniß- bezw. Prozeßkostenfonds der Königlichen Regierungen zu zahlen (vergl. den Erlaß vom 22. November 1894 — Fin.-M. I 18548, M. d. g. A. U III D 3471 I — Centr.-Bl. f. d. Unterr.-V. S. 768).

Die Zahl der Wittwen und Waisen, welche der Wahrscheinlichkeit nach in den nächsten drei Jahren in die Pensionsberechtigung eintreten, werden die Königlichen Regierungen aus den Erfahrungen der letzten Jahre entnehmen können. Ebenso sind sie in der Lage, die Durchschnittsbeträge der Wittwen- und Waisengelder, sowie die durchschnittlichen Staatsbeiträge zu den Wittwen- und Waisengeldern, welche der Wahrscheinlichkeit nach zu zahlen sein werden, zu berechnen. Es wird hierbei auf das zufolge der Erlasse vom 6. August 1897 — U III D 2031 G III — und vom 20. Juli 1898 — U III D 1697 G III — eingereichte Material verwiesen. Bei den Wahrscheinlichkeitsrechnungen ist auf die von Jahr zu Jahr bis zum Eintritt des natürlichen Beharrungszustandes eintretende Vermehrung der Zahl der Wittwen und Waisen sowie auf die Steigerung in Folge des stetigen

Anwachsens der Zahl der Lehrerstellen Bedacht zu nehmen (vergl. S. 21 der Begründung des Gesetzentwurfes). Andererseits aber kann für die Zahl der Wittwen und Waisen, um welche sich der Bestand in den einzelnen Jahren vermehrt, nicht die volle Jahrespension in Ansatz gebracht werden. Es wird genügen, wenn für diese Zahl der Wittwen und Waisen für das betreffende Rechnungsjahr $^1/_4$ der Jahrespension angerechnet wird (vergl. hierzu S. 140 der Anlagen zu Nr. 28 der Drucksachen des Hauses der Abgeordneten von 1899).

In Betreff der Wahrscheinlichkeitsberechnung für den ersten Vertheilungsplan mag folgendes Beispiel angeführt werden.

Beispiel.

	Die durchschnittlichen Wittwen- und Waisengelder sind berechnet auf:	Die durchschnittlichen Staatsbeiträge zu denselben sind berechnet auf:
für Wittwen rd. .	680 Mk.	410 Mk.
für Vollwaisen rd. .	150 „	135 „
für Halbwaisen rd. .	100 „	80 „

Es sind mithin von den Schulunterhaltungspflichtigen aufzubringen durchschnittlich 220, 15, 20 Mk.

Bedarf für das Rechnungsjahr 1900:

Verwaltungskosten.		200 Mk.
Wittwen- und Waisengelder für die in die Pensionsberechtigung eintretenden Wittwen und Waisen für 30 Wittwen $30 \times \frac{220}{4} =$ . .	1650 Mk.	
Uebertrag	1650 Mk.	200 Mk.

Uebertrag	1650 Mk.	200 Mk.	
für 2 Vollwaisen $2 \times \frac{15}{4} =$ rd. . .	8 „		
für 27 Halbwaisen $27 \times \frac{20}{4} =$ . . .	135 „	1793 „	1993 „
Bedarf für das Rechnungsjahr 1901:			
Verwaltungskosten .		200 „	
Wittwen- und Waisengelder A) für den zu Beginn des Rechnungsjahres vorhandenen Stand an Relikten für 30 Wittwen à 220 Mk. = . .	6600 Mk.		
für 2 Vollwaisen à 15 Mk. = . .	30 „		
für 27 Halbwaisen à 20 Mk. = . .	540 „	7170 „	
B) für die Zahl der Relikten, um welche sich der Bestand im Laufe des Rechnungsjahres vermehrt, d. h. nach Abzug der Zahl der durch Tod u. s. f. aus der Pensionsberechtigung austretenden Relikten			
Uebertrag		7170 Mk.	1993 Mk.

Uebertrag		7370 Mk.	1998 Mk.
für 31 Wittwen $31 \times \frac{220}{4} =$ . .	1705 „		
für 3 Vollwaisen $3 \times \frac{15}{4} =$ rd. . .	12 „		
für 28 Halbwaisen $28 \times \frac{20}{4} =$ . . .	140 „	1857 „	9227 Mk.

Bedarf für das Rechnungsjahr 1902:

Verwaltungskosten .		200 Mk.	
Wittwen- und Waisengelder			
A) für (wie oben)			
für 61 Wittwen à 220 Mk. . . .	13420 Mk.		
für 5 Vollwaisen à 15 Mk. . . .	75 „		
für 55 Halbwaisen à 20 Mk. . . .	1100 „	14595 „	
B) für (wie oben)			
für 29 Wittwen $29 \times \frac{220}{4} =$ . .	1595 „		
für 2 Vollwaisen $2 \times \frac{15}{4} =$ rd. . .	8 „		
für 27 Halbwaisen $27 \times \frac{20}{4} =$ . . .	135 „	1738 „	16533 Mk.
		im Ganzen	27758 Mk.
		rund	27900 „

6. Die im § 10 des Gesetzes vom 23. Juli 1893 angeordnete Veröffentlichung des Vertheilungsplanes der Volksschullehrer-Wittwen- und Waisenkassen hat in der abgekürzten Form zu erfolgen, wie sie für die Veröffentlichung der Vertheilungspläne der Ruhegehaltskassen durch die Erlasse vom 25. September 1896 — Fin.-Min. I 9965, M. d. g. A. U III D 2520 — (Centr.-Bl. f. d. Unterr.-V. S. 709) und vom 14. Februar 1898 — Fin.-Min. I 1545 M. d. g. A. U III D 3675 — (Centr.-Bl. f. d. Unterr.-V. S. 320) vorgeschrieben ist.

Für die Veröffentlichung des ersten Vertheilungsplanes mag das beigefügte Schema B. als Anhalt dienen.

Sofern von den Volksschullehrer-Wittwen- und Waisenkassen Zahlungen zu bestreiten sind, bevor ihnen bei der ersten Einrichtung dazu genügende Mittel zur Verfügung stehen, sind diese Zahlungen von den Regierungs-Hauptkassen vorschußweise zu leisten. Ein Gleiches hat, ebenso, wie bei den Ruhegehaltskassen (vergl. Erlaß vom 15. Juni 1894 — Fin.-Min. I 6832, M. d. g. A. U III D 970 — (Centr.-Bl. f. d. Unterr.-V. S. 567) zu erfolgen, falls aus unvorhergesehenen Gründen im Laufe eines Rechnungsjahres die Mittel der Volksschullehrer-Wittwen- und Waisenkassen zur Bestreitung der ihnen obliegenden Zahlungen nicht ausreichen.

7. Da die Volksschullehrer-Wittwen- und Waisenkassen als Nebenfonds der Regierungs-Hauptkassen einzurichten sind, so stellen sich die letzteren als die eigentlich zahlenden und rechnungslegenden Kassen dar, auf diese sind deshalb auch die Quittungen über Zahlungen aus dem Nebenfonds auszustellen (vergl. Erlaß vom 29. Juni 1894 — Fin.-Min. I 10288, M. d. g. A. U III D 1827 — (Centr.-Bl. f. d. Unterr.-V. S. 594.)

Zu den Quittungen über Wittwen- und Waisengelder sind die in den Anlagen C. und D. beigefügten Formulare in Anwendung zu bringen. Den Rechnungen sind Jahresquittungen beizufügen, soweit solche zu beschaffen sind.

Die Quittungen und die dazu gehörigen Bescheinigungen dürfen nicht vor dem ersten Tage desjenigen Monats ausgestellt sein, für welchen das Wittwen- und Waisengeld gezahlt werden soll. Die Bescheinigungen müssen von öffentlichen Beamten, welche ein Dienstsiegel zu führen berechtigt sind, unter deutlicher Beidrückung des letzteren ausgestellt sein.

Die Quittungen der außerhalb des Deutschen Reiches wohnenden Empfangsberechtigten müssen von einem deutschen Gesandten oder Konsul in Beziehung auf die Lebens- 2c. Atteste beglaubigt und dahin bescheinigt sein, daß die Wittwen- und Waisengeldberechtigten die deutsche Staatsangehörigkeit nicht verloren haben.

8. Wegen der Buch- und Kassenführung, sowie wegen der Rechnungslegung wird besondere Verfügung ergehen.

Staatsbeiträge.

XI. 1. Die nach § 14 Abs. 1 mit der Einschränkung des § 14 Abs. 2 und des § 15 Abs. 2 und 8 des Gesetzes der Staatskasse zur Last fallenden Beiträge (vergl. oben Nr. IX 2 und Nr. X 3) sind von den Königlichen Regierungen auf ihre Hauptkassen zur Zahlung anzuweisen. Die Verrechnung hat in den Rechnungen dieser Kassen von der geistlichen und Unterrichts-Verwaltung unter demjenigen Titel — als Mehrausgabe — zu erfolgen, welcher durch den Staatshaushaltsetat dazu bestimmt werden wird. In dem Entwurfe des Staatshaushaltsetats für das Etatsjahr 1900 ist zu dem Zwecke unter Kap. 121 Tit. 41 ein Fonds mit der Bezeichnung „Zu Wittwen- und Waisengeldern für die Hinterbliebenen der Lehrer an öffentlichen Volksschulen und der Mitglieder der Elementarlehrer-Wittwen- und Waisenkassen“ vorgesehen.

2. Bei demselben Fonds sollen nach den Bemerkungen zu diesem Etattitel vom 1. April 1900 ab auch die nach

dem Gesetze vom 27. Juni 1890 noch zu zahlenden Waisengelder verrechnet werden. Der für diese Waisengelder bisher bestimmte Fonds Kap. 121, Tit. 41 a des jetzigen Staatshaushaltsetats soll deshalb nach dem erwähnten Entwurfe vom 1. April 1900 ab mit dem neuen Fonds verschmolzen werden.

8. Ferner sollen späterhin auch diejenigen Wittwen- und Waisenpensionen bei diesem Fonds verrechnet werden, deren Zahlung der Staat nach § 19 Abs. 2 des Gesetzes vom 4. Dezember 1899 von den Elementarlehrer-Wittwen- und Waisenkassen zu übernehmen hat.

Auflösung der jetzigen Elementarlehrer-Wittwen- und Waisenkassen.

XII. 1. Die jetzigen Elementarlehrer-Wittwen- und Waisenkassen sind nach § 18 des Gesetzes vom 4. Dezember 1899 mit dem Inkrafttreten desselben (1. April 1900) für jeden neuen Beitritt zu schließen. Von diesem Zeitpunkte ab sind sonach auch bei den Kassen, deren Statuten dies bisher zuließen, solche Personen nicht mehr als Mitglieder aufzunehmen, welche nicht dem Stande der öffentlichen Volksschullehrer angehören, z. B. Kirchenbeamte (Organisten, Küster). Die Kassen bleiben also vom 1. April 1900 ab außer für die jetzt vorhandenen und bis zum 31. März 1900 hinzukommenden Wittwen und Waisen von Kassenmitgliedern (vergl. dazu oben Nr. III) nur noch für die bei der Kasse verbleibenden Lehrer (vergl. Nr. IV) und außerdem für die am 31. März 1900 denselben sonst angehörenden Mitglieder bestehen.

Die bei der Kasse verbleibenden Mitglieder haben auch fernerhin die Beiträge zu leisten, welche die Statuten etwa vorschreiben (vergl. Nr. IV 1).

2. Die Königlichen Regierungen (ausschließlich Hannover, Hildesheim, Osnabrück, Aurich, Stade, Lüneburg, Liegnitz und Oppeln) und das Königliche Provinzial-Schulkollegium in Hannover haben vom 1. April 1900

ab die Elementarlehrer-Wittwen- und Waisenkassen bis zu deren vollständigen Auflösung weiterhin zu verwalten.

Voraussichtlich werden die meisten öffentlichen Volksschullehrer aus den Elementarlehrer-Wittwen- und Waisenkassen ausscheiden.

Sobald wahlberechtigte oder wählbare Mitglieder nicht mehr vorhanden sind und alsdann Vertreter des Lehrerstandes in die auf Grund des § 7 des Gesetzes vom 22. Dezember 1869 (G.-S. 1870 S. 1) gebildeten Kreisvorstände nicht mehr gewählt werden können, sind diese aufzulösen.

Die nach § 6 a. a. O. gewählten Kuratoren der Kasse haben im Interesse des von ihnen vertretenen Lehrerstandes insbesondere auch bei der Feststellung der besonderen Zwecken dienenden Kassenkapitalien mitzuwirken, welche zur Deckung der den einzelnen Kassen obliegenden Verbindlichkeiten nicht zu verwenden sind (vergl. § 19 Abs. 2 des Gesetzes vom 4. Dezember 1899). Diese Feststellung hat alsbald zu erfolgen. Bis zum 1. Juli 1900 ist darüber eingehend an uns zu berichten.

8. Soweit mit den Elementarlehrer-Wittwen- und Waisenkassen noch Sterbekassen verbunden sind und fortbestehen bleiben sollen, sind für dieselben besondere Statuten zu entwerfen und vorzulegen.

In den Fällen, in welchen die nach den Statuten zu zahlenden Sterbegelder nicht ausschließlich durch besondere Beiträge der Mitglieder der Kasse aufzubringen, vielmehr ganz oder zum Theil aus den Zinsen- 2c. Einnahmen der Elementarlehrer-Wittwen- und Waisenkassen zu bestreiten sind, wird zu prüfen sein, in wie weit etwa den nunmehr von den Elementarlehrer-Wittwen- und Waisenkassen zu trennenden Sterbekassen ein Theil der Kassenkapitalien, als nach § 19 Abs. 2 des Gesetzes vom 4. Dezember 1899 für dieselben stiftungsmäßig bestimmt, zu überweisen sein wird. Eventuell ist auch hierüber eingehend bis zum 1. Juli 1900 zu berichten.

4. Wegen der Einstellung der Zahlung von Staatszuschüssen an die Elementarlehrer=Wittwen= und Waisenkassen vom 1. April 1900 ab (vergl. § 19 Abs. 2 des Gesetzes vom 4. Dezember 1899) und der Herabsetzung der Gemeindebeiträge um 1 Mark für jede Lehrerstelle vom 1. April 1901 ab (vergl. § 19 Abs. 1 a. a. O.) ist das Erforderliche zu veranlassen.

Für die Flüssigmachung der Kapitalien, welche zur Deckung der den Kassen obliegenden Verbindlichkeiten nothwendig werden, ist stets rechtzeitig Sorge zu tragen.

5. Die nähere Vorschrift des § 18 Abs. 2 und Abs. 3 des Gesetzes vom 4. Dezember 1899 über die Verwendung derjenigen Mittel einer Elementarlehrer=Wittwen= und Waisenkasse, welche nach Deckung der sämmtlichen Verbindlichkeiten derselben übrig bleiben, wird einstweilen vorbehalten.

Der im § 19 Abs. 1 a. a. O. vorgesehene frühere Fortfall der Gemeindebeiträge wird ebenfalls vorbehalten. Gegebenenfalls sind von den unter Nr. XII 2 gedachten Königlichen Regierungen bezw. dem Königlichen Provinzial=Schulkollegium in Hannover Anträge zu stellen. Die Königliche Regierung in Düsseldorf wolle diese Frage alsbald in Erwägung ziehen.

6. Hinsichtlich derjenigen Kassen, deren Einnahmen (Gemeindebeiträge, Mitgliederbeiträge ꝛc.) nach Verbrauch der Kassenkapitalien zur Deckung der ihnen obliegenden Verbindlichkeiten nicht ausreichen, so daß der Staat für dieselbe einzutreten hat (vergl. § 19 Abs. 2 a. a. O.), ist an uns bis zum 1. Oktober desjenigen Rechnungsjahres Bericht zu erstatten, nach dessen Abschluß die Leistungsfähigkeit der Kassen mit Sicherheit eintritt.

Der Finanz=Minister.

Miquel.

Der Minister der geistlichen, Unterrichts= und Medizinal=Angelegenheiten.

Studt.

Anlage A. (Schema.)

Nachweisung

über die Bewilligung von Wittwen- und Waisengeld auf Grund des Gesetzes vom 4. Dezember 1899 (G.S. S. 587) für die Hinterbliebenen des am 15. Juni 1900 zu N. N., Kreis N. N. verstorbenen Lehrers
Ernst Friedrich Schneider.

Beantwortung von Vorfragen.

1. War der Verstorbene an seinem Todestage schon in den Ruhestand getreten . . . . . . Nein.
2. An welcher öffentlichen Volksschule war der Verstorbene zur Zeit seines Todes oder seiner Versetzung in den Ruhestand angestellt? . . . . An der kath. Volksschule in N. N.
3. Ist der Schulverband, welcher zur Unterhaltung dieser Schule verpflichtet ist, der Volksschullehrer-Wittwen- und Waisenkasse des Regierungsbezirks . . . angeschlossen? . . . . . . Ja.

Zu U. III. D. 455.

Anlage B.

Bekanntmachung.

Nachstehenden Vertheilungsplan über die von den einzelnen Schulverbänden (Schulsocietäten, Gemeinden, Gutsbezirken) für die Zeit vom 1. April 1900 bis 31. März 1903 zur Volksschullehrer-Wittwen- und Waisenkasse zu leistenden Beiträge bringen wir gemäß § 15 Abs. 4 des Gesetzes vom 4. Dezember 1899 (G.S.

S. 587) und § 10 des Gesetzes vom 28. Juli 1893 (G.S. S. 194) hiermit zur öffentlichen Kenntniß.

Gegen den Plan sind von dem Kassenanwalte (Name, Stand und Wohnort) Einwendungen nicht erhoben worden.

Der Bedarf der Kasse, einschließlich der Verwaltungskosten, beträgt nach den aufgestellten Wahrscheinlichkeitsberechnungen für die 3 Rechnungsjahre zusammen 27 900 Mk. In jedem der 3 Rechnungsjahre sind somit aufzubringen 1/3 von 27 900 Mk. = 9 300 Mk.

Die Gesammtsumme des ruhegehaltsberechtigten Diensteinkommens der Lehrerstellen nach dem Stand am 1. Oktober 1899, bei deren Feststellung für jede Lehrerstelle ein Betrag von 1200 Mk. außer Berechnung geblieben ist (vergl. § 15 Abs. 4 des Gesetzes vom 4. Dezember 1899), beträgt 1 500 000 Mk. Es entfallen somit auf 100 Mk. dieses Diensteinkommens für ein Jahr 62 Pfennig.

Auf die einzelnen Schulverbände entfallen die in Spalte 6 des Planes verzeichneten Beiträge.

Die Beiträge sind in vierteljährlichen Raten im Voraus an die Königlichen Kreiskassen einzuzahlen. Die Beiträge des ersten Vierteljahres des laufenden Rechnungsjahres sind mit den Beiträgen für das zweite Vierteljahr zusammen einzuzahlen.

Gegen den Vertheilungsplan steht den Betheiligten nach § 15 Abs. 5 des Gesetzes vom 4. Dezember 1899 bezw. § 12 des Gesetzes vom 28. Juli 1893 innerhalb vier Wochen nach Bekanntmachung des Planes die Klage im Verwaltungsstreitverfahren auf Abänderung des Planes gegen die unterzeichnete Königliche Regierung bei dem Bezirksausschusse zu. Die Klage hat keine aufschiebende Wirkung.

Zu U. III. D. 455.

Anlage C.

Mk. . . . . Pfg. . . . .
buchstäblich . . . .
für (den Monat, das Etatsjahr) . . . .
und zwar Wittwengeld für mich . . Mk. . . Pfg. .
Waisengeld für meine Kinder:
a) (Vorname), geb. am (Datum)
Mk. . Pfg. .
b) . . . . . . „ . „ .
c) . . . . . . „ . „ .
zusammen Mk. . . Pfg. .
sind wie oben Mk. . . Pfg. .
habe ich als Wittwe des Lehrers (Name des Mannes) aus der Königlichen Regierungs-Hauptkasse in N. N. baar gezahlt erhalten, worüber ich hiermit quittire.

(Ort und Datum).

(Unterschrift der Wittwe mit Vornamen, Mannes- und Geburtsnamen).

Bescheinigung.

Daß die Wittwe (Vor- und Mannesname), geborene (Geburtsname) noch lebt und seit dem Tode des Lehrers (Name des Mannes) nicht wieder geheirathet hat, vorstehende Quittung selbst unterschrieben hat, und mit dem Unterzeichneten in keinem nahen verwandtschaftlichen Verhältnisse steht, sowie daß die vorbezeichneten Kinder noch am Leben sind [und die (Vor- und Zuname der mehr als 16 Jahre alten Tochter), geboren am (Datum) unverehelicht ist], wird hiermit unter Beidrückung des Dienstsiegels bescheinigt.

(Ort und Datum.)

(Unterschrift mit Namen und Amtscharakter.)

(Siegel.)

Zu U. III. D. 455.

Anlage D.

Mk. . . . . . . Pfg. . . .

buchstäblich . . . .
Waisengeld für (den Monat, das Etatsjahr) . . . .
habe ich für die Kinder des verstorbenen Lehrers (Name des Vaters) und zwar:

für (Vorname), geboren am (Datum) Mk. . . Pfg. .
" " " " " " . . " .

sind wie oben Mk. . . Pfg. .

als Vormund dieser Kinder aus der Königlichen Regierungs-Hauptkasse zu N. N. baar gezahlt erhalten, worüber ich hiermit quittire.

(Ort und Datum.)

(Unterschrift mit Namen und Stand.)

Bescheinigung.

Daß die vorbezeichneten Kinder des Lehrers (Name des Vaters) noch leben [und die (Vor- und Zuname der mehr als 16 Jahre alten Tochter), geboren am (Datum) unverehelicht ist], sowie daß der (Name und Stand des Vormundes) zur Zeit der Vormund dieser Kinder ist und die vorstehende Quittung selbst unterschrieben hat, wird hierdurch unter Beidrückung des Dienstsiegels mit dem Bemerken bescheinigt, daß der Unterzeichnete weder zum Vormunde noch zu dessen obigen Pflegebefohlenen in einem nahen verwandtschaftlichen Verhältnisse steht.

(Ort und Datum.)

(Unterschrift mit Namen und Amtscharakter.)

(Siegel.)

Zu U. III. D. 455.

Vertheilungsplan.

Laufende Nr.	Kreis- und Schulverband.	Konfession.	Anzahl der Lehrerstellen.	Die für jeden Schulverband sich ergebende Gesammtsumme des Diensteinkommens beträgt auf Hunderte von Mark nach unten abgerundet. ℳ	Von dem Schulverbande sind zur Wittwen- und Waisenkasse an Beiträgen jährlich zu entrichten. ℳ	₰
1.	2.	3.	4.	5.	6.	
	Kreis N. N.					
1.	A.	ev.	2	400	2	48
2.	A.	kath	1	100	—	62
3.	B.	—	5	1 500	9	30
4.	C.	kath.	1	—	—	—
5.	D.	—	24	12 300	76	26
	u. s. w.					
				Summa 14 300	650	38
	Kreis N. O.					
1.	A.	kath.	4	1 800	11	16
	u. s. w.					

Letztes ruhegehaltsberechtigtes Diensteinkommen des verstorbenen Lehrers. ℳ	Anrechnungsfähige Dienstzeit desselben [spezielle Angaben].	Betrag des [eventuellen] Ruhegehaltes des verstorbenen Lehrers. ℳ	Der Wittwe			Alter des verstorbenen Ehemanns.
			Vor-, Zu- und Elternname, Geburtsort und Geburtsjahr.	Wohnort.	Alter am Todestage des Ehemanns.	
1.	2.	3.	4.	5.	6.	7.
Grundgehalt 1200 M. Wert der fr. Wohnung einschl. der Nutzung des Hausgartens . 400 „ Alterszulagen . 1350 „ zusammen . 2950 M.	Vom 1. Oktober 1863 bis einschließl. 31. März 1867 an der kathol. Volksschule in L., Kreis N.; vom 1. April 1867 bis einschließl. 28. Februar 1869 an der kath. Volksschule in P., Kreis K.; vom 1. März 1869 bis zum Todestage [15. Juni 1900] an der kath. Volksschule in N.N., Kreis N.N., mithin über 36 Jahre im öffentlichen Volksschuldienste.	2016,— M. ($\frac{41}{60}$ von 2950,— M = 2015,83 M. rund 2016 M.	Anna Schneider, geb. Kuhlig, geb. am 2. Sept. 1863	N. N.	36 Jahre 9 Monate	57 Jahre [geb. am 12. Juni 1843.]

… der … en … r … r … ren	Deren Alter (Geburtstag) Tag	Monat	Jahr	Von dem (eventuellen) Ruhegehalte des verstorbenen Lehrers – siehe Spalte 3 – stehen den Hinterbliebenen zu		Davon sind aus der Staatskasse zu zahlen		Zeitpunkt des Beginns der Zahlung	Die Waisengelder sind, abgesehen von den Fällen, in welchen das Recht auf den Bezug desselben durch Verheirathung od. Tod ꝛc. erlischt od. ruht, zu zahlen bis einschließlich Monat	Jahr	Bemerkungen
	10.			11.	12.	13.		14.	15.		16.
					M	Pf	M	Pf			
				A. Der Wittwe . $\frac{2}{5}$ des Ruhegeh. würden betragen . . 806,40 M. Nach § 7 Abs. 1 und 3 des Gesetzes sind indeß hiervon zu kürzen $\frac{4}{20}$ = 161,28 „ verbleiben . 645,12 M.	645	12	420	—	1 Okt. 1900			
				B. Den Kindern.							
o	27.	Februar	1887	— von 806,40 M. . .	268	80	140	—	—	Februar	1905	Sohn aus der ersten Ehe des Verstorben mit Marie Schulz.
drich	29.	November	1894		161	28	84	—	—	November	1912	
ilie	7.	Dezember	1895	je $\frac{1}{5}$ von 806,40 M.	161	28	84	—	—	Dezember	1913	
st	18.	März	1897		161	28	84	—	—	März	1915	

Die Richtigkeit der vorstehenden durch Atteste beziehungsweise durch den Inhalt : Akten zweifellos festgestellten Angaben bescheinigt.

N. N., den . . . .

Königliche Regierung,
Abtheilung für Kirchen- und Schulwesen.

Rechnerisch richtig.
N. N.,
Regierungs-Sekretär.

Anhang 3.

Gesetz, betreffend die Fürsorge für die Wittwen und Waisen der unmittelbaren Staatsbeamten.

Vom 20. Mai 1882 (G.S. S. 298) in der Fassung der Gesetzes vom 28. März 1888 (G.S. S. 48) und 1. Juni 1897 (G.S. S. 169.)

Wir Wilhelm, von Gottes Gnaden König von Preußen rc. verordnen, mit Zustimmung beider Häuser des Landtages der Monarchie, was folgt:

§§ 1—6 beziehen sich auf die Wittwen- und Waisengeldbeiträge, welche durch Art. I des Gesetzes vom 28. 3. 1888 aufgehoben sind.

§. 7.

Die Wittwe und die hinterbliebenen ehelichen oder durch nachgefolgte Ehe legitimirten Kinder eines zur Zeit seines Todes zur Entrichtung von Wittwen- und Waisengeldbeiträgen verpflichteten Beamten erhalten aus der Staatskasse Wittwen- und Waisengeld nach Maßgabe der nachfolgenden Bestimmungen.

§. 8.*)

Das Wittwengeld besteht in vierzig vom Hundert derjenigen Pension, zu welcher der Verstorbene berechtigt gewesen ist oder berechtigt gewesen sein würde, wenn er am Todestage in den Ruhestand versetzt wäre.

Das Wittwengeld soll jedoch, vorbehaltlich der im §. 10 verordneten Beschränkung, mindestens zweihundert und sechszehn Mark betragen und für Wittwen der Staatsminister und Beamten der ersten Rangklasse drei-

*) Art. I des Gesetzes vom 1 Juni 1897.

tausend Mark, für Wittwen der Beamten der zweiten und dritten Rangklasse zweitausendfünfhundert Mark und für Wittwen der übrigen Beamten zweitausend Mark nicht übersteigen.

Ueber die Zugehörigkeit zu einer Rangklasse entscheiden die Bestimmungen des §. 2 Absatz 1 bis 8 des Gesetzes, betreffend die Gewährung von Wohnungsgeldzuschüssen an die unmittelbaren Staatsbeamten, vom 12. Mai 1878 (Gesetz-Samml. S. 209).

§. 9.

Das Waisengeld beträgt:

1. für Kinder, deren Mutter lebt und zur Zeit des Todes des Beamten zum Bezuge von Wittwengeld berechtigt war, ein Fünftel des Wittwengeldes für jedes Kind;
2. für Kinder, deren Mutter nicht mehr lebt oder zur Zeit des Todes des Beamten zum Bezuge von Wittwengeld nicht berechtigt war, ein Drittel des Wittwengeldes für jedes Kind.

§. 10.

Wittwen- und Waisengeld dürfen weder einzeln noch zusammen den Betrag der Pension übersteigen, zu welcher der Verstorbene berechtigt gewesen ist oder berechtigt gewesen sein würde, wenn er am Todestage in den Ruhestand versetzt wäre.

Bei Anwendung dieser Beschränkung werden das Wittwen- und das Waisengeld verhältnißmäßig gekürzt.

§. 11.

Bei dem Ausscheiden eines Wittwen- und Waisengeldberechtigten erhöht sich das Wittwen- oder Waisengeld der verbleibenden Berechtigten von dem nächstfolgenden Monat an insoweit, als sie sich noch nicht im vollen Genuß der ihnen nach den §§. 8 bis 10 gebührenden Beträge befinden.

§. 12.

War die Wittwe mehr als 15 Jahre jünger als der Verstorbene, so wird das nach Maßgabe der §§. 8 und 10 berechnete Wittwengeld für jedes angefangene Jahr des Altersunterschiedes über 15 bis einschließlich 25 Jahre um $^1/_{20}$ gekürzt.

Auf den nach § 9 zu berechnenden Betrag des Waisengeldes sind diese Kürzungen des Wittwengeldes ohne Einfluß.

Nach*) fünfjähriger Dauer der Ehe wird für jedes angefangene Jahr ihrer weiteren Dauer dem gekürzten Betrage $^1/_{20}$ des nach Maßgabe der §§. 8 und 10 zu berechnenden Wittwengeldes so lange hinzugesetzt, bis der volle Betrag wieder erreicht ist.

§. 13.

Keinen Anspruch auf Wittwengeld hat die Wittwe, wenn die Ehe mit dem verstorbenen Beamten innerhalb dreier Monate vor seinem Ableben geschlossen und die Eheschließung zu dem Zwecke erfolgt ist, um der Wittwe den Bezug des Wittwengeldes zu verschaffen.

Keinen Anspruch auf Wittwen- und Waisengeld haben die Wittwe und die hinterbliebenen Kinder eines pensionirten Beamten aus solcher Ehe, welche erst nach der Versetzung des Beamten in den Ruhestand geschlossen ist.

§. 14.

Stirbt ein (zur Entrichtung von Wittwen- und Waisengeldbeiträgen verpflichteter) Beamter, welchem, wenn er am Todestage in den Ruhestand versetzt wäre, auf Grund des §. 7 des Pensionsgesetzes vom 27. März 1872 eine Pension hätte bewilligt werden können, so kann der Wittwe und den Waisen desselben von dem Departementschef in Gemeinschaft mit dem Finanzminister Wittwen- und Waisengeld bewilligt werden.

Stirbt ein zur Entrichtung von Wittwen- und Waisengeldbeiträgen verpflichteter Beamter, welchem nach den §§. 18 und 19 des Pensionsgesetzes vom 27. März 1872 im Falle seiner Versetzung in den Ruhestand die Anrechnung gewisser Zeiten auf die in Betracht kommende

*) Artikel II des Gesetzes vom 1. Juni 1897.

Dienstzeit hätte bewilligt werden können, so ist der Departementschef in Gemeinschaft mit dem Finanzminister befugt, eine solche Anrechnung auch bei Festsetzung des Wittwen- und Waisengeldes zuzulassen.

§. 15.

Die Zahlung des Wittwen- und Waisengeldes beginnt mit dem Ablauf des Gnadenquartals oder des Gnadenmonats.

§. 16.

Das Wittwen- und Waisengeld wird monatlich im Voraus gezahlt. An wen die Zahlung gültig zu leisten ist, bestimmt der Departementschef, welcher die Befugniß zu solcher Bestimmung auf die Provinzialbehörde übertragen kann.

Nicht abgehobene Theilbeträge des Wittwen- und Waisengeldes verjähren binnen vier Jahren, vom Tage ihrer Fälligkeit an gerechnet, zum Vortheile der Staatskasse.

§. 17.

Das Wittwen- und Waisengeld kann mit rechtlicher Wirkung weder abgetreten noch verpfändet oder sonst übertragen werden.

§. 18.

Das Recht auf den Bezug des Wittwen- und Waisengeldes erlischt:

1. für jeden Berechtigten mit Ablauf des Monats, in welchem er sich verheirathet oder stirbt;
2. für jede Waise außerdem mit dem Ablauf des Monats, in welchem sie das 18. Lebensjahr vollendet.

§. 19.

Das Recht auf den Bezug des Wittwen- und Waisengeldes ruht, wenn der Berechtigte das Deutsche Indigenat verliert, bis zur etwaigen Wiedererlangung desselben.

§. 20.

Mit den aus §. 14 sich ergebenden Maßgaben erfolgt die Bestimmung darüber, ob und welches Wittwen- und Waisengeld der Wittwe und den Waisen eines Beamten zusteht, durch den Departementschef, welcher die Befugniß zu solcher Bestimmung auf die Provinzialbehörde übertragen kann.

Die Beschreitung des Rechtsweges steht den Betheiligten offen, doch muß die Entscheidung des Departementschefs der Klage vorhergehen und letztere sodann bei Verlust des Klagerechts innerhalb sechs Monaten, nachdem den Betheiligten die Entscheidung des Departementschefs bekannt gemacht worden, erhoben werden.

§. 21.

Die Vorschriften

1. der §§. 10 und 12 des Dänischen Pensionsgesetzes vom 24. Februar 1858,
2. des dritten Theils des Kurhessischen Staatsdienstgesetzes vom 8. März 1831,
3. der §§. 28 ff. des Staatsdieneredikts für das Fürstenthum Hohenzollern-Sigmaringen vom 20. August 1831 und der §§. 26 ff. der Dienstpragmatik für das Fürstenthum Hohenzollern-Hechingen vom 11. Oktober 1848

treten für die Hinterbliebenen derjenigen Beamten, welche auf Grund des §. 23 Absatz 1 dieses Gesetzes aus der Landesanstalt, der sie seither angehörten, ausscheiden, mit der Maßgabe außer Kraft, daß das denselben zu bewilligende Wittwen- oder Waisengeld nicht hinter demjenigen Betrage zurückbleiben darf, welcher ihnen nach den vorstehend unter Ziffer 1 bis 3 bezeichneten Vorschriften aus der Staatskasse hätte bewilligt werden müssen.

§. 22.

Der Beitritt zu der allgemeinen Wittwenverpflegungsanstalt ist den (nach § 1 zur Entrichtung von Wittwen- und

Waisengeldbeiträgen verpflichteten) Beamten, sowie den Beamten des Deutschen Reichs nicht ferner gestattet.

§. 23.

— — — — —

§. 24.

Dieses Gesetz tritt am 1. Juli 1882 in Kraft.

Urkundlich unter Unserer Höchsteigenhändigen Unterschrift und beigedrucktem Königlichen Insiegel.

Gegeben Berlin, den 20. Mai 1882.

(L. S.) Wilhelm.

v. Puttkamer. v. Kameke. Bitter. Lucius.
Friedberg. v. Boetticher. v. Goßler.

D.

Gesetz,

betreffend das Ruhegehalt der Lehrer und Lehrerinnen an den öffentlichen nichtstaatlichen mittleren Schulen und die Fürsorge für ihre Hinterbliebenen.

Vom 11. Juni 1894.
(G.S. S. 109.)

Einleitende Bemerkungen.

(Auszug aus der Begründung.)

Das Bedürfniß weiterer Kreise der Bevölkerung nach einer zwar nicht gelehrten, aber doch höheren Bildung, als die mehrklassige Volksschule zu geben vermag, hatte in den verschiedensten Gegenden des Preußischen Staates, namentlich in den städtischen Gemeinden eine Anzahl von Schuleinrichtungen geschaffen, die unter dem Namen Bürger-, Mittel-, Rektorschulen, höhere Knaben- oder Stadtschulen, selbständige Vorschulen u. s. f. jenem Zwecke dienten.

Die Organisation derselben war eine sehr verschiedenartige; bald traten sie selbständig neben den Volksschulen auf, bald bestanden sie nur aus einzelnen Klassen, welche auf die Volksschulen aufgesetzt waren. Zumeist verfolgten sie das Ziel, den Kindern des Bürgerstandes eine höhere abschließende Bildung zu geben. Es fanden sich darunter aber auch Schulen, welche nur Vorbereitungsanstalten für höhere Lehranstalten waren, oder — mehr aus gesellschaftlichen Rücksichten begründet — einen im Rahmen des Volksschulunterrichts sich haltenden abgesonderten Unterricht bezweckten.

Zu einem erheblichen Theil wurden diese, unter den allgemeinen Begriff der „Elementarschulen" fallenden Unterrichtsanstalten früher in der Verwaltungspraxis auch in rechtlicher Beziehung den Volksschulen zugezählt. Seit der Begriff der letzteren aber durch das Lehrerpensionsgesetz vom 6. Juli 1885 (oben S. 132 ff.), das Gesetz vom 26. Mai 1887, betr. die Feststellung der Anforderungen für Volksschulen (oben S. 121 ff.) und insbesondere die Gesetze über die Erleichterung der Schullasten vom 14. Juni 1888 und 31. März 1889 (G.S. S. 240 bezw. S. 64) auf diejenigen Schulen begrenzt ist, welche zur Erfüllung der allgemeinen Schulpflicht dienen, traten neben den sog. höheren Schulen und neben der allgemeinen Volksschule die vorbezeichneten Schulen als auch in rechtlicher Beziehung besonders zu behandelnde „mittlere" Schulen klarer hervor.

Auf dem Gebiete der Erziehung der weiblichen

Jugend sind diesen Schulen die **höheren Mädchenschulen** anzureihen, welche übrigens in ähnlicher Beziehung vielgestaltig sind.

Im Jahre 1892 gab es im Preußischen Staat an öffentlichen mittleren Schulen:

215 Mittelschulen,
191 höhere Mädchenschulen,
58 Rektorschulen, Vorschulen u. s. f.,

die weder zu den höheren Lehranstalten, noch zu den öffentlichen Volksschulen gehörten.

Zwei der höheren Mädchenschulen wurden vom Staat unterhalten. Im Uebrigen war die Unterhaltung der gedachten Anstalten eine sehr verschiedenartige; größtentheils wurden sie von den bürgerlichen Gemeinden unterhalten, zum geringen Theil von besonderen Verbänden, vereinzelt beruhen sie auf Stiftungen.

Eine allgemeine gesetzliche Regelung der Rechtsverhältnisse dieser Schulen war bis zum Jahre 1894 nicht erfolgt. Es war s. Z. in Aussicht genommen, dieselbe im Anschluß an die allgemeine gesetzliche Ordnung des Volksschulwesens in Angriff zu nehmen. Nachdem die letztere nicht zur Durchführung gelangt war, erschien es zwar nothwendig, auch von einer allgemeinen Regelung des Mittelschulwesens abzusehen; indessen war es erwünscht, bezüglich der Lehrer und Lehrerinnen an mittleren Schulen wenigstens diejenigen Verhältnisse zu ordnen, welche bezüglich der Lehrer an den höheren Schulen und bezüglich derjenigen an den öffentlichen Volksschulen bereits allgemein geregelt waren. Es waren dies die Ruhegehälter der Lehrer und Lehrerinnen, die Gnadenkompetenzen und die Wittwen- und Waisengelder der Hinterbliebenen der Lehrer.

So legte denn die Kgl. Staatsregierung im Anfange des Jahres 1894 den beiden Häusern des Landtages den „Entwurf eines Gesetzes, betreffend das Ruhegehalt der Lehrer und Lehrerinnen an den öffentlichen, nichtstaatlichen mittleren Schulen und die Fürsorge für ihre Hinterbliebenen" nebst Begründung vor, welcher demnächst ohne jede Aenderung zur Annahme gelangte.

Vergl. Abgeordnetenhaus: Stenogr. Bericht 1894, Anlagen Bd. II S. 721 ff. (Gesetzentwurf und Begründung), S. 1409 ff. (Kommissionsberichte); Stenogr. Berichte 1894 Bd. I S. 177 ff. (erste Berathung), Bd. II S. 1143 (zweite Berathung), daselbst S. 1185 (dritte Berathung).

Herrenhaus: Stenogr. Berichte 1894, Bd. I S. 110, mündlicher Bericht der Kommission S. 222, Gesetzentwurf Aktenstück Nr. 44 S. 148 ff., Kommissionsantrag, Aktenstück 69 S. 370 Bd. II.

Das Gesetz will eine gleichartige Ordnung für die unter dem Namen: „mittlere Schulen" zusammen zu fassenden Unterrichtsanstalten herbeiführen, soweit dieselben allgemeinen Bildungszwecken dienen. Es mußte deshalb die Fach- und Fortbildungsschulen ausschließen, weil deren Verhältnisse sehr verschiedenartige sind. Dementsprechend fixirt es in §. 1 den **Begriff der „mittleren Schulen"**.

Bis zum Erlaß des Gesetzes fehlte es für die Lehrer und Lehrerinnen an den mittleren Schulen an festen gesetzlichen Bestimmungen bezüglich des **Ruhegehalts**. Die Ruhegehaltsberechtigung an sich wurde zwar in der Rechtsprechung wenigstens insoweit anerkannt, als die betreffenden Lehrer früher an Volksschulen desselben Schulverbandes angestellt waren; aber über die Höhe des Ruhegehalts waren keine allgemeinen Vorschriften vorhanden. Bei den nahen Beziehungen der mittleren Schulen zu den Volksschulen waren die betreffenden Lehrpersonen früher in der Regel ebenso wie die Volksschullehrer behandelt worden. Nach Erlaß des Pensionsgesetzes für die letzteren (oben S. 132 ff.) war mehrfach ortsstatutarisch oder durch besondere Schulverfassung auch für die mittleren Schulen eine analoge Regelung herbeigeführt. 1892 waren unter den in Frage kommenden Anstalten bei 264 die Verhältnisse im Anschluß an das Lehrerpensionsgesetz geregelt. Bei 74 Schulen war die Sache nach Maßgabe der für die unmittelbaren Staatsbeamten geltenden Vorschriften, bei 65 Schulen dieser Art gar nicht geordnet.

Auch in den letzteren Fällen hatten indeß die Schulaufsichtsbehörden auf Grund der den Regierungen durch §. 18 der Instruktion vom 23. Oktober 1817 verliehenen Gewalt und in den vorbezeichneten Grenzen unter Zustimmung des Oberverwaltungsgerichts die Grundsätze des Volksschullehrerpensionsgesetzes zur Durchführung gebracht. Das Gesetz, welches ganz dasselbe rechtlich feststellen will, hat sich somit auf den Boden der geschichtlichen Entwicklung und der thatsächlichen Verhältnisse gestellt. Es giebt den Lehrpersonen einen überall gleichen, festen gesetzlichen Anspruch ohne die Schulunterhaltungspflichtigen gegenüber dem bisherigen thatsächlichen Zustand in nennenswerther Weise zu belasten.

Nicht ganz so einfach lagen die Verhältnisse bezüglich der Versorgung der Hinterbliebenen von Lehrern an den gedachten Anstalten. Bei der nahen Beziehung der meisten mittleren Schulen zu den Elementarschulen für die betreffenden Lehrer vielfach als Elementarlehrer im Sinne der Gesetze über die Elementarlehrerwittwenkassen vom 22. Dezember 1869 (G.S. 1870 S. 1), 24. Februar 1881 (G.S. S. 41) und 19. Juni 1889 (G.S. S. 131) behandelt worden (vgl. oben S. 189). Ihre Hinterbliebenen erhielten in diesem Falle aus den Kassen im Allgemeinen eine Pension von wenigsten 250 Mark, sie selber zahlten in der Regel keine Kassenbeiträge. Ihre Waisen standen hinter denjenigen der Volksschullehrer aber insofern zurück, als das Gesetz vom 27. Juni 1890 (G.S. S. 211), betr. die Fürsorge für die Waisen der Lehrer an den öffentlichen Volksschulen (oben S. 194) auf sie keine Anwendung fand. Die akademisch gebildeten Lehrer der mittleren Schulen gehörten meist der Allgemeinen Wittwen-Verpflegungsanstalt an. Etliche Gemeinden hatten auch die Lehrer der mittleren Schulen zu den Kommunalbeamtenwittwenkassen hinzugezogen oder in die Provinzialbeamten-Wittwen und Waisenkassen eingekauft. Im Jahre 1892 gehörten die Lehrer bei 312 Anstalten zumeist den Elementarlehrerwittwenkassen, bei 6 Schulen der Allgemeinen Wittwenverpflegungsanstalt an. Bei 68 Anstalten waren die Verhältnisse anderweit, bei 72 gar nicht geordnet. Die Lehrer von 23 Anstalten gehörten den gedachten Provinzialkassen an.

Bei dieser verschiedenen Sachlage hat sich das Gesetz an die bewährten Grundsätze des Staatsbeamtenrechts angeschlossen.

Mit Rücksicht auf die bisherigen thatsächlichen Verhältnisse gestattet dasselbe aber den Gemeinden den Beitritt zu anderen Kassen, sowie für die bei seinem Inkrafttreten den Elementarlehrerwittwenkassen angehörigen Lehrern die Fortsetzung der Mitgliedschaft für dieselben und die Anrechnung der hieraus den Hinterbliebenen der Lehrer zustehenden Bezüge auf das allgemein zu gewährende Wittwen- und Waisengeld, um durch diese Rückversicherung ihre Verpflichtungen zu erleichtern.

Wir Wilhelm, von Gottes Gnaden König von Preußen rc. verordnen, mit Zustimmung beider Häuser des Landtages, für den Umfang der Monarchie, was folgt:

§. 1.

Mittlere Schulen im Sinne dieses Gesetzes[1] sind diejenigen Unterrichtsanstalten, welche allgemeinen Bildungszwecken dienen und welche weder zu den höheren Schulen noch zu den öffentlichen Volksschulen,[2] noch zu den Fach- und Fortbildungsschulen[3] gehören.[4]

[1] Die Definition bezieht sich nur auf dieses Gesetz. Auf den Namen der Schule (Bürger-, Mittel-, Rektorschule, selbständige Vorschule, höhere Mädchenschule rc.) kommt es im Uebrigen nicht an. Ebensowenig ist durch die Einrechnung der betr. Anstalt in die mittleren Schulen über die sonstige Charakteristik derselben im gesammten Schulorganismus des Staates mit Rücksicht auf ihren Lehrplan etwas bestimmt. B.

[2] Begriff: Anm. 1 zu § 1 L.B.G. (oben S. 32).

[3] Vergl. §§ 120, 150 R.G.O.

[4] Die den Provinzialschulkollegien unterstellten höheren Mädchenschulen sind mittlere Schulen im Sinne dieses Gesetzes. M.E. 21. 12. 98 (C.Bl. 1899 S. 296).

§. 2.

Die an einer öffentlichen nichtstaatlichen mittleren Schule definitiv angestellten Lehrer und Lehrerinnen haben einen Anspruch auf Ruhegehalt nach den für die Lehrer (Lehrerinnen) an öffentlichen Volksschulen geltenden gesetzlichen Vorschriften.[1]

Nach denselben Bestimmungen regeln sich die Zuständigkeit und das Verfahren bei Versetzung dieser Lehrer (Lehrerinnen) in den Ruhestand und bei Festsetzung ihres Ruhegehalts.[2]

Der Artikel I §. 22 des Gesetzes, betreffend die Pensionirung der Lehrer und Lehrerinnen an den öffentlichen Volksschulen, vom 6. Juli 1885[3] (Gesetz-Samml. S. 298) findet mit der Maßgabe Anwendung, daß statt des 31. März 1886 der 30. September 1894 entscheidet.[4]

Ausf.-Best. Nr. 2 (unten S. 283).

[1] In Betracht kommt das Gesetz vom 6. Juli 1885 (oben S. 132 ff.) und dessen Ergänzungen. Es gelten von den Bestimmungen dieses Gesetzes für die Ansprüche der betr. Lehrer aber auch diejenigen Vorschriften, welche die Rechte derselben von einem Ausspruche der Verwaltungsbehörden abhängig machen, so Art. I § 1 Abs. 4 über die Bewilligung einer Pension vor vollendetem 10. Dienstjahr und der § 11 über die Anrechnung gewisser Dienstzeiten. Alle etwa später durch Gesetz eintretenden Aenderungen über die Ruhegehaltsansprüche der Volksschullehrer treten damit auch für die Lehrpersonen an den mittleren Schulen ohne Weiteres in Kraft. B.

[2] Zwangsweise Pensionirung: M.E. 4. 8. 93 (unten S. 294)

[3] oben S. 147.

[4] Die am 30. September 1894 etwa bestandenen günstigeren Ruhegehaltsansprüche sollen also erhalten bleiben.

§. 3.

Die Aufbringung des Ruhegehalts erfolgt von den zur Zeit der Versetzung in den Ruhestand zur Besoldung des Lehrers (der Lehrerin) Verpflichteten.[1] Die auf besonderen Rechtstiteln beruhenden Verpflichtungen Dritter bleiben bestehen. Eine Betheiligung der Staatskasse an der Aufbringung des Ruhegehalts findet auf Grund dieses Gesetzes nicht statt.[2]

[1] Sind hierfür besondere Veranstaltungen getroffen, Fonds gebildet u. s. f., so kann die Aufhebung derselben nach Maßgabe der allgemeinen für derartige Fonds, Kassen 2c. bestehenden Vorschriften erfolgen, anderenfalls findet eine Anrechnung der hieraus den Lehrern zustehenden Bezüge statt. (Vgl. § 8). B.

[2] Dies deshalb nicht, weil zur Errichtung und Unterhaltung der mittleren Schulen kein gesetzlicher Zwang besteht und weil die verfassungsmäßige Pflicht des Staates (Art. 25 Pr.Verf.) auf die öffentliche Volksschule beschränkt ist. B.

§. 4.

Den zur Aufbringung des Ruhegehalts Verpflichteten ist es freigestellt, bis zum 1. April 1895 und, sofern es sich um eine nach diesem Zeitpunkt errichtete Unterrichtsanstalt handelt, bis zum 1. April des auf die Eröffnung folgenden Jahres der für ihren Bezirk auf Grund des Gesetzes vom 23. Juli 1893[1] (Gesetz-Samml. S. 194) gebildeten Ruhegehaltskasse für die unter das vorliegende Gesetz fallenden Schulstellen mit dem Beginn des betreffenden Kassenjahres und mit der Wirkung beizutreten, daß sie ebenso angesehen werden, als wenn sie auf Grund des Gesetzes vom 23. Juli 1893 zum Beitritt verpflichtet gewesen wären.[2]

Der Berechnung des an die Ruhegehaltskasse zu zahlenden Beitrages ist die volle Jahressumme des ruhegehaltsberechtigten Diensteinkommens der Lehrer und Lehrerinnen an den der Kasse angeschlossenen mittleren Schulen zu Grunde zu legen.[3] [4]

Ausf.-Best. Nr. 2 (unten S. 283).

[1] Oben S. 175.

[2] Der Beitritt ist nur für alle von der betreffenden Gemeinde ꝛc. unterhaltenen Lehrerstellen der erwähnten Schulen zulässig, erstreckt sich dann aber auch auf die Uebernahme der bisher schon zahlbaren Ruhegehälter. Der Beitritt ist unwiderruflich. B.

[3] Das Diensteinkommen wird voll in Rechnung gestellt, weil der Staat zu dem Ruhegehalt der Mittelschullehrer keinen Beitrag leistet (oben § 3). Im Uebrigen kommen bei unbesetzten Stellen die Dienstalterszulagen nicht in Anrechnung (§ 7 d. Ges. v. 23. 7. 93 oben S. 176). Wo zufällig eine Gemeinde ꝛc. gleichzeitig den Schulverband für die Volksschulen bildet, werden die Beiträge für die mittleren und die Volksschulen gleichwohl besonders berechnet; es ist dann neben dem Vertheilungsplane der Ruhegehaltskassenbeiträge für die Volksschulstellen ein besonderer Vertheilungsplan für die Schulstellen der angeschlossenen Mittelschulen zu fertigen. B. (Vgl. unten S. 293.)

[4] Ueber die Auslegung des § 4 vgl. M.E. vom 5. 2. 95 (unten S. 286).

§. 5.

Den Hinterbliebenen der an einer öffentlichen nichtstaatlichen mittleren Schule definitiv angestellten

Lehrer und Lehrerinnen steht ein Anspruch auf das Gnadenquartal, den Wittwen und Waisen der Lehrer zugleich ein Anspruch auf Wittwen- und Waisengeld nach Maßgabe der jeweilig geltenden gesetzlichen Vorschriften, betreffend die Fürsorge für die Hinterbliebenen der unmittelbaren Staatsbeamten, zu.[1] Nach denselben Bestimmungen regeln sich die Zuständigkeit und das Verfahren bei der Festsetzung des Gnadenquartals, sowie der Wittwen- und Waisengelder mit der Maßgabe, daß, soweit eine Mitwirkung der Minister vorgeschrieben ist, an die Stelle derselben der Oberpräsident,[2] für die Hohenzollernschen Lande der Unterrichtsminister tritt.[2]

[1] Vgl. d. Ges. v. 20./5. 82 (oben S. 259).

[2] Es soll eine den kommunalen Angelegenheiten näherstehende Behörde mitwirken. B.

§. 6.

Die Aufbringung des Gnadenquartals und des Wittwen- und Waisengeldes erfolgt durch die zur Besoldung des Lehrers (der Lehrerin) während der Dienstzeit auf der letzten Schulstelle Verpflichteten.

§. 7.

Kein Lehrer (keine Lehrerin) einer öffentlichen nichtstaatlichen mittleren Schule ist fortan verpflichtet, einer Ruhegehaltskasse oder einer die Fürsorge für die Hinterbliebenen bezweckenden Veranstaltung beizutreten oder, sofern er (sie) einer solchen auf Grund einer ihm (ihr) dahin auferlegten

Verpflichtung beigetreten ist, in derselben zu verbleiben. Scheidet der Lehrer (die Lehrerin) auf Grund dieses Gesetzes aus, so verliert er (sie) alle Ansprüche an die Kasse oder aus der sonstigen Veranstaltung ohne Anspruch auf Entschädigung.[1]

Den gegenwärtigen Mitgliedern der Allgemeinen Wittwen-Verpflegungsanstalt steht frei, ihre Mitgliedschaft unter den bisherigen Bedingungen fortzusetzen.

Den zur Aufbringung des Wittwen- und Waisengeldes Verpflichteten ist gestattet, für die Stellen derjenigen Lehrer, welche gegenwärtig Mitglieder der Elementarlehrer-Wittwen- und Waisenkassen sind, die Mitgliedschaft unter Fortzahlung der bisherigen Gemeindebeiträge und Uebernahme der etwa von den Lehrern zu entrichtenden Beiträge auf die Dauer der Besetzung mit den gegenwärtigen Mitgliedern fortzusetzen.[2] [3]

Den Lehrern selbst steht diese Befugniß nicht zu.[4]

Setzen die zur Aufbringung des Wittwen- und Waisengeldes Verpflichteten die Mitgliedschaft nicht fort, so bleibt den Hinterbliebenen der seitherigen Kassenmitglieder der Anspruch auf Wittwen- und Waisenpension gegen die Elementarlehrer-Wittwen- und Waisenkassen erhalten, soweit diese Pension das auf Grund dieses Gesetzes zu zahlende Wittwen- und Waisengeld übersteigt.

In Zukunft ist weder den Lehrpersonen an den öffentlichen nichtstaatlichen mittleren Schulen, noch

den zur Unterhaltung derselben Verpflichteten der Beitritt zu den Elementarlehrer-Wittwen- und Waisenkassen oder zu der Allgemeinen Wittwen-Verpflegungsanstalt gestattet.

Ausf.-Best. Nr. 3 (unten S. 284).

[1] Der Rechtszustand ist demnach folgender:

I. Die Verpflichtung zum Beitritt oder zum Verbleiben in den in Abs. 1 genannten Kassen ist fortan beseitigt, mag diese Verpflichtung durch Ortsstatut, Vekation oder sonstwie begründet sein.

II. Ein Recht zum Beitritt oder zum Verbleiben in derartigen Interessentenkassen besteht aber nach wie vor. Eine Ausnahme hiervon machen:

a) die Allg. Wittwen-Verpflegungsanstalt; hierzu ist
   1. der Beitritt in Zukunft versagt (Abs. 6);
   2. das Verbleiben in derselben ist nur den gegenwärtigen Mitgliedern gestattet (Absatz 2);

b) die Elementarlehrer-Wittwen- und Waisenkassen; hierbei ist sowohl
   1. der Beitritt zur Kasse (Abs. 6) als auch
   2. das Verbleiben in derselben untersagt; die gegenwärtigen Mitglieder scheiden vielmehr sämmtlich aus (Abs. 4); nur ist:
   3. den Unterhaltspflichtigen gestattet, die Mitgliedschaft fortzusetzen (Abs. 3), um die besonderen Vortheile, welche diese Kassen in Folge des Staatszuschusses gewähren, für sich nutzbar zu machen und dadurch einer Erleichterung bei der neuen Belastung theilhaftig zu werden. B.

[2] Der Anspruch der Unterhaltungspflichtigen gegenüber der Elementarlehrer-Wittwen- und Waisenkasse besteht auch

nach der Pensionirung der betr. Lehrer. Es müssen nur bis zum Ableben der letzteren die Beiträge fortgeleistet werden. M.G. v. 12./2. 95 (C.-Bl. S. 298).

³ Eine Fortsetzung der Mitgliedschaft kann nicht erfolgen, wo es sich um eine Neubesetzung von Stellen an Mittelschulen handelt, selbst dann nicht, wenn der neu berufene Lehrer bis zur Berufung Mitglied einer Elementarlehrer-Wittwen- und Waisenkasse war. M.E. v. 25./2. 96 (C.Bl. S. 292).

⁴ Die Bestimmung des Abs. 3 u. 4 bezieht sich ausschließlich auf die in Folge des Staatszuschusses besondere Vortheile gewährende Elementarlehrer-Wittwen- und Waisenkasse nicht z. B. auf die Betheiligung an einer Provinzial-Wittwen- und Waisenkasse. Freiwillig können die Lehrer in einer solchen verbleiben; sie sind auch berechtigt, die für diese Kasse reglementmäßig zu erhebenden Beiträge fortzuleisten. R.G. XXXIX 257.

§. 8.

Die zur Aufbringung des Ruhegehalts, des Gnadenquartals und des Wittwen- und Waisengeldes Verpflichteten, welche für die Versorgung der in den Ruhestand versetzten Lehrer (Lehrerinnen) und deren Hinterbliebenen besondere Veranstaltungen getroffen haben oder die Mitgliedschaft bei den Elementarlehrer-Wittwen- und Waisenkassen fortsetzen (§. 7), sind berechtigt, die denselben hieraus zustehenden Bezüge auf das nach Maßgabe dieses Gesetzes zu gewährende Ruhegehalt, Gnadenquartal, Wittwen- und Waisengeld in Anrechnung zu bringen. Eine Anrechnung findet nicht statt, soweit diese Bezüge als Entgelt für diejenigen Beiträge anzusehen sind, welche von den Lehrern (Lehrerinnen) zu diesen Veranstaltungen nach dem Inkrafttreten dieses Gesetzes fortgeleistet werden.

Bei Streitigkeiten der Betheiligten über die Höhe der hiernach den Ruhegehaltsberechtigten und den Hinterbliebenen zustehenden Bezüge trifft die Bezirksregierung eine im Verwaltungswege vollstreckbare einstweilige Entscheidung. Gegen diese Entscheidung steht den Betheiligten binnen sechs Wochen die Beschwerde an den Oberpräsidenten, in den Hohenzollernschen Landen an den Unterrichtsminister, zu.

Gegen die Entscheidung des Oberpräsidenten oder des Unterrichtsministers steht den Betheiligten innerhalb einer weiteren Ausschlußfrist von sechs Wochen die Beschreitung des Rechtsweges offen.[1] [2]

Ausf.-Best. Nr. 3 (unten S. 284).

[1] Der Paragraph läßt den Gemeinden die Befugniß, anderweite Veranstaltungen — vornehmlich der Vorschrift des § 7 — für die Beschaffung von Ruhegehältern, Wittwen- und Waisengeldern z. B. durch Versicherungen, Einkauf in die Provinzialkassen 2c. zu treffen und die hieraus den Lehrern und ihren Hinterbliebenen zustehenden Bezüge in Anrechnung zu bringen, soweit diese Bezüge nicht lediglich als Entgelt für die von den Lehrpersonen zu leistenden Beiträge anzusehen sind. Bestand also eine Verpflichtung der Lehrpersonen zum Beitritt und bleiben dieselben jetzt freiwillig bei den Kassen oder sind sie überhaupt freiwillig beigetreten und setzen dieses Verhältniß fort, so erhalten sie auch voll die aus diesen Veranstaltungen ihnen zukommenden Bezüge. Die Gemeinden und sonstigen zur Entrichtung des Ruhe-

gehaltes Verpflichteten können aber auf die von ihnen zu leistenden Zahlungen jene Bezüge anrechnen, soweit solche nicht Entgelt für die Beiträge der Lehrpersonen sind. Haben die Lehrer beispielsweise in der Form von Beiträgen $^1/_5$ des zur Bestreitung der Ausgaben nothwendigen Aufwandes zu leisten, während der unterhaltungspflichtige Verband diese Ausgabe in Höhe von $^4/_5$ trägt, so wird das von jener Kasse zu leistende Ruhegehalt in Höhe von $^4/_5$ auf das nach Maßgabe dieses Gesetzes zu leistende Ruhegehalt angerechnet und letzteres soweit gekürzt. Hat in diesem Falle die Gemeinde sich nach Maßgabe des § 4 einer Ruhegehaltskasse angeschlossen, so ist im Verwaltungswege die erforderliche Anordnung zu treffen und ein entsprechender Theil des von der Ruhegehaltskasse zu zahlenden Ruhegehalts an die Gemeinde zu entrichten. B.

[2] Vgl. analoge Bestimmung bei § 16 L.R.G. (oben S. 214).

§. 9.

Durch dieses Gesetz werden ortsstatutarische Vorschriften oder sonstige Veranstaltungen, welche die Lehrer (Lehrerinnen) und deren Hinterbliebene günstiger stellen, als in der durch dieses Gesetz vorgeschriebenen Weise, nicht berührt.[1]

Desgleichen bewendet es bei der Königlich Dänischen Verordnung vom 28. März 1857 (Chronol. Sammlung der Verordnungen S. 83), betreffend die Pensionirung der Schullehrerwittwen, vorbehaltlich der den Unterhaltungspflichtigen zustehenden Befugniß zur Anrechnung des von ihnen hiernach zu zahlenden Wittwengeldes nach Maßgabe des §. 8 dieses Gesetzes.

[1] Sind also die aus den besonderen Kassen den

Lehrern und deren Hinterbliebenen zustehenden Bezüge höher, als dieses Gesetz es vorsieht (vgl. § 8), so sollen die betreffenden Ansprüche hierdurch an sich nicht berührt werden. Die Gemeinden rc. können die hierdurch übernommenen größeren Verpflichtungen nicht wegen der allgemeinen gesetzlichen Regelung der Sache ablehnen. Gehörten die Lehrer diesen Kassen aber mit der Verpflichtung zu Beiträgen an, so fallen ihre Ansprüche, abgesehen von der besonderen Stellung zu den Elementarlehrer-Wittwen- und Waisenkassen, fort, wenn sie auf Grund des § 7 Abs. 1 dieses Gesetzes die ferneren Beitragsleistungen unterlassen. B.

§. 10.

Dieses Gesetz tritt am 1. Oktober 1894 in Kraft.

Die Einführung des Gesetzes in den Regierungsbezirk Wiesbaden bleibt Königlicher Verordnung vorbehalten.[1]

[1] ebenso § 18 R.R.G. (oben S. 179).

Urkundlich unter Unserer Höchsteigenhändigen Unterschrift und beigedrucktem Königlichen Insiegel.

Gegeben Neues Palais, den 11. Juni 1894.

(L. S.) Wilhelm.

Gr. zu Eulenburg. v. Boetticher. v. Schelling. Frhr. v. Berlepsch. Gr. v. Caprivi. Miquel. v. Heyden. Thielen. Bosse. Bronsart v. Schellendorf.

Anhang 1.

Ausführungsbestimmungen zu dem Gesetze vom 11. Juni 1894, betreffend das Ruhegehalt der Lehrer und Lehrerinnen an den öffentlichen nichtstaatlichen mittleren Schulen und die Fürsorge für ihre Hinterbliebenen.

(C.Bl. 1894 S. 580).

Berlin, den 22. Juni 1894.

Nachdem das Gesetz, betreffend das Ruhegehalt der Lehrer und Lehrerinnen an den öffentlichen nichtstaatlichen mittleren Schulen und die Fürsorge für ihre Hinterbliebenen, unter dem 11. Juni d. Js. die Allerhöchste Sanktion erhalten hat, wird die Veröffentlichung desselben in einer der nächsten Nummern der Gesetz-Sammlung erfolgen.

Indem ich die Königliche Regierung hierauf aufmerksam mache, bestimme ich zur Ausführung des Gesetzes Folgendes:

1. zu § 2. Vor der Versetzung eines Lehrers oder einer Lehrerin in den Ruhestand sind zunächst die zur Aufbringung des Ruhegehalts Verpflichteten zu hören. Bei einem Widerspruch derselben ist, soweit es sich nicht um das der Entscheidung des Herrn Oberpräsidenten unterliegende Ruhegehalt oder um zwangsweise Pensionirung handelt, die diesseitige Entscheidung einzuholen.

2. zu § 4 weise ich besonders auf die festgesetzten Termine hin, bis zu welchen die zur Aufbringung des Ruhegehalts Verpflichteten der auf Grund des Gesetzes vom 23. Juli 1893 (G.S. S. 194) gebildeten Ruhegehaltskasse beitreten können.

Bei Ausführung der Vorschrift im Schlußsatze des § 4 ist zu beachten, daß nach § 3 eine Betheiligung der Staatskasse an der Aufbringung des Ruhegehalts auf Grund dieses Gesetzes nicht stattfindet. Während also nach § 7 Abs. 1 des Ruhegehaltskassengesetzes vom 23. Juli 1893 bei der Berechnung der Kassenbeiträge von dem ruhegehaltsberechtigten Diensteinkommen der Lehrer und Lehrerinnen an den öffentlichen Volksschulen für jede Stelle ein Betrag bis zu 800 Mk. außer Berechnung bleibt, ist ein solcher Abzug von dem ruhegehaltsberechtigten Diensteinkommen der Lehrer und Lehrerinnen an den mittleren Schulen ausgeschlossen.

Die für jede Gemeinde (Korporation, Stiftung 2c.) sich ergebende Gesammtsumme des ruhegehaltsberechtigten Diensteinkommens der letztgenannten Lehrpersonen ist jedoch in dem Vertheilungsplane der an die Ruhegehaltskasse zu zahlenden Beiträge nach unten auf Hunderte von Mark abzurunden.

Die Kassenbeiträge für die mittleren und für die Volksschulen sind besonders zu berechnen, auch wenn eine Gemeinde (Korporation 2c.) gleichzeitig den Schulverband für die Volksschulen bildet.

3. zu §§ 7 und 8. Die den Elementarlehrer-Wittwen- und Waisenkassen zur Last fallenden Zahlungen sind von diesen Kassen an die Hinterbliebenen direkt zu leisten, so daß die Gemeinden an die Hinterbliebenen nur diejenigen Beträge an Wittwen- und Waisengeld zu zahlen haben, welche nach Anrechnung der Bezüge aus der Elementarlehrer-Wittwen- und Waisenkasse noch verbleiben.

Wenn der im vorletzten Absatz des § 7 gedachte Fall vorliegt, daß bei einer unterlassenen Fortsetzung der Mitgliedschaft seitens der Verpflichteten die Wittwen- und Waisen-Pension aus der Elementarlehrer-Wittwen- und Waisenkasse das auf Grund dieses Gesetzes zu zahlende Wittwen- und Waisengeld übersteigt, so ist das letztere von der Gemeinde ꝛc. und der Betrag, um welchen die Wittwen- und Waisen-Pension höher ist als das Wittwen- und Waisengeld von der Elementarlehrer-Wittwen- und Waisenkasse an die Hinterblieben zu zahlen.

Im Uebrigen verweise ich auf die Begründung des in unveränderter Fassung zur Annahme gelangten Gesetzentwurfs. Dieselbe wird im Centralblatt für die gesammte Unterrichtsverwaltung zum Abdruck gelangen.

Die Königliche Regierung beauftrage ich, hiernach das Weitere zu veranlassen.

Der Minister der geistlichen ꝛc. Angelegenheiten

(gez.) Bosse.

An sämmtliche Königliche Regierungen mit Ausschluß von Wiesbaden.

U. III. D. 1700.

Anhang 2.

Auslegung des § 4 des Gesetzes vom 11. Juni 1894, betreffend das Ruhegehalt der Lehrer und Lehrerinnen an den öffentlichen nichtstaatlichen mittleren Schulen und die Fürsorge für ihre Hinterbliebenen.

(C.Bl. 1895 S. 284.)

Berlin, den 5. Februar 1895.

Auf den Bericht vom 26. Januar d. Js. erwidere ich der Königlichen Regierung Folgendes:

Nach den weiteren Ausführungen ihres Berichtes ist dort in dem Erlaß vom 17. Dezember v. Js. — U. III. D. 3605 — die Anordnung gefunden worden, daß bei Anschluß von mittleren Schulen an die durch Gesetz vom 23. Juli 1893 (C.Bl. S. 654) gebildeten Ruhegehaltskassen das Ruhegehalt für die Lehrer an mittleren Schulen besonders auf die, zur Unterhaltung der der Kasse angeschlossenen mittleren Schulen verpflichteten Verbände nach der Höhe des Diensteinkommens der Lehrkräfte an diesen Schulen zu vertheilen sei.

Eine solche Anordnung, welche in direktem Widerspruch zu § 4 des Gesetzes vom 11. Juni 1894 (C.Bl. S. 581) stehen würde, enthält der vorbezeichnete Erlaß nicht. Die Bedeutung desselben liegt vielmehr in Folgendem:

Nach § 4 Abs. 2 des Gesetzes vom 11. Juni 1894 ist der Berechnung des an die Ruhegehaltskasse zu zahlenden Beitrags die volle Jahressumme des ruhegehaltsberechtigten Diensteinkommens der Lehrer und

Lehrerinnen an den der Kasse angeschlossenen mittleren Schulen zu Grunde zu legen, wobei in Anwendung des § 7 Abs. 2 des Gesetzes vom 23. Juli 1893 in jedem Schulverbande die Gesammtsumme des Diensteinkommens nach unten auf Hunderte von Mark abgerundet wird. Diese Berechnung weicht von der im § 7 Abs. 1 des Gesetzes vom 23. Juli 1893 für die öffentlichen Volksschulen vorgeschriebenen Berechnung insofern ab, als dort für jede Stelle ein Betrag von 800 Mk. außer Berechnung bleibt. Um bei dieser Verschiedenheit den Interessenten die Prüfung zu erleichtern, ob der Vertheilungsplan richtig aufgestellt ist, sodann aber, weil die Abrechnung nach unten auf Hunderte von Mark je nach der Zusammenfassung oder Trennung des Diensteinkommens der Lehrkräfte an den öffentlichen Volksschulen und an den angeschlossenen mittleren Schulen zu einem materiell verschiedenen Ergebniß führen kann, ist angeordnet worden, daß in dem Vertheilungsplan die Beiträge, welche auf das Diensteinkommen der Lehrkräfte an den angeschlossenen mittleren Schulen entfallen, besonders aufzuführen, formell zu trennen sind. Materiell aber ist der Vertheilungsplan ein ganz einheitlicher und die Beitragsquote überall die gleiche. Es ist also in folgender Weise zu verfahren:

a) Zu dem Bedarf der Ruhegehaltskasse § 6 des Gesetzes vom 23. Juli 1893 ist die Summe der Ruhegehälter der Lehrer und Lehrerinnen von angeschlossenen mittleren Schulen hinzuzuzählen.

b) Andererseits wird zu der nach § 7 des Gesetzes vom 23. Juli 1893 festgestellten Summe des beitragspflichtigen Diensteinkommens der Lehrer und Lehrerinnen an sämmtlichen Volksschulen die für jeden Schulverband besonders berechnete und abgerundete Summe des ruhegehaltsberechtigten Diensteinkommens der Lehrer und Lehrerinnen an den der Kasse angeschlossenen mittleren Schulen hinzugezählt.

Die sich zu a ergebende Gesammtsumme ist auf die sämmtlichen Schulverbände ꝛc., d. h. einschließlich der mit mittleren Schulen angeschlossenen Verbände zu vertheilen.

Den Maßstab für die Vertheilung bildet die Gesammtsumme zu b und der Antheil jedes Verbandes an dieser Summe.

Zur weiteren Veranschaulichung füge ich ein Schema zu der gedachten Berechnung und für die Vertheilungspläne hier bei.

An die Königliche Regierung zu N.

Abschrift theile ich Ew. ꝛc. unter Beifügung eines Schemas mit Bezug auf den Erlaß vom 17. Dezember v. Js. — U. III. D. 3605 — zur gefälligen Kenntnißnahme ganz ergebenst mit.

Der Minister der geistlichen ꝛc. Angelegenheiten.

J. A.

(gez.) Kügler.

An die Herren Oberpräsidenten.

U. III. D. 509.

Vertheilungsplan

des Bedarfs der Ruhegehaltskasse für die Lehrer und Lehrerinnen an öffentlichen Volksschulen des Regierungsbezirks für das Rechnungsjahr 1. April 1...

a) Der Bedarf berechnet sich wie folgt: Ruhegehälter abzüglich der gesetzlichen Staatsbeiträge 2c. nach dem Stande vom 1. Oktober 1	173100 Mk.
Remuneration des Kassenanwalts .	600 Mk.
Vorschuß aus dem Rechnungsjahr 1. April 1	1300 Mk.
zusammen	175000 Mk.
Hierzu die Ruhegehälter der Lehrer und Lehrerinnen von angeschlossenen mittleren Schulen	5000 Mk.
überhaupt	180000 Mk.
b) Das beitragspflichtige Diensteinkommen der Lehrer und Lehrerinnen an den öffentlichen Volksschulen beträgt nach Spalte 12 dieses Planes	2200000 Mk.
Das beitragspflichtige Diensteinkommen der Lehrer und Lehrerinnen von angeschlossenen mittleren Schulen beträgt nach Spalte 11 des hier angefügten besonderen Vertheilungsplanes . .	50000 Mk.
zusammen	2250000 Mk.

Es entfallen somit auf 100 Mk. des beitragspflichtigen Diensteinkommens $\frac{180\,000 \cdot 100}{2\,250\,00} = 8$ Mk.

Hiernach sind von den Schulverbänden 2c. für die öffentlichen Volksschulen zu zahlen:

Kreis.	Schulverband ꝛc.	Konfession.	Bezeichnung der Schulstelle.	Ruhegehaltsberechtigtes Diensteinkommen			Alterszulagen.
				Gehalt ꝛc.	Werth der		
					Wohnung.	Feuerung.	
				M	M	M	M
1.	2.	3.	4.	5.	6.	7.	8.
A.	B.	ev.	1. Lehrerstelle	1378	90	75	500
		„	2. „	1117	90	75	100
		„	3. „	975	90	75	.
	C.	„	allg. „	975	100	75	.
	D.	„	1. „	1075	120	75	500
		„	2. „	1006	90	75	500
		„	3. „	900	90	75	200
	E.	kath.	allg. „	825	75	75	.
	F.	ev.	1. „	1050	75	75	500
		„	2. „	940	75	75	.
	G.	„	allg. „	895,92	75	75	.
	H.	„	1. „	800	75	75	.
		„	Hülfs- „	650	.	.	.
		„	Lehrerinstelle	900	.	.	.
			u. s. f.				

Summe der Spalten 5 bis 8. ℳ	Nach Abzug von 800 M. von dem Betrage in Spalte 9 bleiben ℳ	Summe der Beträge in Spalte 10 für jeden Schulverband ꝛc. ℳ	Abgerundet nach unten auf Hunderte von Mark. ℳ	Beitrag des Schulverbandes. ℳ
9.	10.	11.	12.	13.
2038	1238			
1382	582			
1140	340	2160	2100	168
1150	350	350	300	24
1770	970			
1671	871			
1265	465	2306	2300	184
975	175	175	100	8
1700	900			
1090	290	1190	1100	88
1045,92	245,92	245,92	200	16
950	150			
650	—			
900	100	250	200	16
		Summe	2200000	176000

Verthei

über die Beiträge, welche von den Schulverbänden ɪc.

Schulen zu

Kreis.	Schulverband ɪc.	Konfession.	Bezeichnung der Schulstelle.	Ruhegehaltsberechtigtes Diensteinkommen: Gehalt ɪc. M	Werth der Wohnung. M	Werth der Feuerung. M	Alterszulagen. M
1.	2.	3.	4.	5.	6.	7	8.
A.	B.	ev.	1. Lehrerstelle	3000	.	.	.
		„	2. „	1800	.	.	450
		„	3. „	1800	.	.	300
		„	4. „	1600	.	.	150
		„	5. Lehrerinstelle	1350		.	.
	C.	ev.	1. Lehrerstelle	1800	240	.	.
		„	2. „	1500	210	.	.
		„	3. „	1200	150	.	.
			u. s f.				

*) Von 100 M. 8 M. laut Berechnung auf dem Haupt-

lungsplan

für die der Ruhegehaltskasse angeschlossenen mittleren zahlen sind.

Summe der Spalten 5 bis 8. ℳ	Summe der Beträge in Spalte 9 für jeden Schulverband 2c. ℳ	Abgerundet nach unten auf Hunderte von Mark. ℳ	Beitrag des Schulverbandes 2c. ℳ	Bemerkungen.
9.	10.	11.	12.	13.
3000				
2050				
1900				
1750				
1350	10050	10000	800	*)
2040				
1710				
1350	5100	5100	408	
	Summe	50000	4000	

vertheilungsplan.

Anhang 3.

Zwangsweise Pensionirung von Lehrern und Lehrerinnen an solchen Schulen mittlerer Kategorie, die weder zu den öffentlichen Volksschulen noch zu den höheren Unterrichtsanstalten gehören.

(C.=Bl. 1898 S. 727.)

Berlin, den 4. August 1898.

Nach den Bestimmungen des allgemeinen Erlasses vom 5. September 1888 — U III b Nr. 7741 — (Centrbl. für 1888 S. 765). betr. das Verfahren in Fällen der zwangsweisen Versetzung von Lehrern und Lehrerinnen an Volksschulen in den Ruhestand, welcher zufolge des Runderlasses vom 18. Januar 1889 — U III b Nr. 8889 — (Centrbl. für 1889 S. 242) auch auf die zwangsweise Pensionirung von Lehrern und Lehrerinnen an solchen Schulen mittlerer Kategorie, die weder zu den öffentlichen Volksschulen noch zu den höheren Unterrichtsanstalten gehören, entsprechend anzuwenden ist, steht dem Lehrer gegen den Beschluß der Schulaufsichtsbehörde, insoweit sich letzterer auf die Bestimmung erstreckt, „daß und zu welchem Zeitpunkte der Lehrer in den Ruhestand zu versetzen ist", die Beschwerde an den Unterrichtsminister binnen einer Frist von 4 Wochen nach Empfang des Beschlusses zu.

Nachdem durch § 17 Absatz 3 des Gesetzes, betreffend Ruhegehaltskassen für die Lehrer und Lehrerinnen an den öffentlichen Volksschulen, vom 23. Juli ds. Js. die Entscheidung in den Fällen des Artikel I, § 15 des Gesetzes vom 6. Juli 1885, betreffend die Pensionirung der Lehrer und Lehrerinnen an den öffentlichen Volksschulen (Ges.S. S. 298) an Stelle des Unterrichtsministers dem Ober-Präsidenten zugewiesen ist, bestimme ich hierdurch, daß auch in den Fällen der zwangsweisen Versetzung von Lehrern und Lehrerinnen der obenbezeichneten Kategorie in den Ruhestand die Entscheidung auf die von dem Lehrer gegen den Beschluß der Schulaufsichtsbehörde eingelegte Rekursbeschwerde künftig von den Herren Ober-Präsidenten zu treffen ist. Denselben bleibt überlassen, bei der Entscheidung, soweit erforderlich ein Gutachten des Medizinal-Kollegiums einzuholen.

Eure Excellenz ersuche ich ganz ergebenst, hiernach gefälligst in künftigen Fällen zu verfahren und die Königlichen Regierungen mit Anweisung zu versehen.

Der Minister der geistlichen ꝛc. Angelegenheiten.
Bosse.

An sämmtliche Herren Ober-Präsidenten.

U III D 1592.

Sachregister.

(Die Zahlen bedeuten die Seiten.)

A.

B.

D.

P.

Q.

R.

S.

T.

U.

V.

W.

Z.

Druck von A. W. Hayns Erben, Berlin und Potsdam.

Bei einem Diensteinkommen von ℳ	10. R.	10. W.	11. R.	11. W.	12. R.	12. W.	13. R.	13. W.	14. R.	14. W.	15. R.	15. W.	1 R.
700	175	—	187	—	199	—	210	—	222	—	234	—	245
750	188	—	200	—	213	—	225	—	238	—	250	—	263
800	200	—	214	—	227	—	240	—	254	—	267	—	280
850	213	—	227	—	241	—	255	—	270	—	284	–	298
900	225		240		255		270		285		300		315
950	238		254		270		285		301		317		333
1000	250		267		284		300		317		334		350
1050	263		280		298		315		333		350		368
1100	275		294		312		330		349		367		385
1150	288		307		326		345		365		384		403
1200	300		320		340		360		380		400		420
1250	313		334		355		375		396		417	216*)	438
1300	325		347		369		390	216*)	412	216*)	434		455
1350	338		360		383		405		428		450		473
1400	350		374		397	216*)	420		444		467		490
1450	363		387	216*)	411		435		460		484		508
1500	375	216*)	400		425		450		475		500		525
1550	388		414		440		465		491		517		543
1600	400		427		454		480		507		534		560
1650	413		440		468		495		523		550	200	578
1700	425		454		482		510		539		567	226,80	595
1750	438		467		496		525		555	222	584	233,60	613
1800	450		480		510		540	216	570	228	600	240	630
1850	463		494		525		555	222	586	234,40	617	246,80	648
1900	475		507		539		570	228	602	240,80	634	253,60	665
1950	488		520		553	221,20	585	234	618	247,20	650	260	683
2000	500		534		567	226,80	600	240	634	253,60	667	266,80	700
2050	513		547	218,80	581	232,40	615	246	650	260	684	273,60	718
2100	525		560	224	595	238	630	252	665	266	700	280	735
2150	538		574	229,60	610	244	645	258	681	272,40	717	286,80	753
2200	550	220	587	234,80	624	249,60	660	264	697	278,80	734	293,60	770
2250	563	225,20	600	240	638	255,20	675	270	713	285,20	750	300	788
2300	575	230	614	245,60	652	260,80	690	276	729	291,60	767	306,80	805
2350	588	235,20	627	250,80	666	266,40	705	282	745	298	784	313,60	823
2400	600	240	640	256	680	272	720	288	760	304	800	320	840
2450	613	245,20	654	261,60	695	278	735	294	776	310,40	817	326,80	858
2500	625	250	667	266,80	709	283,60	750	300	792	316,80	834	333,60	875
2550	638	255,20	680	272	723	289,20	765	306	808	323,20	850	340	793
2600	650	260	694	277,60	737	294,80	780	312	824	329,60	867	346,80	910
2650	663	265,20	707	282,80	751	300,40	795	318	840	336	884	353,60	928
2700	675	270	720	288	765	306	810	324	855	342	900	360	945
2750	688	275,20	734	293,60	780	312	825	330	871	348,40	917	366,80	963
2800	700	280	747	298,80	794	317,60	840	336	887	354,80	934	373,60	980
2850	713	285,20	760	304	808	323,20	855	342	903	361,20	950	380	998
2900	725	290	774	309,60	822	328,80	870	348	919	367,60	967	386,80	1015
2950	738	295,20	787	314,80	836	334,40	885	354	935	374	984	393,60	1033
3000	750	300	800	320	850	340	900	360	950	380	1000	400	1050
3050	763	305,20	814	325,60	865	346	915	366	966	386,40	1017	406,80	1068
3100	775	310	827	330,80	879	351,60	930	372	982	392,80	1034	413,60	1085
3150	788	315,20	840	336	893	357,20	945	378	998	399,20	1050	420	1103
3200	800	320	854	341,60	907	362,80	960	384	1014	405,60	1067	426,80	1120
3250	813	325,20	867	346,80	921	368,40	975	390	1030	412	1084	433,60	1138
3300	825	330	880	352	935	374	990	396	1045	418	1100	440	1155
3350	838	335,20	894	357,60	950	380	1005	402	1061	424,40	1117	446,80	1173
3400	850	340	907	362,80	964	385,60	1020	408	1077	430,80	1134	453,60	1190
3450	863	345,20	920	368	978	391,20	1035	414	1093	437,20	1150	460	1208
3500	875	350	934	373,60	992	396,80	1050	420	1109	443,60	1167	466,80	1225
3550	888	355,20	947	378,80	1006	402,40	1065	426	1125	450	1184	473,60	1243
3600	900	360	960	384	1020	408	1080	432	1140	456	1200	480	1260
3650	913	365,20	974	389,60	1035	414	1095	438	1156	462,40	1217	486,80	1278
3700	925	370	987	394,80	1049	419,60	1110	444	1172	468,80	1234	493,60	1295
3750	938	375,20	1000	400	1063	425,20	1125	450	1188	475,20	1250	500	1313
3800	950	380	1014	405,60	1077	430,80	1140	456	1204	481,60	1267	506,80	1330
3850	963	385,20	1027	410,80	1091	436,40	1155	462	1220	488	1284	513,60	1348
3900	975	390	1040	416	1105	442	1170	468	1235	494	1300	520	1365
3950	988	395,20	1054	421,60	1120	448	1185	474	1251	500,40	1317	526,80	1383
4000	1000	400	1067	426,80	1134	453,60	1200	480	1267	506,80	1334	533,60	1400

Es beträgt 1. das Ruhegehalt (R.)

Di

7.	18.		19.		20.		21.		22.		23.		24.	
W.	R.	W.	R.	W.	R.	W.	R.	W.	R.	W.	R.	W.	R.	W.
—	269	—	280	—	292	—	304	—	315	—	327	—	339	—
—	288	—	300	—	313	—	325	—	338	—	350	—	363	—
—	307	—	320	—	334	—	347	—	360	—	374	—	387	—
—	326	—	340	—	355	—	369	—	383	—	397	—	411	—
	345		360		375		390		405		420		435	
	365		380		396		412		428		444		460	
	384		400		417		434		450		467		484	216*)
	403		420		438		455	216*)	473	216*)	490	216*)	508	
	422		440	216*)	459	216*)	477		495		514		532	
216*)	441	216*)	460		480		499		518		537		556	222,40
	460		480		500		520		540	216	560	224	580	232
	480		500		521		542	216,80	563	225,20	584	233,60	605	242
	499		520		542	216,80	564	225,60	585	234	607	242,80	629	251,60
	518		540	216	563	225,20	585	234	608	243,20	630	252	653	261,20
	537		560	224	584	233,60	607	242,80	630	252	654	261,60	677	270,80
	556	222,40	580	232	605	242	629	251,60	653	261,20	677	270,80	701	280,40
220	575	230	600	240	625	250	650	260	675	270	700	280	725	290
227,60	595	238	620	248	646	258,40	672	268,80	698	279,20	724	289,60	750	300
234,80	614	245,60	640	256	667	266,80	694	277,60	720	288	747	298,80	774	309,60
242	633	253,20	660	264	688	275,20	715	286	743	297,20	770	308	798	319,20
249,60	652	260,80	680	272	709	283,60	737	294,80	765	306	794	317,60	822	328,80
256,80	671	268,40	700	280	730	292	759	303,60	788	315,20	817	326,80	846	338,40
264	690	276	720	288	750	300	780	312	810	324	840	336	870	348
271,60	710	284	740	296	771	308,40	802	320,80	833	333,20	864	345,60	895	358
278,80	729	291,60	760	304	792	316,80	824	329,60	855	342	887	354,80	919	367,60
286	748	299,20	780	312	813	325,20	845	338	878	351,20	910	364	943	377,20
293,60	767	306,80	800	320	834	333,60	867	346,80	900	360	934	373,60	967	386,80
300,80	786	314,40	820	328	855	342	889	355,60	923	369,20	957	382,80	991	396,40
308	805	322	840	336	875	350	910	364	945	378	980	392	1015	406
315,60	825	330	860	344	896	358,40	932	372,80	968	387,20	1004	401,60	1040	416
322,80	844	337,60	880	352	917	366,80	954	381,60	990	396	1027	410,80	1064	425,60
330	863	345,20	900	360	938	375,20	975	390	1013	405,20	1050	420	1088	435,20
337,60	882	352,80	920	368	959	383,60	997	398,80	1035	414	1074	429,60	1112	444,80
344,80	901	360,40	940	376	980	392	1019	407,60	1058	423,20	1097	438,80	1136	454,40
352	920	368	960	384	1000	400	1040	416	1080	432	1120	448	1160	464
359,60	940	376	980	392	1021	408,40	1062	424,80	1103	441,20	1144	457,60	1185	474
366,80	959	383,60	1000	400	1042	416,80	1084	433,60	1125	450	1167	466,80	1209	483,60
374	978	391,20	1020	408	1063	425,20	1105	442	1148	459,20	1190	476	1233	493,20
381,60	997	398,80	1040	416	1084	433,60	1127	450,80	1170	468	1214	485,60	1257	502,80
388,80	1016	406,40	1060	424	1105	442	1149	459,60	1193	477,20	1237	494,80	1281	512,40
396	1035	414	1080	432	1125	450	1170	468	1215	486	1260	504	1305	522
403,60	1055	422	1100	440	1146	458,40	1192	476,80	1238	495,20	1284	513,60	1330	532
410,80	1074	429,60	1120	448	1167	466,80	1214	485,60	1260	504	1307	522,80	1354	541,60
418	1093	437,20	1140	456	1188	475,20	1235	494	1283	513,20	1330	532	1378	551,20
425,60	1112	444,80	1160	464	1209	483,60	1257	502,80	1305	522	1354	541,60	1402	560,80
432,80	1131	452,40	1180	472	1230	492	1279	511,60	1328	531,20	1377	550,80	1426	570,40
440	1150	460	1200	480	1250	500	1300	520	1350	540	1400	560	1450	580
447,60	1170	468	1220	488	1271	508,40	1322	528,80	1373	549,20	1424	569,60	1475	590
454,80	1189	475,60	1240	496	1292	516,80	1344	537,60	1395	558	1447	578,80	1499	599,60
462	1208	483,20	1260	504	1313	525,20	1365	546	1418	567,20	1470	588	1523	609,20
469,60	1227	490,80	1280	512	1334	533,60	1387	554,80	1440	576	1494	597,60	1547	618,80
476,80	1246	498,40	1300	520	1355	542	1409	563,60	1463	585,20	1517	606,80	1571	628,40
484	1265	506	1320	528	1375	550	1430	572	1485	594	1540	616	1595	638
491,60	1285	514	1340	536	1396	558,40	1452	580,80	1508	603,20	1564	625,60	1620	648
498,80	1304	521,60	1360	544	1417	566,80	1474	589,60	1530	612	1587	634,80	1644	657,60
506	1323	529,20	1380	552	1438	575,20	1495	598	1553	621,20	1610	644	1668	667,20
513,60	1342	536,80	1400	560	1459	583,60	1517	606,80	1575	630	1634	653,60	1692	676,80
520,80	1361	544,40	1420	568	1480	592	1539	615,60	1598	639,20	1657	662,80	1716	686,40
528	1380	552	1440	576	1500	600	1560	624	1620	648	1680	672	1740	696
535,60	1400	560	1460	584	1521	608,40	1582	632,80	1643	657,20	1704	681,60	1765	706
542,80	1419	567,60	1480	592	1542	616,80	1604	641,60	1665	666	1727	690,80	1789	715,60
550	1438	575,20	1500	600	1563	625,20	1625	650	1688	675,20	1750	700	1813	725,20
557,60	1457	582,80	1520	608	1584	633,60	1647	658,80	1710	684	1774	709,60	1837	734,80
564,80	1476	590,40	1540	616	1605	642	1669	667,60	1733	693,20	1797	718,80	1861	744,40
572	1495	598	1560	624	1625	650	1690	676	1755	702	1820	728	1885	754
579,60	1515	606	1580	632	1646	658,40	1712	684,80	1778	711,20	1844	737,60	1910	764
586,80	1534	613,60	1600	640	1667	666,80	1724	689,60	1800	720	1867	746,80	1934	773,60

…, 2. das Wittwengeld (W.) nach vollendetem

25.		26.		27.		28.		29.		30.		31.		32.	
…enstjahr.															
R.	W.	R.	W.	R.	W.	R.	W.	R.	W.	R.	W.	R.	W.	R.	
350	—	362	—	374	—	385	—	397	—	409	—	420	—	432	
375	—	388	—	400	—	413	—	425	—	438	—	450	—	463	
400	—	414	—	427	—	440	—	454	—	467	—	480	—	494	
425	—	440	—	454	—	468	—	482	—	496	—	510	—	525	
450		465		480		495	216*)	510	216*)	525	216*)	540	216	555	2
475	216*)	491	216*)	507	216*)	523		539		555	222	570	228	586	2
500		517		534		550	220	567	226,80	584	233,60	600	240	617	2
525		543	217,20	560	224	578	231,20	595	238	613	245,20	630	252	648	2
550	220	569	227,60	587	234,80	605	242	624	249,60	642	256,80	660	264	679	2
575	230	595	238	614	245,60	633	253,20	652	260,80	671	268,40	690	276	710	2
600	240	620	248	640	256	660	264	680	272	700	280	720	288	740	2
625	250	646	258,40	667	266,80	688	275,20	709	283,60	730	292	750	300	771	3
650	260	672	268,80	694	277,60	715	286	737	294,80	759	303,60	780	312	802	3
675	270	698	279,20	720	288	743	297,20	765	306	788	315,20	810	324	833	3
700	280	724	289,60	747	298,80	770	308	794	317,60	817	326,80	840	336	864	3
725	290	750	300	774	309,60	798	319,20	822	328,80	846	338,40	870	348	895	3
750	300	775	310	800	320	825	330	850	340	875	350	900	360	925	3
775	310	801	320,40	827	330,80	853	341 20	879	351,60	905	362	930	372	956	3
800	320	827	330,80	854	341,60	880	352	907	362,80	934	373,60	960	384	987	3
825	330	853	341,20	880	352	908	363,20	935	374	963	385,20	990	396	1018	4
850	340	879	351,60	907	362,80	935	374	964	385,60	992	396,80	1020	408	1049	4
875	350	905	362	934	373,60	963	385,20	992	396,80	1021	408,40	1050	420	1080	4
900	360	930	372	960	384	990	396	1020	408	1050	420	1080	432	1110	4
925	370	956	382,40	987	394,80	1018	407,20	1049	419,60	1080	432	1110	444	1141	4
950	380	982	392,80	1014	405,60	1045	418	1077	430,80	1109	443,60	1140	456	1172	4
975	390	1008	403,20	1040	416	1073	429,20	1105	442	1138	455,20	1170	468	1203	4
1000	400	1034	413,60	1067	426,80	1100	440	1134	453,60	1167	466,80	1200	480	1234	4
1025	410	1060	424	1094	437,60	1128	451,20	1162	464,80	1196	478,40	1230	492	1265	5
1050	420	1085	434	1120	448	1155	462	1190	476	1225	490	1260	504	1295	5
1075	430	1111	444,40	1147	458,80	1183	473,20	1219	487,60	1255	502	1290	516	1326	5
1100	440	1137	454,80	1174	469,60	1210	484	1247	498,80	1284	513,60	1320	528	1357	5
1125	450	1163	465,20	1200	480	1238	495,20	1275	510	1313	525,20	1350	540	1388	5
1150	460	1189	475,60	1227	490,80	1265	506	1304	521,60	1342	536,80	1380	552	1419	5
1175	470	1215	486	1254	501,60	1293	517,20	1332	532,80	1371	548,40	1410	564	1450	5
1200	480	1240	496	1280	512	1320	528	1360	544	1400	560	1440	576	1480	5
1225	490	1266	506,40	1307	522,80	1348	539,20	1389	555,60	1430	572	1470	588	1511	6
1250	500	1292	516,80	1334	533,60	1375	550	1417	566,80	1459	583,60	1500	600	1542	6
1275	510	1318	527,20	1360	544	1403	561,20	1445	578	1488	595,20	1530	612	1573	6
1300	520	1344	537,60	1387	554,80	1430	572	1474	589,60	1517	606,80	1560	624	1604	6
1325	530	1370	548	1414	565,60	1458	583,20	1502	600,80	1546	618,40	1590	636	1635	6
1350	540	1395	558	1440	576	1485	594	1530	612	1575	630	1620	648	1665	6
1375	550	1421	568,40	1467	586,80	1513	605,20	1559	623,60	1605	642	1650	660	1696	6
1400	560	1447	578,80	1494	597,60	1540	616	1587	634,80	1634	653,60	1680	672	1727	6
1425	570	1473	589,20	1520	608	1568	627,20	1615	646	1663	665,20	1710	684	1758	7
1450	580	1499	599,60	1547	618,80	1595	638	1644	657,60	1692	676,80	1740	696	1789	7
1475	590	1525	610	1574	629,60	1623	649,20	1672	668,80	1721	688,40	1770	708	1820	7
1500	600	1550	620	1600	640	1650	660	1700	680	1750	700	1800	720	1850	7
1525	610	1576	630,40	1627	650,80	1678	671,20	1729	691,60	1780	712	1830	732	1871	7
1550	620	1602	640,80	1654	661,60	1705	682	1757	702,80	1809	723,60	1860	744	1912	7
1575	630	1628	651,20	1680	672	1733	693,20	1785	714	1838	735,20	1890	756	1943	7
1600	640	1654	661,60	1707	682,80	1760	704	1814	725,60	1867	746,80	1920	768	1974	7
1625	650	1680	672	1734	693,60	1788	715,20	1842	736,80	1896	758,40	1950	780	2005	8
1650	660	1705	682	1760	704	1815	726	1870	748	1925	770	1980	792	2035	8
1675	670	1731	692,40	1787	714,80	1843	737,20	1899	759,60	1955	782	2010	804	2066	8
1700	680	1757	702,80	1814	725,60	1870	748	1927	770,80	1984	793,60	2040	816	2097	8
1725	690	1783	713,20	1840	736	1898	759,20	1955	782	2013	805,20	2070	828	2128	8
1750	700	1809	723,60	1867	746,80	1925	770	1984	793,60	2042	816,80	2100	840	2159	8
1775	710	1835	734	1894	757,60	1953	781,20	2012	804,80	2071	828,40	2130	852	2190	8
1800	720	1860	744	1920	768	1980	792	2040	816	2100	840	2160	864	2220	8
1825	730	1886	754,40	1947	778,80	2008	803,20	2069	827,60	2130	852	2190	876	2251	9
1850	740	1912	764,80	1974	789,60	2035	814	2097	838,80	2159	863,60	2220	888	2282	9
1875	750	1938	775,20	2000	800	2063	825,20	2125	850	2188	875,20	2250	900	2313	9
1900	760	1964	785,60	2027	810,80	2090	836	2154	861,60	2217	886,80	2280	912	2344	9
1925	770	1990	796	2054	821,60	2118	847,20	2182	872,80	2246	898.40	2310	924	2375	9
1950	780	2015	806	2080	832	2145	858	2210	884	2275	910	2340	936	2405	9
1975	790	2041	816,40	2107	842,80	2173	869,20	2239	895,60	2305	922	2370	948	2436	9
2000	800	2067	826,80	2134	853,60	2200	880	2267	906,80	2334	933,60	2400	960	2467	9

.	34.		35.		36.		37.		38.		39.		40.		Bei einem Diensteinkommen von
W.	R.	W.	R.	W.	R.	W.	R.	W.	R.	W.	R.	W.	R.	W.	ℳ
—	455	—	467	—	479	—	490	—	502	—	514	—	525	—	700
—	488	—	500	—	513	—	525	—	538	—	550	—	563	—	750
—	520	—	534	—	547	—	560	—	574	—	587	—	600	—	800
—	553	—	567	—	581	—	595	—	610	—	624	—	638	—	850
228	585	234	600	240	615	246	630	252	645	258	660	264	675	270	900
240,80	618	247,20	634	253,60	650	260	665	266	681	272,40	697	278,80	713	285,20	950
253,60	650	260	667	266,80	684	273,60	700	280	717	286,80	734	293,60	750	300	1000
266	683	273,20	700	280	718	287,20	735	294	753	301,20	770	308	788	315,20	1050
278,80	715	286	734	293,60	752	300,80	770	308	789	315,60	807	322,80	825	330	1100
291,60	748	299,20	767	306,80	786	314,40	505	322	825	330	844	337,60	863	345,20	1150
304	780	312	800	320	820	328	840	336	860	344	880	352	900	360	1200
316,80	813	325,20	834	333,60	855	342	875	350	896	358,40	917	366,80	938	375,20	1250
329,60	845	338	867	346,80	889	355,60	910	364	932	372,80	954	381,60	975	390	1300
342	878	351,20	900	360	923	369,20	945	378	968	387,20	990	396	1013	405,20	1350
354,80	910	364	934	373,60	957	382,80	980	392	1004	401,60	1027	410,80	1050	420	1400
367,60	943	377,20	967	386,80	991	396,40	1015	406	1040	416	1064	425,60	1088	435,20	1450
380	975	390	1000	400	1025	410	1050	420	1075	430	1100	440	1125	450	1500
392,80	1008	403,20	1034	413,60	1060	424	1085	434	1111	444,40	1137	454,80	1163	465,20	1550
405,60	1040	416	1067	426,80	1094	437,60	1120	448	1147	458,80	1174	469,60	1200	480,70	1600
418	1073	429,20	1100	440	1128	451,20	1155	462	1183	473,20	1210	484	1238	495,20	1650
430,80	1105	442	1134	453,60	1162	464,80	1190	476	1219	487,60	1247	498,80	1275	510	1700
443,60	1138	455,20	1167	466,80	1196	478,40	1225	490	1255	502	1284	513,60	1313	525,20	1750
456	1170	468	1200	480	1230	492	1260	504	1290	516	1320	528	1350	540	1800
468,80	1203	481,20	1234	493,60	1265	506	1295	518	1326	530,40	1357	542,80	1388	555,20	1850
481,60	1235	494	1267	506,80	1299	519,60	1330	532	1362	544,80	1394	557,60	1425	570	1900
494	1268	507,20	1300	520	1333	533,20	1365	546	1398	559,20	1430	572	1463	585,20	1950
506,80	1300	520	1334	533,60	1367	546,80	1400	560	1434	573,60	1467	586,80	1500	600	2000
519,60	1333	533,20	1367	546,80	1401	560,40	1435	574	1470	588	1504	601,60	1538	615,20	2050
532	1365	546	1400	560	1435	574	1470	588	1505	602	1540	616	1575	630	2100
544,80	1398	559,20	1434	573,60	1470	588	1505	602	1541	616,40	1577	630,80	1613	645,20	2150
557,60	1430	572	1467	586,80	1504	601,60	1540	616	1577	630,80	1614	645,60	1650	660	2200
570	1463	585,20	1500	600	1538	615,20	1575	630	1613	645,20	1650	660	1688	675,20	2250
582,80	1495	598	1534	613,60	1572	628,80	1610	644	1649	659,60	1687	674,80	1725	690	2300
595,60	1528	611,20	1567	626,80	1606	642,40	1645	658	1685	674	1724	689,60	1763	705,20	2350
608	1560	624	1600	640	1640	656	1680	672	1720	688	1760	704	1800	720	2400
620,80	1593	637,20	1634	653,60	1675	670	1715	686	1756	702,40	1797	718,80	1838	735,20	2450
633,60	1625	650	1667	666,80	1709	683,60	1750	700	1792	716,80	1834	733,60	1875	750	2500
646	1658	663,20	1700	680	1743	697,20	1785	714	1828	731,20	1870	748	1913	765,20	2550
658,80	1690	676	1734	693,60	1777	710,80	1820	728	1864	745,60	1907	762,80	1950	780	2600
671,60	1723	689,20	1767	706,80	1811	724,40	1855	742	1900	760	1944	777,60	1988	795,20	2650
684	1755	702	1800	720	1845	738	1890	756	1935	774	1980	792	2025	810	2700
696,80	1788	715,20	1834	733,60	1880	752	1925	770	1971	788,40	2017	806,80	2063	825,20	2750
709,60	1820	728	1867	746,80	1914	765,60	1960	784	2007	802,80	2054	821,60	2100	840	2800
722	1853	741,20	1900	760	1948	779,20	1995	798	2043	817,20	2090	836	2138	855,20	2850
734,80	1885	754	1934	773,60	1982	792,80	2030	812	2079	831,60	2127	850,80	2175	870	2900
747,60	1918	767,20	1967	786,80	2016	806,40	2065	826	2115	846	2164	865,60	2213	885,20	2950
760	1950	780	2000	800	2050	820	2100	840	2150	860	2200	880	2250	900	3000
772,80	1983	793,20	2034	813,60	2085	834	2135	854	2186	874,40	2237	894,80	2288	915,20	3050
785,60	2015	806	2067	826,80	2119	847,60	2170	868	2222	888,80	2274	909,60	2325	930	3100
798	2048	819,20	2100	840	2153	861,20	2205	882	2258	903,20	2310	924	2363	945,20	3150
810,80	2080	832	2134	853,60	2187	874,80	2240	896	2294	917,60	2347	938,80	2400	960	3200
823,60	2113	845,20	2167	866,80	2221	888,40	2275	910	2330	932	2384	953,60	2438	975,20	3250
836	2145	858	2200	880	2255	902	2310	924	2365	946	2420	968	2475	990	3300
848,80	2178	871,20	2234	893,60	2290	916	2345	938	2401	960,40	2457	982,80	2513	1005,20	3350
861,60	2210	884	2267	906,80	2324	929,60	2380	952	2437	974,80	2494	997,60	2550	1020	3400
874	2243	897,20	2300	920	2358	943,20	2415	966	2473	989,20	2530	1012	2588	1035,20	3450
886,80	2275	910	2334	933,60	2392	956,80	2450	980	2509	1003,60	2567	1026,80	2625	1050	3500
899,60	2308	923,20	2367	946,80	2426	970,40	2485	994	2545	1018	2604	1041,60	2663	1065,20	3550
912	2340	936	2400	960	2460	984	2520	1008	2580	1032	2640	1056	2700	1080	3600
924,80	2373	949,20	2434	973,60	2495	998	2555	1022	2616	1046,40	2677	1070,80	2738	1095,20	3650
937,60	2405	962	2467	986,80	2529	1011,60	2590	1036	2652	1060,80	2714	1085,60	2775	1110	3700
950	2438	975,20	2500	1000	2563	1025,20	2625	1050	2688	1075,20	2750	1100	2813	1125,20	3750
962,80	2470	988	2534	1013,60	2597	1138,80	2660	1064	2724	1089,60	2787	1114,80	2850	1140	3800
975,60	2503	1001,20	2567	1026,80	2631	1052,40	2695	1078	2760	1104	2824	1129,60	2888	1155,20	3850
988	2535	1014	2600	1040	2665	1066	2730	1092	2795	1118	2860	1144	2925	1170	3900
1000,80	2568	1027,20	2634	1053,60	2700	1080	2765	1106	2831	1132,40	2897	1158,80	2963	1185,20	3950
1013,06	2600	1040	2667	1066,80	2734	1093,60	2800	1120	2867	1146.80	2934	1173,60	3000	1200	4000

Verzeichniß

der

Guttentag'schen Sammlung

Deutscher Reichsgesetze

und

Preußischer Gesetze.

Text-Ausgaben mit Anmerkungen und Sachregister.

Taschenformat.

Berlin.
J. Guttentag, Verlagsbuchhandlung,
G. m. b. H.

Guttentag'sche Sammlung

Deutscher Reichsgesetze.

Text-Ausgaben mit Anmerkungen. Taschenformat.

---

1. **Verfassung** des Deutschen Reichs. Gegeben Berlin, den 16. April 1871. Von Dr. **L. von Rönne.** Achte neubearbeitete Auflage von **Paul von Rönne,** Landrath. 1 M. 60 Pf.

2. **Strafgesetzbuch** für das Deutsche Reich. Nebst den gebräuchlichsten Reichs-Strafgesetzen (Presse, Personenstand, Nahrungsmittel, Kranken-, Unfall-, Invalidenversicherung, Gewerbeordnung, unlauterer Wettbewerb, Depot- und Börsengesetz u. s. w.). In der vom 1. Januar 1900 ab geltenden Fassung. Von Dr. **H. Rüdorff.** Neunzehnte Auflage von Dr. **H. Appelius,** Staatsanwaltschaftsrath. Geb. in ganz Leinen 1 M. 20 Pf.

3. **Militärstrafgerichtsordnung** nebst Einführungsgesetz und Gesetz, betr. die Dienstvergehen der richterlichen Militärjustizbeamten und die unfreiwillige Versetzung derselben in eine andere Stelle oder in den Ruhestand. Von Dr. **P. Herz,** Geh. Admiralitätsrath. Zweite Auflage. Geb. in ganz Leinen 3 M.

4. **Handelsgesetzbuch vom 10. Mai 1897 unter Ausschluß des Seerechts.** Mit den ergänzenden Vorschriften des Bürgerlichen Gesetzbuchs und Erläuterungen herausgegeben von **F. Litthauer**, Justizrath. Elfte unveränderte Auflage. 2 M. 25 Pf.

5. Allgemeine Deutsche **Wechselordnung.** Siebente Auflage von Dr. **E. Ball**, Rechtsanwalt, und das Reichsgesetz über die **Wechselstempelsteuer.** Sechste Auflage von Reg.-Assessor **P. Loeck.** 1897. 2 M.

6. **Reichs-Gewerbe-Ordnung** nebst Ausführungsbestimmungen. Von **T. Ph. Berger.** Unter besonderer Berücksichtigung der Bestimmungen über den Arbeiterschutz, die Organisation des Handwerks und das Lehrlingswesen fortgeführt von Dr. **Wilhelmi**, Geh. Ober-Regierungsrath. Fünfzehnte vermehrte Auflage. 2 M. 80 Pf.

7. Die deutsche **Post- und Telegraphen-Gesetzgebung.** Nebst dem Weltpostvertrag und dem internationalen Telegraphenvertrag. Von Dr. **P. D. Fischer**, Unterstaatssekretär im Reichs-Postamt. Vierte Auflage. 1895. 2 M. 60 Pf.

8. Die Reichsgesetze über den **Unterstützungswohnsitz** in der Fassung der Novelle vom 12. März 1894 die **Freizügigkeit**, den **Erwerb** und **Verlust** der

Bundes- und Staatsangehörigkeit, nebst allen landesgesetzlichen Bestimmungen. Von Geheimrath Dr. **J. Krech,** Mitglied des Bundesamtes für das Heimathwesen. Vierte Auflage. 2 M. 25 Pf.

9a. Sammlung kleinerer privatrechtlicher Reichsgesetze. Von **F. Vierhaus,** Geh. Ober-Justizrath. Zweite Auflage in Vorbereitung.

9b. Sammlung kleinerer strafrechtlicher Reichsgesetze. Von **M. Werner,** Geh. Ober-Regierungsrath. Zweite Auflage im Druck.

10. Das Reichsbeamtengesetz vom 31. März 1873 und seine Ergänzungen. Erläutert von **J. Pieper,** Geh. Ober-Regierungsrath. 3 M. 30 Pf.

11. Civilprozeßordnung mit Einführungsgesetzen, Nebengesetzen und Ergänzungen. In der Fassung des Gesetzes vom 17. Mai 1898. Unter besonderer Berücksichtigung der Entscheidungen des Reichsgerichts herausgegeben mit Anmerkungen von **R. Sydow,** Direktor im Reichs-Postamt und **L. Busch,** Kammergerichtsrath. Achte Auflage. 8°. Geb. in ganz Leinen 4 M.

Dieser Band ist in größerem Format erschienen!

12. **Strafprozeßordnung und Gerichtsverfassungsgesetz** in der vom 1. Januar 1900 ab geltenden Fassung, nebst dem **Gesetz, betreffend die Entschädigung der im Wiederaufnahmeverfahren freigesprochenen Personen.** Von **A. Hellweg**, Reichsgerichtsrath. Zehnte Auflage. Geb. in ganz Leinen 2 M.

13. **Konkursordnung und Anfechtungsgesetz** mit Einführungs- und Nebengesetzen. In der Fassung der Gesetze vom 17. Mai 1898. Unter besonderer Berücksichtigung der Entscheidungen des Reichsgerichts herausgegeben mit Anmerkungen von **R. Sydow**, Direktor im Reichs-Postamt und **L. Busch**, Kammergerichtsrath. Achte Auflage. Geb. in ganz Leinen 1 M. 80 Pf.

14. **Gerichtsverfassungsgesetz** mit Einführungsgesetz, Nebengesetzen und Ergänzungen. In der Fassung des Gesetzes vom 17. Mai 1898. Unter Berücksichtigung der Entscheidungen des Reichsgerichts herausgegeben von **R. Sydow**, Direktor im Reichs-Postamt und **L. Busch**, Kammergerichtsrath. Achte Auflage. 1 M. 20 Pf.

15. **Das deutsche Gerichtskostengesetz nebst den Gebührenordnungen für Gerichtsvollzieher, Zeugen und Sachverständige.** In der Fassung vom 20. Mai 1898. Unter besonderer Berücksichtigung der Entscheidungen

des Reichsgerichtes herausgegeben mit Anmerkungen und Kostentabellen von R. Sydow, Direktor im Reichspostamt und L. Busch, Kammergerichtsrath. Sechste vermehrte Auflage. Geb. in ganz Leinen 1 M. 50 Pf.

16. **Rechtsanwaltsordnung.** Von **R. Sydow**, Direktor im Reichspostamt. Vierte, völlig umgearbeitete Auflage von Dr. **E. Mosler**, Gerichtsassessor. Geb. in ganz Leinen ca. 1 M.

17. **Die Deutsche Gebührenordnung für Rechtsanwälte und das Preußische Gebührengesetz** vom 27. September/6. Oktober 1899. Von **R. Sydow**, Direktor im Reichspostamt und **L. Busch**, Kammergerichtsrath. Sechste Auflage. Geb. in ganz Leinen 1 M. 50 Pf.

18. **Reichsstempelgesetz (Börsensteuergesetz)** mit allen Ausführungsvorschriften, vielen Tabellen, den Entscheidungen der Verwaltungsbehörden und des Reichsgerichts. Von **Gaupp**, Geh. Regierungsrath. Achte Auflage von **P. Loeck**, Regierungs-Assessor. Im Druck.

19. **Die Seegesetzgebung** des Deutschen Reiches. Nebst den Entscheidungen des Reichsoberhandelsgerichts, des Reichsgerichts und der Seeämter. Von Dr. **W. E. Knitschky**, Landgerichtsrath. Zweite Auflage. 3 M. 80 Pf.

20. Krankenversicherungsgesetz vom 15. Juni 1883 in der Fassung der Novelle vom 10. April 1892. Von Dr. E. von Woedtke, Direktor im Reichsamt des Innern. Siebente Auflage. 2 M.

21. Die Konsulargesetzgebung des Deutschen Reiches. Von Professor Dr. Ph. Zorn. Vergriffen.

22a. Patentgesetz. Gesetz, betreffend den Schutz von Gebrauchsmustern. Gesetz, betreffend das Urheberrecht an Mustern und Modellen. Nebst Ausführungsbestimmungen unter eingehender Berücksichtigung der Rechtsprechung des Reichsgerichts und der Praxis des Patentamts. Erläutert von Dr. R. Stephan, Regierungsrath, Mitglied des Kaiserlichen Patentamts. Fünfte vermehrte Auflage. Geb. in ganz Leinen 2 M.

22b. Gesetz zum Schutz der Waarenbezeichnungen. Nebst Ausführungsbestimmungen. Von Dr. R. Stephan, Regierungsrath, Mitglied des Kaiserlichen Patentamts. Vierte vermehrte Auflage. 1 M.

23. Gewerbe-Unfallversicherungsgesetz und Gesetz, betr. die Abänderung der Unfallversicherungsgesetze vom 30. Juni 1900 in der Fassung der Bekanntmachung vom 5. Juli 1900 nebst Ausführungsverordnungen. Von Dr. E. v. Woedtke, Direktor im Reichsamt des Innern. Sechste umgearbeitete Auflage. Geb. in ganz Leinen ca. 2 M. 50 Pf.

24. **Aktiengesellschaft und Kommanditgesellschaften auf Aktien.** (Handelsgesetzbuch, II. Buch, Abschnitt 3 und 4.) Mit erläuternden Anmerkungen von **H. Keyssner,** Kammergerichtsrath und Dr. **H. Veit Simon,** Rechtsanwalt. Fünfte Auflage. Bearbeitet von Dr. **Hugo Keyssner** u. **L. Keyssner.** Geb. in ganz Leinen 2 M. 25 Pf.

25. **Reichsgesetz wegen Erhebung der Brausteuer** vom 31. Mai 1872 mit Ausführungsvorschriften. Von **E. Bertho,** Regierungsrath. 1885. 1 M. 60 Pf.

26. **Die Reichsgesetzgebung über Münz- und Notenbankwesen,** Papiergeld, Prämienpapiere und Reichsanleihen. Von Dr. jur. **R. Koch,** Präsident des Reichsbankdirektoriums. Dritte Auflage. 2 M. 80 Pf.

27. Die Gesetzgebung, betr. das **Gesundheitswesen** im Deutschen Reich für Behörden, Aerzte 2c. Von Dr. jur. **C. Goesch** und Dr. med. **J. Karsten.** 1888. 1 M. 60 Pf.

28. **Bauunfallversicherungsgesetz.** In der Fassung der Bekanntmachung vom 5. Juli 1900. Unter Berücksichtigung der Rechtsprechung des Reichs-Versicherungsamts. Von **R. Chrzescinski,** Kaiserl. Regierungsrath. Dritte Auflage. Geb. in ganz Leinen ca. 2 M.

29. Reichsgesetz, betr. die **Erwerbs- und Wirthschaftsgenossenschaften.** In der vom 1. Januar 1900 ab geltenden Fassung. Von **L. Parisius** und Dr. **H. Crüger.** Achte Auflage. Geb. in ganz Leinen. 1 M. 50 Pf.

30. **Invalidenversicherungsgesetz** vom 13. Juli 1899, in der Fassung der Bekanntmachung vom 19. Juli 1899. Von Dr. **E. v. Woedtke,** Director im Reichsamt des Innern. Siebente erweiterte Auflage. Geb. in ganz Leinen 2 M. 50 Pf.

31. Reichsgesetz, betr. die **Gewerbegerichte.** Von **L. Mugdan.** Vierte Auflage. Bearbeitet von **Cuno,** Stadtrath und stellvertretender Vorsitzender des Gewerbegerichts zu Königsberg i. Pr. 1 M. 80 Pf.

32. Reichsgesetz, betr. die **Gesellschaften mit beschränkter Haftung.** In der vom 1. Januar 1900 ab geltenden Fassung. Von **L. Parisius** und Dr. **H. Crüger.** Vierte vermehrte und verbesserte Auflage. 1 M.

33. Das **Vereins- und Versammlungsrecht** in Deutschland. Von Dr. **E. Ball,** Rechtsanwalt. 2 M. 25 Pf.

34. Reichsgesetz, betreffend die **Abzahlungsgeschäfte.** Vom 16. Mai 1894. Von **J. Hoffmann,** Geheimer Regierungsrath. 95 Pf.

35. **Die Reichs-Eisenbahngesetzgebung.** Von **W. Coermann**, Kaiserl. Amtsrichter. 1895. 2 M. 25 Pf.

36. **Gesetze, betr. die privatrechtlichen Verhältnisse der Binnenschiffahrt und der Flößerei.** Nach den Materialien erläutert von **H. Makower.** Unter Berücksichtigung der am 1. Januar 1900 in Kraft tretenden Reichsgesetze bearbeitet von **E. Löwe**, Landgerichtsrath. Zweite veränderte Auflage. 2 M.

37. **Gesetz zur Bekämpfung des unlauteren Wettbewerbes.** Vom 27. Mai 1896. Von Dr. **R. Stephan**, Regierungsrath. Zweite Auflage. 80 Pf.

38/39. **Bürgerliches Gesetzbuch nebst Einführungsgesetz.** In Verbindung mit Professor Dr. **André**, Amtsgerichtsrath **Greiff**, Amtsrichter **Ritgen**, Landgerichtsrath Dr. **Unzner**, f. Z. Schriftführer bei der Kommission für die zweite Lesung des Entwurfs eines Bürgerlichen Gesetzbuchs, herausgegeben von Reichsgerichtsrath Dr. **A. Achilles**, f. Z. Kommissar des Reichs-Justizamts bei derselben Kommission. Zweite vermehrte Auflage. 8°. Geb. in ganz Leinen. 5 M. 50 Pf.

Dieser Band ist in größerem Format erschienen!

40. **Gesetz, betr. die Pflichten der Kaufleute bei Aufbewahrung fremder Werthpapiere (Depotgesetz).**

Vom 5. Juli 1896. Mit Erläuterungen, Einleitung und Sachregister. Von **F. Lusensky**, Geh. Regierungsrath. 90 Pf.

41. **Börsengesetz.** Vom 22. Juni 1896. Nebst den dazu erlassenen Ausführungsbestimmungen. Unter Mitwirkung des Geh. Ober-Regierungsrathes **A. Wermuth** bearbeitet von **H. Brendel**, Gerichts-Assessor, Hülfsarbeiter im Reichsamt des Innern. 1 M. 50 Pf.

42. **Grundbuchordnung** für das Deutsche Reich nebst den preußischen Ausführungsbestimmungen. Mit Einleitung von Professor Dr. **O. Fischer.** Zweite Auflage. Geb. in ganz Leinen 1 M. 80 Pf.

43. Die Gesetzgebung, betr. die **Zwangsvollstreckung in das unbewegliche Vermögen** im Reiche und in Preußen. Text-Ausgabe mit Einleitung, Anmerkungen, Kosten- und Gebührentabellen und Sachregister. Von Dr. **J. Krech**, Kaiserl. Geh. Regierungsrath und Professor Dr. **O. Fischer.** Dritte Auflage. Geb. in ganz Leinen 2 M.

44. Das Reichsgesetz über das **Auswanderungswesen** vom 9. Juni 1897 nebst Ausführungsverordnungen und Anlagen. Nach den Materialien und unter Benutzung amtlicher Quellen erläutert von Professor Dr. **Felix Stoerk.** 2 M. 25 Pf.

45. **Das Entmündigungsrecht** unter Berücksichtigung der für Preußen geltenden Vorschriften nebst der preußischen Justiz-Ministerial-Verfügung vom 28. November 1899. Text der civil- und prozeßrechtlichen Bestimmungen mit Erläuterungen von Landgerichtsrath Dr. **P. Koll** in Cöln. Geb. in ganz Leinen 1 M. 50 Pf.

46. Die Gesetze des Reiches und Preußens über die **freiwillige Gerichtsbarkeit.** Mit Einleitung von **Herm. Jastrow,** Amtsgerichtsrath. Zweite, erweiterte Auflage. Geb. in ganz Leinen 2 M. 80 Pf.

47. Das **deutsche Vormundschaftsrecht** und das preuß. Gesetz, betr. die Unterbringung verwahrloster Kinder, vom 13. März 1878 nebst den dazu gehörigen preußischen Nebengesetzen und allgemeinen Verfügungen. Mit Einleitung und Erläuterungen von **Max Schultzenstein,** Oberverwaltungsgerichtsrath und Amtsgerichtsrath Dr. **Paul Köhne.** 2 M. 80 Pf.

48. Gesetze und Verordnungen, betreffend den **Drogen-, Gift- und Farbenhandel** außerhalb der Apotheken, unter besonderer Berücksichtigung des Königreichs Preußen. Von Dr. **Broh,** Rechtsanwalt. 1 M. 25 Pf.

49. Die **Kolonialgesetzgebung.** Von Prof. Dr. **Philipp Zorn.** Im Druck.

50. Der Viehkauf (Viehgewährschaft) nach dem Bürgerlichen Gesetzbuche. Mit Erläuterungen und Sachregister von Dr. **Hans Stölzle,** Rechtsanwalt in Kempten (Bayern). Nebst einem Anhang: Verordnung, betreffend die Hauptmängel und Gewährsfristen beim Viehhandel. Vom 27. März 1899. Erläutert von **Heinrich Weiskopf,** Königl. Kreisthierarzt in Augsburg. Zweite Auflage. Geb. in ganz Leinen 2 M.

51. **Hypothekenbankgesetz** vom 13. Juli 1899. Von Dr. **H. Göppert,** Gerichts-Assessor. Geb. in ganz Leinen 1 M. 80 Pf.

52. Gesetz, betreffend die gemeinsamen **Rechte der Besitzer von Schuldverschreibungen.** Vom 4. Dezember 1899. Von Dr. **Heinrich Göppert,** Gerichts-Assessor. Geb. in ganz Leinen 2 M.

53. **Reichspreßgesetz** vom 7. Mai 1874 nebst den einschlägigen Bestimmungen des Reichsstrafgesetzbuchs, der Gewerbeordnung u. s. w. Kommentar von **A. Born,** Polizeiassessor. Geb. in ganz Leinen 1 M. 50 Pf.

54. Die Reichsgesetzgebung über den Verkehr mit **Nahrungsmitteln, Genußmitteln** und **Gebrauchsgegenständen.** Von Dr. **Lebbin,** Nahrungsmittelchemiker. Geb. in ganz Leinen 2 M. 25 Pf.

55. **Das Recht der Beschlagnahme von Lohn- und Gehaltsforderungen.** Auf Grundlage der Reichsgesetze vom 21. Juni 1869 u. 29. März 1897 und der Civilprozeßordnung. Von Rechtsanwalt **Georg Meyer.** Geb. in ganz Leinen 1 M. 50 Pf.

56. **Gesetz,** betr. die **Bekämpfung gemeingefährlicher Krankheiten.** Vom 30. Juni 1900. Von Geh. Regierungsrath Dr. **Burkhardt.** Geb. in ganz Leinen. Im Druck.

Guttentag'sche Sammlung
Preußischer Gesetze.

Text-Ausgaben mit Anmerkungen. Taschenformat.

1. **Die Verfassungs-Urkunde** für den Preußischen Staat nebst Ergänzungs- und Ausführungs-Gesetzen. Mit Einleitung und vollständigem Kommentar von Prof. Dr. **Adolf Arndt.** Vierte, gänzlich umgearbeitete und verbesserte Auflage. Geb. in ganz Leinen ca. 2 M. 50 Pf.

2. **Preußische Beamten-Gesetzgebung.** Enthaltend die wichtigsten Beamtengesetze in Preußen. Von **C. Pfafferoth.** Dritte Auflage. 1 M. 50 Pf.

3. Die Preuß. Gesetzgebung, betr. die **Zwangsvollstreckung in das unbewegliche Vermögen.** Von Dr. **J. Krech,** Kais. Geh. Regierungs-Rath und Prof. Dr. **O. Fischer.** Dritte Auflage. Vergriffen.
Siehe: Reichsgesetze Nr. 43.

4. **Gebührenordnung** für **Notare** vom 25. Juni 1895 in der Fassung der Bekanntmachung vom 6. Oktober 1899 nebst den einschlägigen Vorschriften des Preußischen Gerichtskostengesetzes. Von **R. Sydow,** Direktor im Reichspostamt. Zweite Auflage bearbeitet von Dr. **E. Mosler,** Gerichtsassessor. Geb. in ganz Leinen. 1 M. 50 Pf.

5. Gesetz vom 24. **April 1854 (betr. die außereheliche Schwängerung)** und die daneben geltenden Bestimmungen des Allgemeinen Landrechts nebst nebst dazu ergangenen Präjudikaten. Von Dr. **Schulze.** 75 Pf.

6. Die Preußischen **Ausführungsgesetze und Verordnungen zu den Reichs-Justizgesetzen.** Von **R. Sydow.** Dritte vermehrte Auflage. 2 M. 40 Pf.

7. **Allg. Gerichtsordnung** vom 6. Juli 1793 und Preuß. **Konkursordnung** vom 8. Mai 1885. Von **F. Vierhaus,** Geh. Ober-Justizrath. **Vergriffen.**

8. **Vormundschaftsordnung** vom 5. Juli 1875, nebst allen Nebengesetzen und den dazu erlassenen Allgemeinen Verfügungen. Von Oberverwaltungsgerichtsrath **Schultzenstein.** Dritte Auflage. 1 M. 50 Pf. Siehe: Reichsgesetze Nr. 47.

9. Die Preußische **Grundbuchgesetzgebung.** Mit Einleitung, Formularen, Kosten- und Stempeltabellen. Von Prof. Dr. **Fischer.** Dritte Auflage. Vergriffen. Siehe: Reichsgesetze Nr. 42.

10. **Einkommensteuergesetz.** Vom 24. Juni 1891. Von Geheimrath **Meitzen.** Vierte vermehrte Auflage von **A. Fernow,** Ober-Regierungsrath. 1 M. 50 Pf.

11. **Gewerbesteuergesetz.** Vom 24. Juni 1891. Von **A. Fernow,** Ober-Regierungsrath. Dritte vermehrte Auflage. 1 M. 25 Pf.

12. **Allgemeines Berggesetz** für die preußischen Staaten. Vom 24. Juni 1865, und die auf dasselbe bezüglichen Gesetze und Verordnungen. Von **E. Engels,** Ober-Bergrath. Zweite Auflage. 1 M. 60 Pf.

13. **Ergänzungssteuergesetz** (Vermögenssteuergesetz). Vom 14. Juli 1893. Von **A. Fernow,** Ober-Regierungsrath. Zweite vermehrte Auflage. 1 M.

14. **Kommunalabgabengesetz.** Vom 14. Juli 1893 und Gesetz wegen Aufhebung direkter Staatssteuern. Vom 14. Juli 1893. Von **F. Adickes,** Oberbürgermeister. Zweite Auflage. 1 M. 25 Pf.

15. Die **Kreisordnungen** für den Preußischen Staat. Von **O. Kolisch**, Landgerichtsrath. 1894. 4 M.

16. Preuß. Ausführungs-Anweisung zu §§. 16 u. ff. der Reichs-Gewerbe-Ordnung, betr. **Genehmigung gewerblicher Anlagen.** Von Dr. **von Rüdiger,** Regierungs- und Gewerberath. 1895. 1 M. 50 Pf.

17. **Preußisches Gerichtskostengesetz.** Vom 25. Juni 1895. In der Fassung der Bekanntmachung vom 6. Oktober 1899. Mit Kostentabellen. Von Dr. **P. Siméon,** Landrichter. Dritte Auflage. Geb. in ganz Leinen 1 M. 80 Pf.

18. **Preußisches Stempelsteuergesetz.** Vom 31. Juli 1895. Nebst den Entscheidungen des Reichsgerichts und Erlassen der Verwaltungsbehörden und ausführlichen Tabellen. Von **B. Gaupp,** Geh Regierungsrath und Regierungsassessor **P. Loeck.** Vierte Auflage. 3 M. 30 Pf.

19. **Das Jagdscheingesetz vom 31. Juli 1895.** Mit ausführlichen Erläuterungen nebst der Ausführungsverfügung vom 2. August 1898 und den Gesetzgebungsmaterialien. Von **F. Kunze,** Wirklichem Geh. Ober-Regierungsrath. Zweite Auflage. Geb. in ganz Leinen 2 M.

20. Gesetz, betr. die **Erbschaftssteuer.** Vom 19./24. Mai 1891 unter Berücksichtigung der Novelle vom 31. Juli 1895. Mit ausführlichen Erläuterungen von **P. Loeck,** Regierungsassessor. 1 M. 80 Pf.

21. Gesetz über die **Handelskammern.** Vom 19. August 1897. Mit Erläuterungen, geschichtlicher Einleitung sowie einer Uebersicht des Bestandes der kaufmännischen Vertretungen. Von **F. Lusensky,** Geh. Regierungsrath und vortragender Rath im Ministerium für Handel und Gewerbe. 3 M.

22. Gesetz, betr. **Anstellung und Versorgung der Kommunalbeamten.** Vom 30. Juli 1899. Mit einem Anhang, enthaltend die preußische Ausführungsanweisung. Von Dr. **W. Ledermann,** Magistratsassessor zu Berlin. 1 M. 25 Pf.

23. **Ausführungsgesetz zum Bürgerlichen Gesetzbuche** vom 20. September 1899. Von Landrichter Dr. **P. Siméon.** Geb. in ganz Leinen 1 M. 60 Pf.

24. Die **Hinterlegungsordnung** vom 14. März 1879 in der Fassung des preußischen Ausführungsgesetzes zum Bürgerlichen Gesetzbuch vom 20. September 1899. Nebst Ausführungsbestimmungen. Unter Benutzung der amtlichen Entscheidungen und Erlasse des Finanzministers. Von Regierungsassessor Dr. **Georg Bartels.** Geb. in ganz Leinen 1 M. 50 Pf.

25. **Preußisches Kommunalbeamtenrecht**, enthaltend die wichtigsten Bestimmungen über die Rechtsverhältnisse der Beamten der preußischen Landgemeinden, Landbürgermeistereien, Aemter, Amtsbezirke, Städte, Kreise, Bezirksverbände, Provinzen sowie der Gemeindeforstbeamten mit Ausschluß der Kommunalbeamten der Hohenzollernschen Lande. Text-Ausgabe mit kurzen Anmerkungen, einem chronologischen Verzeichniß der abgedruckten Gesetze, Verordnungen und sonstigen Bestimmungen. Von Magistratsassessor Dr. jur. **Krempski.** Im Druck.

26. Die **Preußischen Gesetze** über das **Diensteinkommen der Lehrer und Lehrerinnen, ihren Ruhegehalt und die Fürsorge für ihre Hinterbliebenen** nebst den zugehörigen Ausführungsbestimmungen, sonstigen Ministerialerlassen und den wichtigsten einschlägigen Gesetzen sowie einer Tabelle zur Berechnung der Ruhegehalts-, Wittwen- und Waisenbezüge. Text-Ausgabe mit Einleitung, Anmerkungen und Sachregister von Dr. **Ed. Cremer,** Beigeordneter. Geb. in ganz Leinen. Im Druck.

27. Gesetz, betreffend die **Waarenhaussteuer.** Vom 18. Juli 1900. Von Geh. Ober-Finanzrath Dr. **G. Strutz.** Geb. in ganz Leinen 1 M. 20 Pf.

Guttentag'sche Sammlung von Text-Ausgaben mit Sachregister ohne Anmerkungen.

Bürgerliches Gesetzbuch nebst Einführungsgesetz. Vom 18. August 1896. Nebst ausführlichem Wort- und Sachregister bearbeitet von Oberamtsrichter **Jatzow.** 2 M. 50 Pf.

Handelsgesetzbuch nebst **Einführungsgesetz.** Vom 10. Mai 1897. 1 M. 80 Pf.

Gesetz, betr. die **Abänderung der Gewerbeordnung** (Neues Handwerkergesetz). Vom 26. Juli 1897. 90 Pf.

Militärstrafgerichtsordnung für das Deutsche Reich, nebst **Einführungsgesetz** und Gesetz, betr. die Dienstvergehen der richterlichen Militärjustizbeamten und die unfreiwillige Versetzung derselben in eine andere Stelle oder in den Ruhestand. Vom 1. Dezember 1898. 1 M. 50 Pf.

Die Preußischen Ausführungsgesetze zum Bürgerlichen Gesetzbuche, zum Gesetz, betr. Aenderung der Civilprozeßordnung vom 17. Mai 1898, zum Gesetz über die Zwangsversteigerung und die Zwangsverwaltung, zur Grundbuchordnung und zum Handelsgesetzbuch. Preuß. Gesetz über die freiwillige Gerichtsbarkeit und Gesetz, enthaltend die landesgesetzlichen Vorschriften über die Gebühren der Rechtsanwälte und der Gerichtsvollzieher. Fünfte Auflage. 1 M. 80 Pf.

Reichsstempelgesetz (Börsensteuergesetz) in der Fassung der Bekanntmachung vom 14. Juni 1900. Mit Ausführungsbestimmungen, einem Anhang, enthaltend Tabellen zur Berechnung der Reichsstempelabgaben und Sachregister. 1 M. 50 Pf.

Preußische Gesetzsammlung.

Vollständige Sammlung der noch geltenden Preußischen Landesgesetze privatrechtlichen Inhalts.

Herausgegeben von

D. Fischer, Gerichtsassessor und **Dr. F. Schröder,** Gerichtsassessor.

8°. 2 Bände. Geb. in ganz Leinen. Preis ca. 15 Mark.

Das Buch will ein Handbuch für den preußischen Praktiker sein, und eine Ergänzung zu den gebräuchlichen Handausgaben des B.G.B. bilden. Es bringt das Allgemeine Landrecht in seiner jetzt geltenden Gestalt vollständig, ferner in chronologischer Reihenfolge sämmtliche noch geltenden Landesgesetze privatrechtlichen Inhalts für das Gebiet des Allgemeinen Landrechts und für die übrigen Landestheile seit ihrer Zugehörigkeit zu Preußen. Um den Ueberblick über eine Materie zu erleichtern, wird dem Buch eine Nachweisung der durch die einzelnen Vorbehalte des E.G. zum B.G.B. erhaltenen Gesetze beigegeben und in Anmerkungen bei jedem einzelnen Gesetz auf die übrigen Gesetze derselben Materie verwiesen. Bei jeder gesetzlichen Bestimmung wird angegeben, weshalb sie als aufrecht erhalten zu gelten hat.

Das Werk wird in 2 Bänden zur Ausgabe gelangen, von denen der erste das „Allgemeine Landrecht" umfassen und im Laufe des Sommers erscheinen wird.

Adickes, F., Oberbürgermeister in Frankfurt a. M. Das Kommunalabgabengesetz vom 14. Juli 1893. Für den praktischen Gebrauch mit einer geschichtlichen Einleitung und Erläuterungen versehen, sowie mit einem die Ausführungsanweisung berücksichtigenden Nachtrag. 8°. Kartonnirt 6 M.

Arndt, Dr. Adolf, Oberbergrath und Prof. Verfassung des Deutschen Reichs. Mit Einleitung und Kommentar. 8°. Kartonnirt 3 M.

Friedrichs, K., Oberverwaltungsgerichtsrath. Das Gesetz betreffend die Anlegung und Veränderung von Straßen und Plätzen in Städten und ländlichen Ortschaften vom 2. Juli 1875. Nach dem Tode des Verfassers in vierter Auflage bearbeitet von Dr. jur. **Hugo von Strauß-Torney**, Oberverwaltungsgerichtsrath. 8°. Geb. 4 M. 50 Pf.

Genzmer, St., Landrath. Das Reichs-Haftpflicht-Gesetz betreffend die Verbindlichkeit zum Schadenersatz für die bei dem Betriebe von Eisenbahnen, Bergwerken, Steinbrüchen, Gräbereien und Fabriken herbeigeführten Tödtungen und Körperverletzungen vom 7. Juni 1871 aus der Rechtslehre und Rechtsprechung erläutert. 1882. 8°. Kart. 2 M. 80 Pf.

Hauß, C., Geh. Ober-Reg.-Rath. Das Gesetz zur Bekämpfung des unlauteren Wettbewerbes. Vom 27. Mai 1896. Für die gerichtliche und gewerbliche Praxis erläutert. 8°. Geb. in Leinen 3 M.

Holtgreven, Dr. A., Geh. Ober-Justizrath und vortragender Rath im Justizministerium. Das Wildschadengesetz vom 11. Juli 1891. Kommentar. Dritte Auflage. 8°. Kartonnirt 3 M.

Jerusalem, Herm., Landgerichtsrath, Mitglied des Hauses der Abgeordneten. Das Gesetz über Kleinbahnen und Privatanschlußbahnen vom 28. Juli 1892 nebst der Ausführungsanweisung zu diesem Gesetze vom 22. August 1892. gr. 8°. 2 M.

Kamptz, B. v., Verwaltungsgerichtsdirektor. Das Gesetz, betreffend die Vertheilung der öffentlichen Lasten bei Grundstückstheilungen und die Gründung neuer Ansiedelungen in den Provinzen Preußen, Brandenburg, Pommern, Posen, Schlesien, Sachsen und Westfalen vom 25. August 1876. Aus den Materialien und der Rechtsprechung des Königlichen Oberverwaltungsgerichts erläutert. 8°. Kartonnirt 2 M. 50 Pf.

Koch, Georg, Hauptmann a. D. Gesetz, betreffend die Prüfung der Läufe und Verschlüsse der Handfeuerwaffen vom 19. Mai 1891 nebst den Ausführungsbestimmungen des Bundesrathes vom 22. Juni 1892. Text-Ausgabe mit historischer Einleitung und Anmerkungen unter vergleichender Berücksichtigung der bezüglichen Gesetzgebung von England, Belgien, Frankreich und Oesterreich. 8°. Kartonnirt 1 M. 50 Pf.

Könige, H., Landgerichtsrath, Vorsitzender der Kammer I für Handelssachen am Landgericht Mannheim. Handelsgesetzbuch vom 10. Mai 1897 nebst Abdruck des Gesetzes über die Angelegenheiten der freiwilligen Gerichtsbarkeit und Gerichtsverfassungsgesetz (Titel 7, Kammern für Handelssachen). Verglichen mit dem Allgemeinen Deutschen Handelsgesetzbuch, dem Bürgerlichen Gesetzbuch und der Rechtsprechung des Reichsgerichts und Reichs-Oberhandelsgerichts. Zu praktischem Gebrauch dargestellt. 8°. Geb. in ganz Leinen 4 M. 50 Pf.

Marquardsen, Dr. H., o. Professor der Rechte in Erlangen, Mitglied des Reichstages. Das Reichs-Preß-Gesetz vom 7. Mai 1874. Mit Einleitung und Kommentar. 1875. 8°. Kartonnirt 5 M.

Ottermann, Carl, Stadtrath in Dortmund. Das Fluchtliniengesetz vom 2. Juli 1875. Erläuternde Abhandlung zu den Hauptbestimmungen desselben. 8°. 1 M. 25 Pf.

Pfafferoth, Carl, Geh. Kanzleirath. Die gesammten Organisationsgesetze für die innere Verwaltung des Preußischen Staates. Text-Ausgabe mit Anmerkungen, einem die einschlägigen sonstigen Gesetze, Verordnungen, Regulative und Zirkulare enthaltenden Anhang und einem ausführlichen Sachregister. Zweite neubearbeitete Auflage. 8°. 6 M., geb. 6 M. 50 Pf.

Telegraphenwege-Gesetz vom 18. Dezember 1899 nebst den vom Reichskanzler erlassenen Ausführungsbestimmungen vom 26. Januar 1900 und den Erläuterungen und Ausführungsanweisungen des Reichs-Postamts. Amtliche Ausgabe. 8°. Geb. in Leinen 1 M.

Turnau, W., Reichsgerichtsrath. Die Schiedsmanns-Ordnung vom 29. März 1879, mit Ergänzungen und Erläuterungen. 8°. Geb. in Leinen 3 M. 60 Pf.

Wittenberg, Dr. M., Dozent an der Humboldt-Akademie. Wegweiser durch das Aktienrecht, nach dem Wortlaut der seit dem 1. Januar 1900 gültigen Reichsgesetze. Taschenformat. Geb. in Leinen 1 M.

Schlagwort-Register.

R. = Nummer der Sammlung Deutscher Reichsgesetze.
P. = Nummer der Sammlung Preußischer Gesetze.
S. = Seite.

Die

Guttentag'sche Sammlung

Deutscher Reichs- und Preußischer Gesetze,

Text-Ausgaben mit Anmerkungen, Taschenformat,

enthält alle wichtigeren Gesetze in absolut zuverlässigen Gesetzestexten und in mustergiltiger, gemeinverständlicher Weise erläutert.

Das vorstehende Schlagwort-Register wird geneigter Beachtung empfohlen.

19 500. VIII. 00.

FSC
www.fsc.org
MIX
Papier | Fördert
gute Waldnutzung
FSC® C083411

Kolibri 360 GmbH
Ferdinand-Jühlke-Straße 7
99095 Erfurt, Deutschland
produktsicherheit@kolibri360.de